한국 탄광사: 광부의 절규

KB021137

정연수

1991년 탄전문화연구소를 설립하여 탄광이 빚은 삶들을 문화영역으로 끌어올리는 작업에 전념하고 있다.

시집으로 『한국탄광시전집』, 『여기가 막장이다』, 산문집으로 『탄광촌 풍속 이야기』, 『탄광촌의 삶』, 『탄광촌 도계의 산업문화사』, 『강원도 석탄산업유산 현황과 세계유산화 방안』, 논문집으로 『노보리와 동발: 탄광민속문화 보고서』, 공저로 『(삼척시 도계읍) 탄광촌 사람들의 삶과 문화』, 『강원의 민속 문화』, 『정선 탄광촌 주민들의 삶을 담은 문화』 등이 있다.

한국 탄광사: 광부의 절규

2022년 12월 1일 초판 인쇄
2022년 12월 5일 초판 발행

지은이 정연수 | 교정교열 정난진 | 펴낸이 이찬규 | 펴낸곳 북코리아
등록번호 제03-01240호 | 전화 02-704-7840 | 팩스 02-704-7848
이메일 ibookorea@naver.com | 홈페이지 www.북코리아.kr
주소 13209 경기도 성남시 중원구 사기막골로 45번길 14 우림2차 A동 1007호
ISBN 978-89-6324-978-0(93330)

값 19,000원

정연수 지음

한국 탄광사: 광부의 절규

북코리아

발간사

"탄광 근로·재해자와 순직자 및 유가족들의 권익을 위한 활동과 태백시를 석탄산업전사 성지화 지정 및 시설의 관리에 대한 위탁 사업과 석탄광산 순직자 및 유가족에 대한 이익사업을 목적으로 한다"라는 원대한 목표를 정하고 한 걸음 한 걸음 걸어온 지 2년이 지난 이 시점에 역사적·학술적으로 체계화한 「석탄산업전사 예우 특별법 제정 필요성」에 관한 책 『한국 탄광사: 광부의 절규』를 발간하게 되어 매우 자랑스럽게 생각합니다.

황상덕 (사)석탄산업전사추모및
성역화추진위원회 위원장

그간의 발자취를 돌아보자면 우선 (사)태백시지역현안대책위원회 박인규 위원장님께 무한한 감사를 드립니다. 2019년 11월 본 위원회 출범을 위한 특별기구를 만들어 본인을 위원장으로 선임했고 이를 시작으로 법인설립허가(강원도), 법인등기, 지정기부금단체 지정(기획재정부) 등 일련의 행정 절차를 마무리했습니다.

우리가 설정한 목표를 이루려면 우선 법적 근거가 있어야 합니다. 이에 당위성과 공감대 형성을 위해 제1회 석탄산업전사 추모 및 특별법 제정을 위한 포럼(2021. 10. 1), 제2회 석탄산업전사의 정당한 권리를 찾기 위한 특별법 제정 포럼(2021. 12. 9), 제3회 석탄산업전사의 명예회복 등을 위한 특별법 제정 포럼(2022. 8. 11)을 개최했고, 바로 얼마 전 2022년 11월 8일 입법기관인 대한민국 국회에서 500여 명이 참석한 가운데 입법토론회를 개최한 바 있습니다.

현재 이와 관련한 법이 계류 중에 있고 2022년에는 꼭 통과될 수 있도록 배전의 노력을 경주할 것이며, 태백 시민뿐만 아니라 폐광지역 주민분들의 적극적인 관심과 지원을 부탁드립니다.

"역사를 잊은 민족에게 미래는 없다"라는 말이 생각납니다. 현재의 세계 경제대국으로 발전한 대한민국은 석탄과 석탄산업전사의 역할을 모르는 척해서는 결코 안 될 것입니다.

정부는 배상은 아니더라도 보상적 차원에서 석탄산업전사와 폐광지역에 대해 특별한 정책적 배려가 있어야 합니다. 정부의 부작위로 석탄산업전사를 두 번 죽이는 일은 없어야 합니다.

『한국 탄광사: 광부의 절규』 발행에 수고하신 탄전문화연구소 정연수 소장님께 진심으로 감사를 드리며, 이 책이 그저 하나의 책자로 책장에 사장되지 않고 과거 대한민국 발전의 원동력이었던 '석탄'과 생산을 위해 피땀을 흘리고 목숨까지 바친 '석탄산업전사'를 바로 알리는 역할을 할 것이라 생각합니다.

지금 이 시간에도 진폐로 숨을 헐떡이며 죽음과 사투를 벌이고 계실 석탄산업전사분들께 이 책을 바칩니다.

축사

석탄산업전사 여러분 안녕하십니까? 동해 · 태백 · 삼척 · 정선 국회의원 이철규입니다.

『한국 탄광사: 광부의 절규』 발간을 축하드리며, 발간을 위해 힘써주신 황상덕 (사)석탄산업전사추모및성역화추진위원회 위원장님을 비롯한 모든 관계자 여러분께 깊은 감사의 말씀을 드립니다.

이철규 국회 예산결산특별위원회
국민의힘 간사 국회의원
(동해 · 태백 · 삼척 · 정선)

존경하는 석탄산업전사 여러분!

20세기 후반 대한민국이 이뤄낸 한강의 기적 이면에는 석탄산업전사 여러분의 치열한 삶이 있었습니다.

숨쉬기조차 힘든 환경에도 온몸을 덮는 작업복을 입고 장화를 신은 채, 땀을 비 오듯 흘리며 탄가루와 분진으로 가득 차 빛조차 들어오지 않는 막장 속에서 힘겨운 하루하루를 견뎌냈습니다.

국가의 발전에 이바지했으나 진폐로 고통받으며 노동자로서 최소한의 대우조차 받지 못하고 쓰러져간 석탄산업전사 여러분께 정당한 예우를 찾아주는 것은 우리에게 주어진 시대적 소명입니다.

지난 9월 22일, 폐광지역 개발 지원에 관한 특별법 개정안이 산업통상자원중소벤처기업위원회를 통과했습니다. 개정안은 자료 수집조차 미비했던 순직산업전사의 삶의 기록들을 조사·관리하고 그 희생을 기리는 기념사업을 국가가 지원할 수 있다는 법적 근거를 담고 있습니다.

또, 순직산업전사 위령탑 성역화 사업을 위한 설계비 15억 원을 정부안으로 반영하고 예산결산특별위원회 심사를 앞두고 있습니다.

남은 정기국회 기간 내「폐광지역 개발 지원에 관한 특별법」개정안이 통과되어 석탄산업전사 여러분의 위상을 제고하고, 순직산업전사 위령탑 성역화 사업 예산이 최종 확정될 수 있도록 국회에서 모든 노력을 아끼지 않을 것이라는 말씀을 드립니다.

아울러 (사)석탄산업전사추모및성역화추진위원회 여러분과 함께 탄광 근로·재해·순직자 및 유가족의 처우를 개선하기 위한 다양한 방안을 모색할 것을 약속드립니다.

다시 한번 『한국 탄광사: 광부의 절규』 발간을 진심으로 축하드리면서, 순직산업전사 모두의 명예회복과 정당한 예우를 찾는 계기가 되길 함께 기원합니다. 감사합니다.

축사

오늘날 대한민국의 경제성장과 번영은 빛 한줄기 없는 막장에서 최소한의 안전장비 없이 목숨을 건 작업을 수행한 광부들의 피땀 어린 헌신 위에 서 있었습니다.

김진태 강원도지사

많은 이들이 현장에서 순직하셨고 희생되셨습니다. 안타깝게도 9월 태백 장성광업소에서도 매몰사고가 발생하여 한 분이 순직하시는 등 광부들의 희생은 오늘날에도 계속되고 있지만, 우리 사회에서 이분들을 위한 추모와 예우는 아직도 많이 부족합니다.

이에 강원도는 나라를 위해 헌신하신 분들께 제대로 된 추모와 예우를 해드리고자 순직산업전사 위령탑 성역화 사업을 추진하여 위령탑 일대를 대한민국 경제발전의 역사를 상징하는 명소로 만들고자 합니다. 대한민국 국민이라면 누구나 광부의 희생이 있었기에 대한민국이 있다는 것을 기억할 수 있는 의미 있는 공간이 될 수 있도록 만전을 기하겠습니다.

그런 의미에서 대한민국 경제발전의 초석이 되어준 광부의 희생에 대한 정당한 예우를 찾고자 특별법 제정 활동에 누구보다 앞장서주신 (사)석탄산업전사추모및성역화추진위원회 황상덕 위원장님을 비롯한 관계자분들께 감사의 말씀을 드립니다.

아울러 올해 세 차례 개최한 특별법 제정을 위한 포럼이 성공적으로 마무리되어 『한국 탄광사: 광부의 절규』 책자 발간까지 이어지게 된 것을 진심으로 축하드립니다.

포럼에서 나온 고견을 묶은 『한국 탄광사: 광부의 절규』는 탄광 근로·재해자와 순직자 및 유가족의 권익향상과 명예회복에 큰 역할을 하리라 기대하며, 많은 분들께서 이 책을 읽고 특별법 제정 필요성에 공감하고 동참해주셨으면 합니다. 감사합니다.

축사

안녕하십니까? 태백시장 이상호입
니다.

"석탄산업전사 예우 특별법 제정의
필요성에 관하여"라는 주제를 가지고 석
탄산업 재평가와 역사적 기록물을 남기
기 위해 책자가 발간됨을 진심으로 축하
드리며, 책자 발간을 준비하기 위해 고
생하신 (사)석탄산업추모및성역화추진
위원회 황상덕 위원장님을 비롯한 준비
위원님들께 감사의 말씀을 드립니다.

이상호 태백시장

그 외 일일이 소개 올리지는 못하지만, 『한국 탄광사: 광부의 절
규』 발간에 도움을 주신 모든 분들께 다시 한번 깊은 감사의 인사를
올립니다.

단일산업 최대 희생자를 남기며 대한민국 산업화와 경제발전의
밑거름이 된 순직산업전사에 대한 가치를 재조명하고 탄광산업 역
사를 재평가하는 이 시점에 (사)석탄산업추모및성역화추진위원회가
중심이 되어 마련한 『한국 탄광사: 광부의 절규』 발간은 우리 미래세
대에게 석탄산업에 대해 알리고, 공감을 이끌어낼 수 있으며, 역사적
자료로 남겨질 것이기에 그 의미가 남다르다 할 수 있을 것입니다.

존경하는 석탄산업전사 여러분, 지금 이 시간 「석탄산업전사 예우를 위한 특별법」제정에 대한 목마름이 그 누구보다 더 크실 것임을 잘 알고 있습니다.

지난번 포럼에서도 말씀드린 바와 같이 이철규 국회의원님께서 2021년 2월 26일「폐광지역 개발 지원에 관한 특별법」개정안 국회 본회의 통과와, 2022년 1월 3일 제1호 법안으로 "국가차원에서 순직 산업전사의 희생을 기리고 예우하는 법적근거"를 마련하도록 하는「폐특법」개정안 발의를 조속히 추진하실 것을 약속해주셨습니다.

태백시에서는 총 425억 원의 대규모 사업비로 추진 예정인 석탄산업전사들의 염원을 담은 "순직산업전사 위령탑 성역화 사업"을 2023년 설계를 시작으로 2025년까지 모든 공정을 마무리 지을 수 있도록 최대한 속도를 내서 추진하도록 하겠습니다.

마지막으로 오늘의 태백이 있을 수 있도록 오랜 세월 함께해주신 사랑하는 석탄산업전사 여러분, "석탄산업전사 예우 특별법 제정의 필요성에 관하여"라는 주제를 가지고 발간된『한국 탄광사: 광부의 절규』책자가 소기의 성과를 이루기를 간절히 기원하며, 다시 한 번 책자 발간에 함께하신 모든 분들의 건강과 행운을 기원합니다. 감사합니다.

축사

안녕하십니까? 태백시의회 의장 고재창입니다.

『한국 탄광사: 광부의 절규』 발행을 축하드리며, 황상덕 위원장님을 비롯한 관계자 여러분의 노고에 감사의 말씀을 드립니다.

그동안 우리는 탄광 자원이라는 지역적 특수성을 적극 활용하여 석탄산업을 일군 광부들의 위상과 탄광문

고재창 태백시의회 의장

화의 역사적 가치를 제고하기 위해 부단히 노력해왔습니다.

1995년 「폐광지역 개발 지원에 관한 특별법」이 최초 제정된 이후, 지난 2021년 2월 마침내 「폐광지역 개발 지원에 관한 특별법」 개정안이 항구화되는 근거를 마련했습니다.

또한, 2022년 9월 석탄산업전사 예우를 위한 「폐광지역 개발 지원에 관한 특별법」 개정 법안이 상임위를 통과하는 쾌거를 이뤄냈습니다.

이를 통해 위령탑 성역화 사업의 법적 근거를 마련했으며, 희생자를 기리기 위한 '위령제'를 국가 주도로 거행할 수 있게 되었습니다.

이처럼 석탄산업전사들의 정당한 권리를 찾기 위한 「폐광지역

개발 지원에 관한 특별법」개정은 산업전사라는 이름 뒤에 숨겨진 광부들이 겪은 고통에 대한 최소한의 예우이자 국가의 책무라 생각합니다.

앞으로 우리 의회에서도 이러한 노력이 더욱 빛을 발할 수 있도록 (사)성역화추진위원회와 지속적으로 소통해나가도록 하겠습니다.

끝으로 이번 『한국 탄광사: 광부의 절규』 발행을 통해 대내외적으로 의미 있는 소통의 시간이 되기를 바라며, 함께하신 모든 분들의 건승을 기원합니다. 감사합니다.

서문: 광부의 절규에 귀 기울이는 세상을 위해

얼마 전 봉화군 아연광산에서 2명의 광부가 매몰되었을 때, 온 국민이 마음 졸이며 무사를 빌었다. 그중 한 명은 사북탄광에서 일하던 광부였기에 정선지역 진폐 단체의 옛 동료들이 생환을 기원하며 가족을 찾아 위문하기도 했다. 광부들은 저마다 막장에서 크고 작은 사고를 경험하는데, 한 해 평균 200명은 목숨까지 내놓았다. 탄광에서 무사히 퇴직하더라도 광부 직업병인 진폐증으로 해마다 수백 명이 목숨을 잃는다. 왜 광부가 되었던 걸까?

2022년 9월에는 경기도 선감학원의 아동과 청소년 유해 150여 구의 집단 암매장지가 발견되어 우리 사회에 충격을 주었다. 집 없는 아동의 삶을 유린한 선감학원은 1982년까지 운영된 곳이다. 일제 강점기, 선감학원을 통해 14~17세 소년 66명이 삼척탄광 광부가 되었다. 이런 방식은 해방 후에도 이어지는데, 정부와 서울시청 주도로 전쟁 재해자, 이재민, 극빈자, 탈북자 등 생활이 어려운 계층만 골라서 탄광으로 대규모 이주시켰다. 광부들 개인은 경제적 궁핍 때문에 탄광으로 들어섰다고 여겼겠지만, 실상은 국가가 산업에너지원 확보를 위해 광부들을 적극적으로 유인한 측면이 더 컸다.

강원도 최초의 공업학교가 삼척에 들어선 것도 남한 최대 규모의 삼척탄광으로 광부들을 유인하기 위한 교육정책이었다. 태백·삼척·정선·영월 탄광촌마다 공업고등학교를 세워 광부를 양성했다. 그 아이들 전부가 탄광촌 주민의 아들이고, 광부의 아들이었다. 그래

15

도 광부가 부족했던지 1980년에는 탄광업자들이 돈을 모아 제천에 한국광산공고까지 개교했다.

태백중학교 설립에 얽힌 옛 신문을 읽어보자.

> 5천여 삼척탄광 종업원들은 작년 7월부터 얼마 안 되는 각자의 매달 월급에서 3%씩을 제하여 이것으로 저축된 기금 5백만 원으로 그간 자제들의 교육기관으로 태백중학교 설립에 혈성을 다하여 오던 바 드디어 지난 6월 25일부로 정식인가를 얻어 종합중학교로 새 발전을 보게 되었다. "배우고 또 배우자"는 소리가 높아가는 이때 이와 같은 산간벽지에 있는 탄광종업원들의 처사는 자라나는 우리 산업전사의 자랑이라 아니할 수 없다.
>
> ─『한성일보』, 1948년 6월 27일자.

광부들이 월급을 갹출하여 장성광업소 옆에 태백중학교를 세울 때 어떤 심정이었을까? 태백중학교 학생 상당수 역시 나중에는 광부가 되었는데, 그 운명을 부모가 미리 알았다면 뭐가 달라졌을까? 위에 인용한 신문에서는 "자라나는 우리 산업전사의 자랑"이라고 밝힌 바 있다. 광부들은 "혈성(血誠)을 다하여" 월급을 모아 중학교를 설립하고, 그 아들들은 열심히 공부하여 광부가 되었다.

태백중학교 설립 인가를 얻은 것이 6월 25일인데, 그로부터 정확히 2년 후 한국전쟁이 발발한다. 태백중학교 어린 학생 127명은 나라를 지키겠다는 신념 하나로 학도병으로 참전했다. 그 전쟁에서 전사한 18명은 애국의 꽃으로 피었다. 태백중학교를 설립해준 아버지 광부들이 막장에서 애국의 꽃으로 묻혀갔듯.

죽을 각오를 지니고 전쟁터로 나간 학도병처럼 광부들 역시 국가산업의 초석이 되겠다며 죽을 각오를 지니고 탄광 막장으로 들어 갔다. 한국 정부가 산업전사라는 명칭을 일제강점기의 조선총독부로부터 계승하여 광부에게 주입한 것인데, 선량한 광부들은 산업전사를 자랑스럽게 내면화했다. 그런 사명감이 있었기에 기계도 없이 맨손으로 굴을 뚫는 대부리 굴진 작업에 나섰고, 낮은 포복으로 동발을 짊어지며 노보리(승갱도)를 올랐으며, 심지어는 수직으로 천장을 뚫는 다대꾸 동발까지 세우면서 막장을 견뎠다. 케이빙 치다가 붕락되고, 물통이 터지고, 가스가 폭발하는 등 전쟁터보다 더 지독한 막장을 겪으면서도 묵묵하게 산업전사의 숙명을 받아들였다.

이처럼 숭고한 막장을 '드라마의 막장'이라는 해괴한 용어로 사용하는 몰지각한 사회 현상 속에서 산업전사의 막장까지 주저앉는 중이다. 석탄합리화로 탄광이 문을 닫아도 막장에 종사하던 광부들의 고통은 여전히 현재진행형이다. 제대로 예우받지 못한 순직 광부와 유가족, 진폐재해자와 가족들의 고통은 여전하다.

광부의 아들이 대를 이어 광부가 되고, 남편을 막장에 묻은 아내가 한을 풀기도 전에 선탄부 광부가 되는 현실을 개인의 비극으로 돌려선 안 된다. 국가가 전략적으로 석탄산업을 확대하고, 오지 탄광촌으로 경제적 소외계층을 몰아넣은 책임을 감당해야 한다. 폐가 검게 굳은 진폐재해자의 잦은 기침 소리를 들어보았는가? 지금까지는 국가를 위한 헌신으로 견뎠지만, 이에 대한 방치가 길어질수록 원망과 분노의 기침으로 피를 쏟을 것이다.

국가의 산업에너지를 생산하기 위해 증산보국이나 산업전사의 신념으로 목숨을 바친 광부, 캄캄한 막장에서 탄가루와 지열 때문에 숨 쉬기도 힘든 노동을 견딘 광부, 실직 후에도 진폐증으로 신음하는 광부들을 이제는 국가가 위로할 때다. 광부가 있어서 오늘의 산업발전을 이룩한 한국산업사가 감당해야 하는 빚이기 때문이다.

　이 책은 황상덕 위원장이 주관한 석탄산업전사 예우 특별법 제정을 위한 두 번의 포럼 발제와 『강원도 석탄산업유산 현황과 세계유산화 방안』에서 다룬 내용을 재구성하여 광부의 절규를 세상에 전하고자 했다. 산업전사의 영웅적인 막장 정신의 계승은 산업전사 위령탑과 진폐재해자 위령각에만 국한되지 않을 것이다. 석탄산업유산의 유네스코 등재 같은 사업으로 확장하여 산업전사의 숭고한 정신을 영원히 기억하길 기대한다.

정연수

문학박사, 탄전문화연구소 소장

목차

3부 석탄산업전사 예우 특별법 제정의 필요성

1부

한국 경제발전의 주역,
광부와 탄광노동 현실

1. 막장 인생: 석탄생산 활동과 탄광노동 현실

일제강점기의 징용 탄광노동자들은 노동수용소 같은 탄광촌에 갇혀 강도 높은 노동과 비인간적인 처우를 받아왔다. 노동수용소 탈출을 시도하다 발각되면 혹독한 형벌이 뒤따랐다. 해방 이후에도 탄광의 노동 강도는 크게 달라지지 않았다. 땅속 막장에서 작업하기 때문에 지열과 막장 붕락 등 생명을 위협하는 노동현장이었다.

탄층에서 석탄을 채취하는 과정을 '채탄'이라고 한다. 광업소 여건에 따라 조금씩 다르기는 한데, 보통 1명의 채탄 선산부(숙련공)와 2명의 채탄 후산부(보조공)가 한 조로 편성되어 작업한다. 2인 1조가 될 때도 있고, 4인 1조가 되기도 한다. 1개 조가 생산하는 탄은 15톤 내외다.

채탄 광부는 자재 옮기기, 동발 지주 세우기, 발파하기, 케이빙 치기, 탄 퍼내기, 운반하기, 동발 보수 작업(탄광에서는 '단도리'라고 부름) 등 잡다한 일을 다 맡아서 한다. 선산부가 동발을 세우거나 기계를 조작하는 동안 후산부는 석탄과 자재를 운반하는 몫을 담당한다. 1980년대 들어 굴진이나 채탄 작업장에 착암기와 로커 쇼벨 등의 장비가 보급되면서 기계 조작은 선산부의 고유 작업이 되었다. 하지만 1970년대 후반까지 대다수의 탄광 현장에서는 기계 없이 수작업으로 석탄을 채굴했다.

갱도는 기능에 따라 운반갱도와 통기갱도로 구분하며, 경사 형태에 따라 연층갱도인 수평갱도와 '노보리'라는 사갱(斜坑, 승갱도)

으로 구분한다. 동발을 져 나르는 후산부들은 노보리가 긴 곳이 100m에 이르는 곳도 있어 "동발을 세우기 위한 나무를 두 짐 져서 나르고 나면 한 공수(하루 일을 '공수'라고 부름)가 다 갔다"고 말할 정도로 고된 현실을 견뎌야 했다. 그래서 노보리(昇り, 오르는 막장)가 멀면 광부를 7명까지 붙여주기도 했다. 채탄 후산부는 동발을 짊어지고 나르는 것 외에도 탄을 도라후(슈트)로 밀어 넣는 일, 도라후에 탄이 쏟아질 때 공차를 대놓았다가 탄을 받아서 밀고 나가는 작업도 했다. 탄을 받는 일을 하는 노동자는 '유탄'이라고 불렸는데, 대한석탄공사처럼 규모가 큰 광업소에서는 '유탄'만 담당하는 후산부를 따로 두기도 했다.

1968년 9월 20일, 태백시 장성광업소에 입사하여 문곡갱에서 채탄 후산부로 일했다. 문곡갱 다닐 때 방진마스크는 선산부만 썼는데, 선산부 중에서도 다 지급받지 못할 정도로 부족했다. 한 마구리(작업장)에 방진마스크가 몇 개 없었다. 후산부는 다들 무명 목수건을 입에다 두르고 일했다. 탄 먼지를 많이 마시는 유탄에게는 방진마스크를 잘 지급했다.

밖에서 압축공기를 넣어주지만, 갱내에서는 호흡하기도 힘들었다. 또 동발목에서 짐(하중)이 와서 천반이 낮아져 있으니 서서 움직일 수 없었다. 문곡갱 채탄 후산부로 일할 때는 배를 땅에 대고 기어가면서 동발을 옮겼다. 노보리 막장은 경사를 오르는 것뿐만 아니라 수직으로 오르는 다대꾸 노보리 막장도 있었다. 수직 모양의 노보리를 '다대꾸 노보리'라 불렀다. 다대꾸를 오를 때는 사다리를 타고 올라갔다.

주나(동발을 묶는 끈) 하나로 동발을 묶어서 어깨에 끼워 고정하

24

여 동발을 옮겼다. 동발을 세울 때도 나무가 자라는 모양과 반대 형태로 세우는데, 동발을 멜 때도 거꾸로 하여 옮긴다. 주나를 두 겹으로 접고, 동발을 감싸서 멜빵처럼 양어깨에 끼울 수 있도록 하면 동발이 고정되어 사다리를 타고 다대꾸로도 올라갈 수 있다.[1]

삼척시 도계광업소에서 채탄 선산부로 28년간 일하면서 10번 죽을 고비를 넘겼다. 점리갱에서 갑방 채탄 작업을 할 때, 300m 노보리에 구멍이 나면서 무너져 내린 동발에 파묻혔다. 동발 나무와 탄 덩어리가 무너지면서 깔렸다. 300m 노보리에 다대꾸가 두 개나 올라가 있었다. 발파하고 나니 노보리 위에 구멍이 나면서 동발 40대가 내리 덮쳤다. 동료들이 나를 업어서 탄차에 싣고 갱 밖으로 나가서 도계 석공병원으로 갔다. 나는 이틀을 밤새워 끙끙 앓다가, 차를 불러 태백의 병원으로 옮겼다. 병원에서는 척추 1번·2번·3번 세 군데가 나갔다는

도계광업소의원(삼척). 광업소가 자체 병원을 운영해야 할 정도로 사고가 많이 발생하고 있다.

태백시 소재 강원탄광 부속 병원(출처: 강원탄광 앨범)

---

1   심재철, 1939년생. 2022년 9월 17일 증언.

대한석탄공사 영월의료원(출처: 대한석탄공사)

진단을 받았고, 흉부와 요부 등 12군데나 손상을 입었다. 다니는 동안 포복해서 기어 다녔다.[2]

경사를 따라 올라가는 노보리(승갱도) 작업도 힘든데, 수직 노보리인 '다대꾸' 작업장도 있었다. 위에 인용한 심재철과 염상준의 이야기는 대한석탄공사 장성광업소 문곡갱과 도계광업소 점리갱의 이야기다. 개인 탄광보다 작업 여건이 좋다는 대한석탄공사 산하 광업소에서도 노보리 작업보다 더 열악한 다대꾸 작업장이 있었다. 다대꾸 막장은 하늘을 향해 수직으로 채탄을 하는 일이었으니 그보다 더 고된 작업장도 없었을 것이다. 도계광업소 점리갱에 다대꾸 2개가 있었다는 증언은 광부들이 몸으로 석탄을 채굴한 고통의 시간을

---

2   염상준, 1941년생. 2022년 9월 25일 증언.

증거한다.

석탄을 채굴하기 위해서는 먼저 굴진 작업이 이뤄진다. 지하에 매장된 석탄을 캐기 위해 탄맥까지의 갱도를 뚫는 과정을 '굴진'이라고 한다. 굴진 작업은 착암기로 뚫는 천공, 화약으로 터뜨리는 발파, 발파로 파쇄된 경석(암석 덩어리) 처리, 동발 지주 설치, 배관 및 궤도 작업 등이 이어진다. 굴진 작업을 할 때는 보통 1조 3명으로 작업이 이뤄지는데, 작업량이 많을 때는 1조 4명이 붙기도 한다.

굴진부들은 작업하다가 작탄(굴진 중에 탄이 걸리는 것)을 잡아서 채탄부에게 넘겨준다. 굴진부들의 역할은 채탄부들이 탄을 캐기 위해 탄맥을 찾아가는 선행 작업인 셈이다. 굴진 작업 중에 비트를 작동시킬 때는 물을 사용하는데, 탄이 걸리면 비트 앞에 쎄루(탄은 아니지만 시커먼 가루)와 함께 검은 물이 나온다. 선산부는 이것을 보고 탄맥을 짐작하는데, 검은 물을 보면서 쎄루와 탄을 구별하는 것이 선산부의 기능에 해당한다. 1980년대 초반까지만 해도 굴진 작업 중에 물을 사용할 형편이 되지 않은 작업장이 많아서 굴진 광부는 돌가루를 많이 마셔야 했다.

강한 암석을 뚫으면서 작업하다 보면 탄이 나오는 지점에서는 탄층이 무르기 때문에 '꽉 콰르르' 하는 소리와 함께 암석층을 내리민다. 착암기를 통해 공기가 계속 들어가기 때문에 탄이 걸리는 순간에 탄을 내미는 것이다. 탄을 쏟지 않고, 사람도 다치지 않게 작업하는 것이 선산부의 몫이다. 만약 탄이 쏟아지면 보항 특보가 와서 채탄 막장을 만들어나간다.

대한석탄공사나 탄좌급 대형 민영 광업소에서나 채탄부와 굴진부를 따로 두었을 뿐, 그 외 대다수의 중소형 광업소에서는 굴진과 채탄 작업을 병행하면서 일했다. 돌가루와 탄가루를 함께 들이마시

27

면서 중노동을 견디며 석탄을 생산하는 것이 한국 탄광 광부의 현실
이었다.

개인 탄광에 비해 비교적 좋은 장비를 사용했던 석탄공사에서
는 이미 1959년부터 고속굴진을 추진했다. 1963년 장성광업소 금천
갱에서 하루 4교대 10명씩 투입하는 일명 '막장교대' 작업을 통해 한
달 동안 680.2m를 굴진했으며, 영월 함백광업소에서는 하루 4교대
12명씩 투입하여 한 달 동안 731.5m를 굴진하는 기록을 세웠다. 함
백광업소의 이 기록은 자유진영 국가 중에서는 남아프리카공화국이
세운 세계기록(702m)을 넘어서는 것이었으며, 공산국가인 체코의
세계기록(870.5m)에 근접했다는 점에서 화제를 모은 바 있다.[3] 굴진
기록을 중시한 것이라든가, '고속굴진'이라는 용어를 만들어 경쟁을
붙인 것은 국가에서 석탄 증산이 시급했다는 것을 보여준다. 한국의
굴진기록이 자유진영 중에서 최고라는 것은 그만큼 광부들이 혹사
당했다는 방증의 기록이다. 독재가 유지되는 공산주의 국가에 버금
가는 형태로 한국의 탄광 광부들이 노동력을 착취당하고 살았던 것
이다.

탄광개발 초기에는 정과 망치를 이용하여 암석을 뚫는 수굴(手
堀) 방식으로 굴진과 채탄 작업이 이뤄졌다. 기계장비 없이 노미(정
을 가리키는 말. 일명 '로드')와 갠노(망치)만 가지고 암벽을 치는 것
을 '갠노질'이라 하고, 이런 작업을 '하찌부'라고 했다. 하찌부 작업
방식으로 굴진해가는 것을 '대부리 굴진'이라고 하는데, 1970년대까
지 우리나라 탄광 작업의 보편적인 방식이었다.

대부리 굴진에서 홀노미질(기계 없이 노미만 쓰는 것을 '홀노미'

---

3   대한석탄공사, 『대한석탄공사 50년사』, 대한석탄공사, 2001, 267쪽.

라고 함)을 할 때는 선산부가 손으로 노미를 잡아 탄벽에 찔러 돌리고, 후산부가 그 위에 망치(탄광에서는 주로 '함마'라고 함)로 내리쳤다. 선산부의 숙련으로는 망치로 후산부가 때릴 때 충격을 완화하기 위해 쥐던 손을 살짝 놓는 것, 그리고 망치질 후에 노미를 살살 돌리는 것 등이 필요했다. 망치질이 더 힘든 작업이었으므로 선산부와 후산부는 서로 교대로 망치를 잡기도 했다. 어떤 광업소는 망치와 노미질 모두 후산부가 맡기도 했다. 노미 머리 부위에는 손잡이용 천(철사로 감아두기도 함)이 감겨 있었고, 끝부분은 암벽을 파고들기 쉽게 만들어져 있었다. 끝이 -자 모양은 '노미', +자 모양으로 된 것은 '사쿠라노미'라고 불렸다. 탄광에 일본식 용어가 많은 것은 일제강점기에 본격적으로 탄광이 개발되었기 때문이다.

발파하기 위해서는 지름 3cm 정도의 구멍에 깊이는 50~70전(cm)을 파들어가야 했다. 탄광개발 초기에는 작은 탄광의 경우 모든 작업이 수작업으로 이뤄졌으므로 '수굴 판다'고 했다. 갠노질하여 발파구멍을 만드는 것은 힘이 드는 만큼 암벽이 굳으면 15개의 구멍을, 보통은 10개의 구멍을 뚫었다. 그런 다음 그 구멍에 화약을 장전해 발파하는 것이다. 굴진 발파 후에 나온 경석(폐석. 탄광에서는 '버력'이라고 함)을 굴진 후산부가 삽을 들고 광차(탄차)에 담아 치우는 작업을 한다. 채탄 발파 후에 나온 석탄은 채탄 후산부가 삽을 들고 탄차에 치우는 작업을 한다.[4] 광차가 없던 시절에는 질통으로 어깨나 등짝에 짊어지고 운반했다. 광차(철 재질)를 사용하려면 갱내에 레일을 깔아야 했으므로 질통이나 바퀴가 달린 구루마(나무 재질 광차)

---

4   '정·망치·착암기' 편은 정연수, 「탄광의 생산활동」, 『탄광촌 사람들의 삶과 문화』, 2005, 삼척시립박물관, 182-186쪽 요약.

로 운반하던 때가 많았다.

남편(김태경)은 도계광업소 도계항에서 보항 일을 했다. 남편은 도계광업소에서 10년을 다니던 중에 몸이 아파서 죽었다. 진폐증으로 인한 질병일 수도 있는데, 당시는 어두운 시절이라 검사도 안 해보았다.

남편이 죽고 난 뒤에 먹고살기 위해 내가 도계광업소로 들어갔다. 도계항 선탄부로 20년 생활했다. 도계항 선탄장(도계역 앞에 있는 중앙선탄장 자리)은 1층과 2층으로 선탄 시설이 나누어져 있다. 2층으로 콘베야(컨베이어)벨트를 타고 항내에서 캔 석탄과 돌이 넘어오는데, 2층에 큰 돌이 있어서 막히면 우리가 갈고리를 가지고 헤쳐서 벨트가 작동되도록 한다. 2층('위층'이라고 함)에서 큰 돌은 깨서 보내고, 탄은 아래층으로 내려 보낸다. 탄 속에서 돌을 골라내는 일을 한다. 큰 돌은 너무 커서 들지 못하기 때문에 망치로 깨서 버린다.

그 탄과 돌들이 내려가면 1층에서도 깨고, 돌을 줍는다. 탄은 탄대로 빻아서 내려 보낸다. 콘베야벨트가 돌아갈 때는 우리 선탄부가 정신없이 돌을 골라내면서 일한다. 갑방·을방·병방 3교대로 하던 시절에 탄은 탄대로 고르고, 돌은 돌대로 골라내면서 탄 먼지를 다 덮어쓰면서 일한다. 그 고생은 말도 못 할 정도다. 선탄부가 일하면서 겪은 그 심정은 말로 다 못 한다. 일하면서 다치기도 부지기수다. 돌을 깨다가 돌 파편에 맞아서 손가락을 다쳐 꿰맨 적도 있고, 깨지는 돌에 다리를 다친 적도 있다.

선탄부로 탄가루를 많이 먹어서 몸이 좋지 않아 동해병원에 15년간 진폐검사 검진을 다녔다. 지금은 기침도 나고 숨이 차서 겨우 걸어 다니는데, 아직도 진폐 등급을 받지 못하고 있다. (이귀녀,

갱내에서 생산된 석탄에 포함된 이물질을 제거하고 괴탄과 분탄을 분류해 고열량의 탄을 만들어내는 공정을 '선탄'이라고 부른다. 선탄 작업은 여자 광부에게 맡겼다. 여자 광부인 선탄부는 열악한 작업조건 속에서 일하는 것인데도 여성 일자리가 없는 탄광촌의 실정이고 보니 지원자가 많았다. 그래서 광업소 측에서는 남편이나 자식을 탄광사고로 잃었을 때 선탄부로 고용하는 경우가 많았다. 광부 유가족의 생계를 돕는 방편이기도 하지만, 유가족에게 줄 보상비를 줄이는 협상안으로 선탄부 취업을 제시하곤 했다. 선탄부 중에 남편을 탄광에서 잃은 과부가 많은 것은 그 때문이다. 선탄부는 탄진이 많은 작업장에서 일하기 때문에 방진마스크로 입을 가려야 한다. 하지만 방진마스크가 보급되지 않던 1970년대 말까지만 해도 광목 수건을 입에 둘러싸고, 머리카락을 보호하기 위해서는 머릿수건을 몇 개씩 겹쳐 쓰고 일했다. 현재 진폐증을 판정받은 여자들이 많은데, 바로 이 선탄부들이다.

이번에는 남자 채탄 광부의 수기를 읽어보자.

06시 45분. 남들보다는 이른 출근이다. 속내의까지 작업용 내의로 갈아입고 작업복과 고무장화를 착용한 후 방진마스크의 필터를 교체하고 도시락과 함께 필히 물통을 갖춘다. 생산계장으로부터 작업 지시를 받은 후 자재창고에서 자재를 수령하고 안전등을 안전모에 부착함으로써 작업 준비가 완료된다.

이제는 나의 삶터요 일터인 막장을 향해 장성갱구로 간다. 장성

---

5 2022년 9월 14일 진술.

광업소의 관문인 장성갱구(600m) 입구엔 '아빠! 오늘도 안전'이라는
구호와 함께 처자식이 아빠의 입갱을 웃으며 전송하는 대형 그림이
걸려 있다. 그렇다. 바로 이 주갱구는 무수한 동료들이 생생하게 걸어
들어갔다가 졸지에 불귀의 객이 되어 흰 광목천으로 덮여 나오는 생
(生)과 사(死)의 길목이다. 처음엔 나도 갱내 순직사고로 탄차에 실려
나가는 시신을 지켜볼 때마다 온몸에 소름이 끼치고 왠지 모를 두려
움에 깊은 한숨과 고통으로 불면의 밤을 지새곤 했다. (중략)

나의 막장에는 '1크로스 2편', '장성갱구에서 3,181m'라는 푯
말이 갱구에 걸려있다. 채탄부들이야 일단 막장에 들어서면 식사는커
녕 물마시기조차 어렵게 된다. 막힌 공간에 날벌레처럼 떠다니는 탄가
루와 한증막 같은 더위 속에 케이빙까지 겹치는 날이면, 한치 앞도 보
이지 않는 화약연기와 탄가루 펄펄 춤추는 판국에 무슨 얼어 죽을 식
사란 말인가?

선산부들이 채탄 준비와 동발 입쉬(동발을 세우는 작업) 준비를
위해 먼저 깊은 어둠을 토해내고 있는 막장의 계단을 밟고 내려가면
후산부(보조공)들은 막장에서 쓰일 자재들을 쿨링카에 옮겨 싣는 작
업을 서두르게 된다. 나와 동료는 선산부와 함께 '3매쉬 쇠동발(철동
발) 작업'을 맡고 나머지 동료들은 폭약을 터뜨려 막장 탄층을 무너뜨
리는 케이빙 작업을 맡아 한다. 모두들 계단 아래로 몸을 숨기고 홀로
남은 나는 일곱 자짜리 하리, 아씨, 쇠동발과 목재들을 쿨링카에 싣다
보면 찐득거리는 더위로 얼굴과 몸에서 땀방울이 피어나기 시작한다.
(중략)

막장 입구까지는 계단 100여 개를 밟고 내려서야 한다. 내리막
중간엔 이미 탄을 다 빼먹고 버려진 폐갱구가 험상궂게 입을 벌리고
있다. 얼마 전까지만 해도 우리의 발길이 뻔질나게 드나들던 곳이지

만, 이젠 아무도 거들떠보지도 않거니와 접근하기도 꺼린다. 케이빙 작업 때문에 여기저기 잘려나간 쇠동발 사이로 간신히 걸친 장독대만 한 경석들이 언제 덮칠지도 모르거니와 인적과 바람이 끊긴 저 공간엔 자연발생적인 가스가 고여 있기 때문이다.

　가스사고는 순간적이며 동시에 수많은 인명을 앗아간다. 작년에 전국적으로 TV뉴스를 탔던, 이곳 장성광업소 문곡갱 가스누출사고로 열두 명의 동료들이 아쉽게 생을 마감한 사건이 있었다. 그날 나는 출근길에 시신 운구 작업을 지켜봤다. 레일 양편으로 길게 도열한 경찰들의 삼엄한 경비 속에 흰 광목으로 덮인 시신들이 하나씩 앰뷸런스에 실려 모두 떠나자 상황 끝. 비통한 표정으로 지켜보던 구경꾼들이 하나둘 뿔뿔이 흩어지면서 언제 그런 일이 있었냐는 듯 현장은 곧 적막감에 묻혀버렸다.

　폐갱구에 곁눈질 한 번 주지 않고 묵묵히 막장 입구로 내려선다. 우선 쿨링카에 실린 자재들을 등짐을 지고 막장까지 운반해야 한다. 가까운 거리라면 가슴에 안고 옮길 수도 있지만, 막장까지 가는 갱도는 지압에 못 견뎌 앉은뱅이처럼 주저앉아 가는 철쉬(철제 재질의 동발) 구조물의 직립통행을 허락지 않는다. 그 무거운 쇳덩이 철쉬가 엿가락 휘어지듯 구부러지고 통나무 갈라지듯 찢기는 모습을 보게 되면 언제나 지압의 위력에 등골이 오싹해진다.

　얼마 전까지만 해도 등짐을 지고 군 시절의 높은 포복, 낮은 포복을 연상하며 갱도를 기었지만 지금은 허리 굽은 노인네의 흉내로도 좁은 갱도를 더 쉽게 통과할 수 있게 되었다. 그러나 수시로 천반에 등짐이 부딪힐 때마다 잔등이 까지는 쓰라림에 절로 욕설이 터져 나온다. (중략)

　여러 차례의 등짐 운반으로 작업복이 촉촉이 젖어들 때면 케이빙 막장과 채준 막장의 발파 작업이 동시에 시작된다. "발파!!"의 고함과 함께 좁은 동굴을 붕괴시킬 듯한 진동과 폭음이 고막을 때린다. 동시에 한 치 앞도, 아니 자신의 몸뚱이조차 식별할 수 없는, 안전등도 소용없는 탄진과 먼지뿐인 세계에 갇혀 그저 잠자코 있을 뿐이다.

예전엔 얼마나 놀랐던가. 대피 장소라야 한 사람 누울 수 있는 공간밖에 없는데다가 거대한 천반이 코앞에 있어 그 무시무시한 발파의 폭음과 진동으로 천반이 소리 없이 주저앉아 그대로 압사할 것 같은 두려움에 얼마나 몸서리쳤는지…. 그때마다 눈앞에 어른거리는 것은 가족들의 얼굴. (중략)

바로 옆 분연층 채준 막장에 선산부와 함께 무덤 봉분처럼 쌓인 탄 더미를 치워야 동발을 세울 수 있기 때문에 탄 처리부터 먼저 시작한다. 탄 처리란 호이스트에 강철선 로프로 연결된 호퍼(일명 '바가지')를 이용하여 탄을 트레이 쪽으로 긁어내는 바가지질을 뜻한다. 호이스트 작동은 풍압을 이용한 현대적 작업인 데 비해 바가지질은 육체의 힘을 요구하는 원시적인 작업이라 나이든 고참들은 체력 때문에, 선산부들은 체면 때문에 기피하는 노동이다.

그러나 나는 기꺼이 바가지질을 해댄다. 바로 저놈의 호이스트에 내 집게손가락이 절단된 후 이제껏 바가지질만 해온 탓이다. 물론 동료들도 나 혼자 안간힘을 쓰는 바가지질에 임무 교대를 청하지만, 호이스트 몸통만 봐도 지레 겁을 먹는 악몽의 후유증에 차라리 힘이 들더라도 바가지질이 뱃속 편한 내 팔자이니 어쩌겠는가! 속내의부터 젖어들기 시작해 장갑과 장화 속은 물론 작업복까지 흥건히 젖어드는, 소위 물개와 물걸레가 되고 나서야 탄 처리는 어느 정도 마무리된다.[6]

---

6   정환구, 「그날까지 마지막 광부로 남으리라」, 『제2회 우리근로자 생활수기 전국공모전』, 평화은행, 1996.

허리를 세워 일어설 수도 없는 낮은 동발 아래에서 석탄을 채굴
하는 광부(출처: 대한석탄공사)

위의 수기는 우리나라 광업소 중에서 노동자의 복지가 가장 좋
고, 모든 광부들이 취직을 원한다는 대한석탄공사 장성광업소 광부
가 작성한 것이다. 가장 좋다는 광업소에서 겪은 광부의 일이니, 그
외 다른 탄광의 현실은 얼마나 더 끔찍할지 상상조차 할 수 없다. 위
의 수기에서 정환구는 "군 시절의 낮은 포복을 연상하며 갱도를 기
었는데, 수시로 천반에 등짐이 부딪힐 때마다 잔등이 까지는 쓰라림
에 절로 욕설이 터져 나온다"라고 밝혔다. 일어서서 일할 수도 없는

막장의 좁은 작업공간에서 일하는 여건이 광부의 노동을 더욱 힘들게 하는 것이다. 막장 동발의 높이는 150cm 정도 되었으니 키가 작은 사람이라 하더라도 늘 허리를 잔뜩 굽혀서 일해야 했다. 이런 곳에다 동발 나무까지 등에 짊어지고 나르는 일도 해야 했으니 8시간 동안 매일 겪는 그 고충은 말로 표현하기도 어려웠을 것이다.

노보리와 동발은 광부가 작업하는 탄광 막장의 고통을 대표한다. 노보리란 경사진 면을 올라가면서 채탄 작업하는 상승사갱도(上昇斜坑道)의 막장 갱도를 말한다. 노보리 작업은 광부들의 노동을 상징하는 말이기도 하다. 정부의 고위 관리나 언론사에서 갱내 견학을 할 때 공개하는 작업환경이 좋은 막장은 '관광노보리'라고 불렀다. 관광노보리는 허리를 숙여야 다닐 수 있는 노보리 막장과 달리 기계화 채탄이 이뤄지는 넓은 갱도의 막장이다. 관광노보리라는 말이 있었다는 것은 광부들의 막장 작업 실정이 정부나 외부에 제대로 알려지지 않았다는 뜻이기도 하다.

1990년대 중반 들어 쇠동발이 활용되면서 수평갱도가 만들어지고, 대형광업소를 중심으로 노보리는 점차 사라졌다. 노보리가 없어졌다고 해서 막장의 작업환경이 좋아졌다고 할 수는 없다. 석탄은 지하로 내려가면서 캐는 것이어서 시간이 갈수록 작업현장은 점점 심부화되기 때문이다. 장성광업소는 해발 −425m에서 생산이 이뤄졌는데, 표층이 해발 600m인 것을 고려하면 지하 1,025m에서 채탄 작업을 한 셈이다. 지하로 내려갈수록 지열이 높은데, 습도까지 고려하면 체감온도는 상상을 초월한다. 그래서 광부들은 막장 온도가 낮은 막장을 '천당', 온도가 높은 막장을 '지옥'이라고 불렀다.[7]

7   정연수, 「탄광노동자의 작업장비 및 개인용품의 변천과정 고찰」, 『강원민속학』

노보리 막장의 고통스러운 작업현장을 보여주는 '배밀이' 작업이 있다. 동발이 낮은 노보리 막장을 갈 때 동발을 배 아래에 놓고 낮은 포복으로 기어가는 일이다. 광부가 대정부 시위나 탄광 축제 현장에서 배밀이 퍼포먼스를 종종 선보이는 것도 막장의 고통스러운 작업장을 보여주려는 의도에서다.

탄광의 갱도는 동바리를 세워 만든다. 동바리란 구덩이 양쪽에 세워서 버티는 기둥 지주를 말하는데, 탄광에서는 흔히 '동발'이라고 부른다. 동발을 세울 때는 나무 윗부분이 아래를 향하고, 뿌리 부분이 위를 향하게 세운다. 하중을 받는 부분이 측면보다 상부에서 내리누르는 힘이 더 강하기 때문이다. 동발이 오래돼 상부의 하중을 받는 것을 두고 '짐이 온다'고 했다. '짐'이 오는 동발은 막장의 붕락을 의미한다. 막장은 자주 무너졌으며, 붕락 사고 때마다 많은 광부의 생때같은 목숨이 사라졌다.

1990년대 들어 기계화 채탄을 위한 쇠동발이 활용되기 전까지 탄광에서는 주로 나무동발(목동발)을 사용했다. 동발 조립은 광부들의 숙련을 살피는 가장 중요한 기능이었다. 동발 지주목 한 줄 세우는 것을 '한 틀(혹은 '태') 했다'고 불렀다. 도급제 방식에서는 이 동발을 몇 틀 했는지 따져 광부의 급여를 책정했다. 광부들은 주나를 활용하여 동발용 나무를 등 뒤에 메고 노보리를 기어올랐다. 주나는 동발나무가 미끄러지지 않도록 멜빵처럼 대각선 걸이를 하는 끈을 말한다.[8]

22, 강원도민속학회, 2008, 703-705쪽.

8   위의 책, 705-708쪽.

북창수용소에서 주로 한 일은 탄광 일이었는데, 1979년 9월에 수용소에 들어가 난생처음 갱일을 접했다. 보통은 1인당 하루에 몇 톤을 캐라고 정해주는데 남녀노소를 가리지 않았다.

남자들은 채탄공과 굴진공을 한다. 굴진공이 굴을 뚫으면 그 굴에 채탄공이 들어가 탄을 캐낸다. 여자들은 주로 조구통관리반에 들어가는데, 하는 일은 벨트 콤페어(컨베이어)를 통해 운반된 석탄을 받는 작업이었다. 나는 여자임에도 채탄공으로 일했다. 남편이 몸이 너무 허약해져 일을 제대로 할 수 없었기 때문에 생활을 꾸려나가기 위해서는 내가 자처해서 남편과 같이 탄광 일을 했다.

모든 인부는 아침 7시까지 출근하는데, 산에 올라가서 갱 안에 세울 통발을 가져와야 한다. 나무를 하는 일만 해도 1시간이 더 걸리는 일이었지만 교대를 해주는 8시까지 작업장으로 돌아와야 했기 때문에 나무를 끌고 산을 막 뛰어 내려와야 했다. 저녁에 집에 오면 9시나 10시쯤 되었다.

탄광 안에서 노동시간은 12시간이나 된다. 하루가 총화로 시작해서 총화로 끝나는데, 아침에 정해준 계획량을 달성하지 못하면 저녁 총화를 해주지 않았다. 저녁 총화를 받지 못하면 퇴근을 할 수 없기에 집에 가기 위해서는 어떻게든 계획량을 달성해야 했다. 교대시간이 되어도 작업량을 채우지 못하면 퇴근을 할 수 없었기 때문에 사람들은 근무가 끝난 후에도 탄을 찾으러 버력더미 사이를 헤맸다.

겨울에 보일러가 고장 나기라도 하면 갱 앞에 흐르는 도랑물의 얼음을 깨고 얼음물로 샤워하고 퇴근하고는 했다. 막장 안에는 안전장치도 없었다. 때로는 불도 없이 갱 안에 들어가서 작업을 했다.

탄광에서는 안전규정대로 마스크를 쓰고 갱에 들어가야 하지만 현실은 그렇지 못했다. 마스크를 쓰지 않고 탄광에서 일을 하다 보니

탄이 코로 들어가서 코를 풀면 동글동글한 모양으로 탄이 나오곤 했다. 그것을 보고 사람들은 농담 삼아 '구멍탄을 뽑았다'고 말하곤 했다. 가래를 뱉으면 석탄이 섞여서 항상 검은 가래가 나왔다. 탄광 일을 관둔 후에도 3년 동안 검은 가래가 나올 정도로 탄이 몸에 쌓여갔다.

석탄을 캔 자리에서는 가스가 나오기 때문에 탄광 안은 항상 가스로 가득 차 있었다. 탄광 안에 들어갔다 나오기만 해도 피곤함을 느꼈다. 일을 하던 사람들이 가스에 취해서 넘어지고 토하기 일쑤였다. 압축공기가 들어와서 공기순환이 되긴 하지만 워낙 양이 적기 때문에 소용이 없었다. 가스에 취해 사람들은 항상 두통을 호소했다. 특히 젊은 사람들은 하루 업무량이 많아 많이 죽었다.

탄이 없어서 통발을 세워둔 위까지 파다 보면 통발이 헐거워져 갱이 무너지는데, 한번은 12명이 죽었다. 묻힌 사람을 구하겠다고 들어갔던 사람들까지 모두 죽었다. 내가 그곳에 있으면서 일어났던 가장 큰 사고였다.

탄광 안에서는 매몰사고만 있는 것이 아니라 수맥을 잘못 건드려 물이 터지는 일이 종종 있었다. 수맥이 터졌을 때의 가장 큰 문제는 물에 젖은 석탄이 빠른 속도로 탄광을 덮치기 때문에 사람이 살아남을 수 없다. 갱의 천장 부근까지 죽탄이 찰 정도의 큰 사고에서 살아남은 사람이 딱 한 명 있었는데, 간신히 목숨을 부지하기는 했지만 큰 충격을 받아 정신이상자가 되고 말았다. 이 외에도 떨어지는 돌에 얼굴을 맞아 왼쪽 볼에 구멍이 난 사람도 있었다. 나도 떨어지는 돌에 허리를 다쳐 지금도 척추가 좋지 않다.

수용소 생활 중 가장 큰 문제는 건강이었다. 채탄공은 폐에 탄가루가 들어가고, 굴진공은 폐에 돌가루가 쌓여갔다. 나는 6년 동안 채탄공 일을 하다가 너무 힘들어서 '약초반'이라는 병원 소속의 업무로

노보리를 따라 조구를 타고 내려오는 탄을 광차에 싣고 있는 광부들(출처: 대한석탄공사)

직업을 바꿨는데, 그때 규폐에 걸려 입원한 사람들을 많이 보았다. 규폐에 걸린 사람은 얼마 살지 못하고 금방 죽었다. 걸음도 겨우 걷는 수준이었고 내 주먹보다 적은 양의 쌀을 주어도 그것을 들 힘이 없었다. 특히 굴진공의 경우에는 폐에 돌가루가 차다 보니 공기가 들어갈 공간이 부족해서 건강한 사람이 한 번 내쉬는 숨을 그 사람들은 10번을 내쉬어야 살아갈 수 있었다.[9]

인용한 글은 죄를 지어 탄광수용소에 갇혀 있던 탈북자가 쓴 「악으로 버틴 10년 북창수용소」라는 증언 수기다. 탈북자가 위에 증언

---

9   박옥순, 「악으로 버틴 10년 북창수용소」, 『코나스넷』, 2012년 9월 29일자.

장성광업소 장성갱구 주변에 '재해예방' 플래카드와 '아빠! 오늘도 안전' 포스터가 붙어 있다.

했듯 북한에 있는 북창수용소의 탄광 작업 내용은 참으로 끔찍하다. 남한에 사는 우리가 잘 알고 있는 북한 아오지탄광의 작업 현실도 북창수용소처럼 끔찍하다. 그런데 북한 아오지탄광 수기나 위의 북창수용소 수기의 내용을 읽어보면 남한의 탄광과 다르지 않다는 것을 알 수 있다. 죄를 지어 벌을 받는다는 북한의 수용소와 스스로 걸어 들어간 남한의 탄광노동 현실이 똑같다는 데 비극이 있다. 북한과 남한의 탄광 작업 여건이 같은 현실이고 보면, 남한 탄광노동자의 삶은 더 비극적일 수밖에 없다. 남한의 광부는 죄를 지은 일도 없는데, 북한의 수용소 같은 탄광으로 스스로 걸어간 처지였기 때문이다. 이는 결국, 남한 광부의 비참한 현실은 북한 광부가 느끼는 심정보다 더 끔찍한 것이 되고 말았다.

41

광업소 곳곳에 붙어 있던 안전 포스터

탄광 속은 마치 생지옥 같다. 아니, 최소한 내가 머릿속에서 그리는 지옥의 모습 같다. 사람들이 '지옥'을 생각하면 떠오르는 것은 거의 모두 있다. 열기, 소음, 혼란, 어둠, 탁한 공기, 그리고 그 무엇보다 견디기 힘든 좁은 공간, 활활 타오르는 화염만 빼고 모든 건 다 있다. 그 아래에는 탄진 구름을 거의 뚫지 못하는 데이비램프와 회중전등의 희미한 빛 말고는 불을 피울 수 없기 때문이다.[10]

탄광마다 다르긴 한데 일부 탄광은 숨이 턱턱 막힐 지경이다. 탄진이 목구멍과 콧구멍을 채우고 눈가에 가득 끼며, 꽉 막힌 공간에서 거의 기관총 소음과 맞먹는 컨베이어벨트 소리가 끊임없이 그들을 괴롭힌다. 하지만 광부들은 마치 강철로 만들어진 사람처럼 보이고 또

---

10   조지 오웰, 구세희 옮김, 『위건 부두로 가는 길』, 청하, 2011, 30쪽.

그렇게 일한다. 머리부터 발끝까지 미세한 탄진으로 덮인 그들은 정말로 강철 조각상 같다. 갱도 깊숙한 곳에서 거의 벗은 차림으로 일하고 있는 그들을 직접 보아야 비로소 그들이 얼마나 대단한 사람들인지 깨닫게 된다.[11]

인용한 글은 우리에게 『동물농장』과 『1984년』으로 널리 알려진 영국 작가 조지 오웰(1903~1950)의 르포 『위건 부두로 가는 길』에 등장하는 구절이다. 조지 오웰은 영국의 북부지역에 있는 탄광을 직접 체험하고 나서 "탄광 속은 마치 생지옥 같다"고 표현했다. 북한의 수용소로 활용되는 탄광이나, 영국의 탄광이나, 남한의 탄광이나 모두 '생지옥' 같은 곳이다. 그런 생지옥 같은 곳에서 대한민국의 광부 6만 명은 '증산보국', '산업전사, 우리는 보람에 산다'를 외치면서 지옥을 견뎠다. 그렇게 일하면서 석탄을 생산하던 광부가 1년 평균 200명이 막장에서 죽었고, 퇴직해서는 1년 평균 360명이 광부 직업병인 진폐증으로 죽었다. 석탄합리화로 탄광 대부분이 폐광한 지금도 해마다 360명 이상의 전직 광부들이 진폐증으로 죽어가고 있다.

전국 광산 부문 진폐증 사망자[12] (단위: 명)

연도	2013	2014	2015	2016	2017	2018	2019	2020	평균
진폐증 사망자 수	345	373	385	316	380	405	341	343	361

11 　위의 책, 32쪽.
12 　『강원도민일보』, 2022년 10월 13일자.

2. 진폐증: 불치의 광부 직업병을 앓는 진폐재해자

탄광노동자들이 갱내 사고 다음으로 두려워하는 것은 현대의학으로도 완치할 수 없어 '죽음의 직업병'으로 불리는 진폐증(塵肺症)이다. 광부 직업병인 진폐증은 탄가루가 폐 세포에 달라붙어서 폐를 굳게 하는 질병이다. 발병 징후가 늦게 나타나기 때문에 발병을 알았을 때는 이미 상당히 진척된 상태다. 진폐재해자의 초기 증세는 힘이 빠지고 식은땀이 많이 난다. 좀 더 진행되면 기침이 나고 숨이 찬 증세를 보이는데, 시간이 지나면 폐활량이 점점 나빠진다.

진폐재해자들이 법으로 보호를 받게 된 것은 1984년 「진폐 예방과 진폐근로자의 보호에 관한 법률」이 제정되면서부터다. 그전에 진폐증이 발병한 탄광노동자들은 치료도 받아보지 못하고 죽거나, 재산을 치료비에 탕진한 이들이 많았다. 탄광 일을 오래하고도 돈을 번 광부가 거의 없는 것은 진폐증 질병과 탄광사고로 다친 몸을 치료하는 병원비라든가 다른 일을 할 수 없는 건강 때문이었다.

광부 생활을 6년밖에 안 했는데, 진폐 13급을 판정받은 광부 김승기(부일광업소와 관서광업소 근무)도 있고, 7년 일하고 진폐 13급을 받은 광부 김태웅(옥계광업소 2년, 삼척탄좌 5년 근무)도 있다. 김태웅은 "당시에는 방진마스크도 없이 일했다. 광부들이 개인적으로 마스크를 쓰긴 했는데, 방진마스크가 아니었다. 겨울에 쓰는 방한마스크였으니, 요즘 많은 사람들이 쓰는 코로나용 마스크처럼 생겼다. 탄진을 제거하지 못하는 그런 마스크를 썼으니 진폐증에 걸릴 수밖에 없었다"라고 증언했다.

1988년도에 발표된 탄광 근무연수에 따른 진폐증 발생 현황에 따르면 5년 이하는 7.1%, 6~10년 32.2%, 11~15년 50.5%, 16~20년 56.6%, 20년 이상 76.3%의 발생률을 보이고 있다.[13] 탄광 근무 11년 이 지나면 절반 이상이 진폐증에 걸리는 것을 알면서도 석탄생산을 위해 탄광 막장으로 들어가는 것이 광부의 숙명이었다.

> 진폐증은 효과적인 치료방법이 없으므로 예방이 무엇보다 중요 하나 실제로 쉬운 일은 아니다. 주지하는 바와 같이 진폐증의 합병 시 중요한 위험을 주는 진폐결핵은 단순폐결핵에 비하여 섬유증식이 심 하고 점차 진행하는 경우가 많을 뿐 아니라 치료효과도 지연되는 경 우가 대부분이다. 따라서 효율적인 예방법은 분진농도의 허용기준 이 하, 작업 시간의 제한, 방진마스크의 사용, 진폐증에 대한 교육 그리고 정기적으로 체계 있게 건강관리를 실시하여 환자를 조기발견하고 작 업전환을 시켜야 하며 이는 사업주와 근로자 모두에게 각별한 노력을 필요로 한다.[14]

우리나라 진폐환자 숫자는 3만여 명에 이른다. 하지만 이 중에 서 입원하여 치료 혜택을 받는 사람은 전체의 1/10 수준인 3,300명 에 불과하다면서 진폐재해단체에서는 대책을 요구하고 있다. 2013년

---

13 윤임중, 「최근 한국 탄광부의 진폐증 유병율」, 『한국의 산업의학』 20(2), 가톨릭 대학산업의학센터 산업의학연구소, 1981, 36쪽.

14 김영준·김경아·임영·윤임중, 「공동성 폐결핵을 동반한 카프란씨 증후군 1예」, 『Tuberculosis and Respiratory Diseases(결핵 및 호흡기 질환)』 36, 대한결핵 및 호흡기 학회, 1989, 284쪽.

기준 13급 이상 재가환자 9,500여 명, 진폐의증 3,300여 명, 전국의 30여 개 진폐전문병원 요양환자 3,300여 명, 진폐끼보유자(정밀검진 2회 이상) 1만~1만 2천 명이 있다.[15] 폐광 이후에도 진폐환자가 계속 발생하고 있어 진폐환자 수는 증가 추세다.

진폐재해자 연도별 발생 건수[16]   (단위: 명)

연도	1980	1984	1988	1992
진폐재해자	1,498	2,790	4,432	3,732

삼척시 도계읍의 중앙진폐재활협의회(회장 이희탁)는 "도계는 전국 최고의 탄광촌이며, 많은 진폐환자가 거주하고 있는데도 진폐 요양병원이 없다"라면서 어려움을 하소연했다. 강릉시에 있는 광산 진폐권익연대 강릉지회(회장 진성식) 역시 "600여 명의 진폐환자가 있지만 강릉시에는 진폐요양병원이 없어 큰 불편을 겪고 있다"고 호소한다. 도계지역 진폐환자들은 동해시의 동해병원이나 태백시의 태백중앙병원으로 가서 진료하고 약을 수령하는 실정이다. 강릉지역 진폐환자들은 2~3개월에 한 번씩 정기적으로 동해병원으로 가고 있다. 이동하는 차편도 개인이 마련해야 하는데, 점차 고령화가 진행된 진폐환자는 장거리 이동에도 어려움을 겪고 있다.

태백중앙병원으로 개칭되기 전에 장성병원이라는 이름을 지녔을 때는 병원 건물 외벽에 '장성규폐센터'라는 커다란 간판을 붙이기도 했다. 그만큼 많은 진폐환자들이 요양하는 병원이라는 뜻이다. 태백중앙병원의 진폐환자는 4층의 41병동, 42병동, 5층의 52병동, 6층

---

15   광산진폐권익연대, 『2013년 활동백서』, 광산진폐권익연대, 2013, 7쪽.
16   전국광산노동조합연맹, 『51차 사업보고서』, 2001. 5. 20.

의 61병동에서 요양생활을 한다. 41병동에 입원 중인 경북 봉화군 출신 진폐환자의 이야기를 들어보자.

> 1950년대 후반, 생계를 위해 태백시를 찾아왔지. 보릿고개가 있던 시절, 태백 탄광촌으로 가면 먹을 것이 있다는 소문이 경북 봉화군 일대에 파다하게 퍼졌어. 처음 입적한 곳은 소도에 있는 함태광업소. 그곳에서 6년간 일하다가 고한에 있는 삼척탄좌 정암광업소로 옮겼지. 한 13년 일했어. 그러다 다시 사북에 있는 동원탄좌로 옮겨 2년 근무했지. 탄광에만 총 20년 있었어. 광업소에서 채탄도 하고, 기계직으로도 있었어.
>
> 1970년대 후반 서울 답십리로 터전을 옮겨서는 화원을 운영했어. 그런데 나이가 들수록 점점 호흡이 가빠오는 거야. 그러다 1980년대 후반에 진폐 11급 판정을 받으면서 내 병이 광업소에서 일하다 얻은 직업병이란 걸 알았지.
>
> 몸이 자꾸 나빠지면서 2008년쯤인가, 5년 전에 진폐 5급을 받았어. 그러다 지지난해에 재검진에서는 진폐 9급 10호를 받았어. 몸은 자꾸 나빠지는데, 어찌 병원에서는 좋아졌다고 판정하는지 도무지 이해가 안 돼. 진폐 판정에 뭔가 문제가 있어. 30년 전 진폐 판정을 받을 때도 근로복지공단과 많이 싸웠거든. 싸우고 나니 급수가 좋아져. 이번에도 그래야 하는지 참 딱해. 이젠 소변보기도 힘들 정도로 내 몸은 점점 나빠지고, 가슴도 아파. 그런데 병원에선 거꾸로 몸이 좋다고 하니까 이게 뭐야?[17]

위에 증언한 진폐환자처럼 5급에서 9급으로 등급 판정이 거꾸로

---

17   여성(남, 71세, 2013년 11월 18일 태백중앙병원 면담)

가는 사례가 종종 있다. 몸은 자꾸 나빠지는데, 진폐 판정을 하는 곳에서는 몸이 좋아졌다고 판정하는 것이다. 그것 때문에 진폐환자 중에서는 해마다 진행하는 진폐검사를 거부하는 이들도 많다. 판정을 잘 받으려면 브로커를 활용해야 한다는 얘기가 탄광촌에 파다하게 퍼져있었다. 실제 브로커가 경찰에 적발된 사례도 숱하다. 진폐 브로커 사건으로 브로커와 병원장 등 8명이 구속된 언론 보도도 있다.

> 태백경찰서는 23일 진폐환자 30명으로부터 3억 8,000여만 원을 받아 가로챈 혐의 등으로 브로커 정모(황지동) 씨 등 5명을 구속하고 모집책 김모(여, 47, 장성동) 씨 등 3명을 불구속 입건했으며 달아난 이모(여, 40, 황지동) 씨를 쫓고 있다. 경찰에 따르면 이들은 의사 정 씨가 근로복지공단 진폐심사위원에 위촉된 것을 계기로 2001년 10월 모집책을 동원해 태백지역 진폐환자들을 접촉, 요양 판정을 받게 해 주겠다며 박모(61, 장성동) 씨 등 30명으로부터 1인당 1,000여만 원씩 3억 8,000여만 원을 받은 혐의다.[18]

2021년과 2022년에는 광산진폐권익연대(회장 구세진)에서 '우리는 억울하다! 진폐장해 판정'이라든가, '근로복지공단 엉터리 진폐 등급 판정, 강력히 규탄한다'라는 현수막을 내걸고 근로복지공단 본부 앞에서 시위에 나서기도 했다.

진폐재해의 경우 성희직 광산진폐권익연대 상담소장이 국회 환경노동위원회 국정감사에서 참고인으로 나와 근로복지공단이 재해심

---

18   장성일, 『강원일보』, 2004년 8월 23일자.

구세진 광산진폐권익연대 회장의 서울 시위 장면

사를 자세히 하지 않는다고 주장했다. 그는 "진폐전문병원에서 진폐
전문의 4명이 2박 3일간 의견을 모아 쓴 소견서에는 진폐증이라고 명
시했으나 공단 진폐심사회의에서는 재해 판정을 내지 않았다"며 "공
단은 매주 1회 몇 시간 만에 200명의 의무기록지와 엑스레이 사진을
보고 장해 판정을 하기 때문에 오류가 있을 수 있다"고 주장했다.

노동자가 진폐재해를 인정받기 위해서는 진폐 진단 소견서와 흉
부 방사선 영상, 심폐기능검사 결과를 공단에 제출해야 한다. 공단은
진폐심사회의를 열어 진폐재해를 판정하는데, 노동자들이 타 병원에
서 진폐라고 인정받은 소견서가 진폐심사회의에서 받아들여지지 않
은 건이 41건이다. 강순희 근로복지공단 이사장은 "올해 5월부터 진
폐 판정 기준이 미달되거나 의증이라고 판정됐을 때도 재해자가 동의
하면 CT촬영을 통해 재심을 받아 구제받을 수 있도록 하고 있다"고

49

답했다.[19]

위에 인용한 언론 보도처럼 엉터리 진폐장해 판정에 대한 진폐단체의 항변은 광부들이 처한 어려운 현실이기도 하다. 탄광에서 몸을 상했으나, 장해를 인정받기까지 막장의 노보리만큼이나 힘든 길을 또 올라가고 있다.

근로복지공단 병원에서 3회에서 무려 8회나 1/0(1형-13급에 해당)으로 발급한 소견서가 진폐심사회의에서 반복적으로 '의증' 또는 '정상'으로 엉터리 판정한 피해자가 무려 40명이나 됩니다. 이들 피해자들은 "근로복지공단이 진폐보상 예산을 줄이려 엉터리 판정을 남발한다"며 울분을 터뜨립니다. 진폐 13급 판정을 받으면 「진폐법」에 의해 무상진료와 매달 진폐연금을 받을 수 있습니다. 그러한 건강권과 생계대책을 빼앗겼기에 공단의 집단 살인을 규탄하는 것입니다. 광산진폐권익연대 지도부와 엉터리 판정 피해자 등 49명이 근로복지공단 태백병원 앞에서 집회를 합니다. 지난 9월 울산근로복지공단 본부 앞 집회에 이어 3차 집회입니다. (「대한민국 국회에 신문고를 울립니다」, 2021. 10. 12.)[20]

진폐 등급이 낮아 집에서 요양하는 환자들을 두고 '재가진폐환자'라고 부른다. 2007년에는 한국진폐재해자협회(주응환 회장, 성희직 후원회장)가 주축이 되어 재가진폐환자 문제 해결을 위한 대정

19　『매일노동뉴스』, 2021년 10월 18일자.

20　광산진폐권익연대, 『2021년 투쟁백서: 우리는 산업폐기물이 아니다』, 광산진폐권익연대, 2021, 46쪽.

부 투쟁에 나서기도 했다. 태백과 서울에서 번갈아 열린 정책토론회 2회, 대정부 호소문, 다섯 차례의 대규모 궐기대회, 31일간의 릴레이 단식투쟁이 있었다. 단식투쟁으로도 해결책이 나오지 않자 성희직 후원회장은 도끼로 손가락을 잘라 바치면서 온몸으로 호소했다. 한국진폐재해자협회의 당시 요구사항은 다음과 같다.

- 노동부가 약속한 생활보조비(월 73만 원) 지원 바랍니다.
- 엉터리 진폐심사, 판정체계 개선책 마련을 바랍니다.
- 재가진폐환자 유족보상, 지급방법 개선방안 마련을 바랍니다.[21]

이 투쟁의 성과로 2010년 4월 「산업재해보상보험법 개정」이 이뤄졌으며, 진폐장해 등급을 받은 전국 9,400명의 재가(在家)진폐재해자들은 월 70만 9,500원 수준의 진폐기초연금을 지급받을 수 있었다. 현재, 진폐장해 등급 13급을 받는 이들은 최저 임금의 60%에 해당하는 월 122만 원을 지급받고 있다. 2023년에는 진폐재해자의 진폐기초연금이 월 140만 원 지급될 것이다. 진폐재해자 단체들이 대정부 투쟁을 통해 얻어낸 성과였다.

진폐재해자의 장해 등급은 1급·3급·5급·7급·9급·11급·13급이 있는데 1급이 가장 고도 장해이며, 13급이 경증이다. 또 13급에 못 미치는 '병형 상태'를 '의증'으로 판정하고 있다. 진폐환자이면서도 최저 등급인 진폐 13급을 판정받지 못하고 '의증'을 판정받은 환자에게는 진폐기초연금이 지급되지 않는다. 그저 강원도에서 연간 120만

---

21   한국진폐재해자협회,『프로메테우스의 후예들』, 화남, 2008, 120쪽.

원의 생활비를 보조하고, 강원랜드복지재단에서 난방비로 연간 40만 원을 보조하는 것이 전부다. 진폐를 인정하면서도 지원금을 주지 않기 위해 '의증'이라는 병명을 갖다 붙인 권력기관의 기막힌 술수가 막장의 어둠처럼 참담하기만 하다. 증산보국이니 산업전사니 하는 국가가 활용한 구호에 비춰보면, '의증' 판정이란 우리 사회의 최약자 계층인 광부를 대상으로 한 국가권력의 대사기극이라 할 수 있다.

진폐상담소 성희직 소장은 "광부들은 국가를 위해 병든 몸이 되었다. 그런데도 탄광노동 현장에서 희생된 사람들을 위한 보상책이 너무 미흡하다. 탄광노동자와 탄광주민들을 위해 만들어졌다는 강원랜드에서조차 진폐환자들을 위한 지원 대책은 외면하고 있다"[22]라면서 정부의 적극적인 보상을 주문하고 있다.

1990년 원진레이온에서 200여 명의 직업병 순직자를 발생시키면서 전국적으로 알려진 적이 있습니다. 그런데 진폐재해자의 숫자는 그보다 훨씬 더 많습니다. 진폐재해자 단체는 우리나라 최대 직업병 집단입니다. 탄광으로 인한 진폐재해자는 3만 명에 이르고요. 합병증 관리 치료 대상자로 입원한 장기요양 환자가 예전에는 3,700명에 달했으며, 현재도 2천 명에 이릅니다. 진폐장해 등급 13급을 받은 이가 1만 명, 진폐의증 판정을 받은 이가 3,300~3,400명이죠. 진폐 증상이 있으면 정밀 점검을 하고 있는데, 검사 대상 1만 명까지 합하면 총 진폐재해자는 3만 명이라고 할 수 있어요. 과거에 생산제일주의로 증산보국 구호 속에 안전은 뒷전이었어요. 기업주는 탄을 많이 캐면 그것이 돈이었으니 증산을 밀어붙였던 거죠. 요즘 비산먼지 걱정하는 사

---

22 2013년 12월 13일 사북에서 면담.

진폐 관련 문제 상담을 위해 상담소를 개설한 진폐재해 단체도 있다(성희직 광산진폐권익연
대 상담소장).

회와 당시 8시간 탄광 굴속에서 노동한 것을 비교해보면 진폐재해자
의 상황을 짐작할 수 있을 겁니다. 탄광 굴속에서는 노동환경을 개선
하려는 대책이 없었어요. 진폐재해자는 대한민국의 최대 직업병 단체
입니다. 이들을 위해 정부가 책임져야 합니다. (성희직 광산진폐권익연
대 상담소장)[23]

고용노동부와 각 시·군에 등록된 진폐환자들의 권익을 대변하
는 단체는 총 7개 단체로 중앙본부와 지역 지부를 따로 두고 있다.
전국진폐재해자협회, 한국진폐재해재가환자협회, 한국진폐재해자
협회, 대한진폐재해자보호협회 등 4개 단체는 태백시에 본부를 두고
다른 지역에 지부를 두고 있다. 한편, 광산진폐권익연대는 정선군에,

---

23   정연수, 「사북읍 탄광촌 주민들의 삶과 문화」, 『정선 탄광촌 주민들의 삶과 문화』,
정선문화원, 2019, 173쪽.

중앙진폐재활협회는 삼척시에, 영남진폐재해자협회는 문경시에 각각 본부를 두고 있다. 진폐단체에서는 '진폐환자'라 부르지 않고 '진폐재해자'라고 칭한다. 산업발전을 위해 탄광에서 일하다가 얻은 산업재해라는 의미를 강조하기 위해서다. 진폐재해자는 요양진폐재해자와 재가진폐재해자로 구분하고 있다. 병원에 입원하여 요양하는 환자만 '요양진폐재해자'라고 부른다.

내가 작업을 하던 1990년대는 물을 뿌리고 경석 처리를 했어요. 광업소 측에서 물을 뿌리라고 시켰어요. 그래서 난장에서 물통을 싣고 와서 물을 뿌릴 수 있도록 호스를 배달하는 작업자가 있었어요. 이 사람들을 우리는 '난장부'라고 불렀어요. 그 난장부들이 100말(1말은 18리터) 들어가는 물통으로 배달했어요. 착암기에서는 자동으로 물이 나오지만, 발파 직후가 제일 무서웠어요. 발파를 하고 나면 돌가루가 심하게 날아다녀서 앞이 안 보일 지경이었으니까요. 나는 작업할 때 답답하더라도 방진마스크를 꼭 착용했어요. 내 몸을 내가 챙겨야 했어요. 당시 감독이나 계장 같은 관리자들은 마스크를 꼭 쓰고 일하라고 지시를 여러 번 했어요. 그런데도 마스크를 쓰면 숨을 쉬기가 힘들어서 귀찮다고 안 쓴 사람도 꽤 있었어요. 방진마스크를 안 쓴 사람은 벌써 다 죽었어요. 나와 같이 일하던 사람 중에서도 마스크를 안 쓴 사람들은 이미 진폐로 다 죽었으니까요. (이도현, 사북)[24]

굴진 작업을 하고 나면 코에서 돌가루를 파내야 할 정도로 심했다. 채탄부도 그렇지만 특히 굴진부는 진폐증 발병 확률이 더 높았다.

---

24 위의 글, 173쪽.

위의 증언에서 확인하듯, 1980년대 중반까지만 해도 답답하다고 해서 진폐증을 예방하는 방진마스크조차 쓰지 않고 작업하는 광부들이 많았다.

> 1980년 사북사태가 나고 몇 년 후 전체 광부들을 위한 진폐 확인 신체검사가 있었어요. 1982년 진폐검사하러 13명이 갔는데, 12명이 규폐에 걸렸습니다. 1982년 9월 30일 서울성모병원에서 신체검사를 하는데, 그다음 날인 10월 1일에 판결을 했어요. 폐를 찍은 사진을 붙여놓고 "당신은 걸렸다" 하는 식으로 판결했는데, 의사가 급수를 불러주는 것은 아니지만 '당신 걸렸어' 하는 식으로 판정을 한 겁니다. 같이 간 13명 중에서 나 혼자 이상이 없다고 했습니다. 나는 그 얘기를 듣고 돌아와서 그다음 날로 퇴직을 신청했습니다. 함께 검사해서 판정을 받았던 안모 씨는 3년 더 일하다가 규폐로 사망했습니다. 그 옛날에는 '규폐'라는 얘기도 없었고, 그냥 폐병이라고 불렀습니다. (황창식, 사북)[25]

광부들이 진폐검사를 받고, 「진폐법」이 제정될 수 있었던 것은 사북항쟁의 영향으로 보는 견해도 있다. 우리나라에서 진폐가 처음 보고된 것은 1954년인데, 「산재보상보험법」 시행으로 검진에서 많이 발견되는 직업병으로 등장한 것은 1964년이며, 「진폐법」이 제정된 것은 20년이나 지난 1984년의 일이다. "우리나라에서 진폐의 실질적인 관리는 사북사태로 인한 사회적 소요를 잠재우기 위해 제시된 「진폐법」이 1984년 제정되면서 시작"한 것이다.[26]

---

25 위의 글, 174쪽.

구세진은 탄광 일 외에 다른 직업을 가져본 적이 없다. 19세 때부터 탄광이 문을 닫던 48세까지 29년 8개월 동안 광부 일을 했다. 퇴직 전인 29년 4개월 만에 진폐환자가 되었다. 2004년 10월 31일 폐광되었는데, 그는 이미 광부로 일하고 있던 6월에 진폐 13급을 받았다. 그의 아버지도 진폐 11급을 받고 2007년 2월에 작고했다. 구세진은 2대가 대물림되는 진폐증 판정을 받고도 4개월을 더 근무하고 폐광으로 광부 생활을 끝냈다. 2019년 6월에 11급을 판정 받았으니 몸 상태는 더 악화된 것이다. 또 그해 6월에는 청력장애 진단도 받았다. 갱내에서 착암기 소리와 발파 작업 소리를 오래도록 접하면서 귀가 많이 나빠져서 청력장애 11급의 산재를 인정받았다.

구세진은 스스로 '움직이는 종합병원'이라고 자조적으로 자신을 소개한다. 탄광이 폐광된 이후 2006년 1월 허리에 핀을 박는 대수술까지 받았지만 산재를 넣지도 못했다. 1998년 5월 막장을 순회하다가 낙석에 허리를 다쳤지만, 당시 관리자를 할 때여서 '공상'을 안 냈으니 산재처리를 하지 못했다. 탄광에서는 재해 건수를 줄이려고 했기 때문에 다치더라도 재해를 신고하지 않고 개인적으로 치료하는 경우가 많았다. 구세진은 탄광이 문을 닫기 전에 산재 인정을 받기로 사장하고 보안부서하고도 다 얘기가 되었지만, 다른 근로자들의 비슷한 산재 신청이 너무 많아 오해를 사지 않기 위해 어쩔 수 없이 산재 신청을 하지 못했다고 한다. "지금 생각해보면 참 어리석은 결정을 했구나 하는 후회를 하곤 합니다"라는 구세진의 말에서 퇴직 광부들의 아픔을 읽는다.[27]

---

26 백도명, 『진폐요양제도 의료지원에서 사회적 요양으로(토론회 자료집)』, 노동건강연대 천주교 노동사목, 2008, 38쪽.

27 정연수, 앞의 글, 174-175쪽.

3. 경제적 난민: 광부 2대를 양성하는 탄광촌의 현실

농촌이나 도회지에서 탄광촌으로 들어온 사례도 있지만, 탄광촌 인근에서 살다가 광부가 된 사례도 있다. 또 아버지가 광부여서 대를 이어 광부가 된 사람도 있고, 광부 남편이 죽어서 부부가 연을 이어 광부가 된 아내도 있다. 선탄부는 대다수가 남편에 이어서 광부가 된 사람들이다. 강릉시 강동면 지역의 탄광촌에서는 부부가 동시에 광부로 일하는 경우도 많았다. 최옥자·변만수 부부, 전선자·변재구 부부, 김승자·김재범 부부, 김덕기·정정순 부부가 바로 남편이 광부로 일할 때 아내도 동시에 광부(선탄부)가 된 것이다. 한 사람이 벌어서는 가족의 생계를 꾸리지 못하는 영세 탄광의 현실을 극명하게 보여준다. '인생막장'으로 불린 광부라는 직업을 선택한 것은 사회경제적 약자로서 선택이 아닌 피할 수 없는 숙명의 과정이었다. 부초처럼 떠도는 경제적 난민이자 산업화 시기의 사회적 약자로 존재했던 광부의 삶을 들여다보자.

(1968년 입사) 그 시절 민영 광산은 복지시설이 나빠서 제대로 씻지를 못했습니다. 일이 끝난 후 시커멓게 해서 집에 와가지고 바께스에 물 한 바가지 부어 데워서 씻었지요. 겨울에는 눈발이 빡빡 치고 하면 참 씻기가 힘들었습니다. 그래서 대한석탄공사가 복지시설이 좋다는 소문을 듣고 도계광업소로 입적했어요. 국영 기업체인 석공 들어가기가 하늘의 별 따기라고 했지요.

석공에 들어오면 초보자들을 위해 설치된 마차훈련소에 가서 2주간 훈련을 받습니다. 항내에다 모형 동발을 다 해놓고 나무해 짊어지고 올라가고 기계 다루는 등의 일을 다 가르쳤습니다. 우리는 그래도 광산 경력이 한 3년 되어 경력이 좀 있지만 초보자들은 하나도 모르니까 그렇게 다 가르쳐주는 거였지요. 2주간 교육을 받고 도계광업소에 가서 3년을 일했습니다.

도계광업소 도계항은 수직으로 해저 150m를 내려가는데, 얼마나 지열이 센지 더워가지고 막장 온도가 35도까지 올라갔습니다. 땀이 흘러 장화 속으로 들어가서 일하다가 신발을 벗으면 물이 줄줄 흘러내렸지요. 거기서 일하다 보니까 사람이 누렇게 뜨더라고요. 그때만 해도 먹고살기 어려운 시절이라 억지로 3년 동안 지내다가 그만두었습니다.

그런 뒤, 한일탄광에도 다녀보고 금속광산에 착암공으로도 일하다 1978년 함백광업소에 입사했습니다. 17년을 다니다가 합리화사업으로 폐광하는 바람에 1993년에 퇴직했어요. (허영철, 1942년 정선군 북면 문곡리 출생)[28]

허영철은 일이 너무 힘들어 도계광업소에서 일하다 3년 만에 떠났지만, 다시 탄광으로 돌아온다. 한일탄광, 금속광산을 떠돌다가 다시 함백광업소로 들어와 17년을 일한다. 그의 이력은 탄광을 떠나고 싶어도 떠나지 못하는 경제적 빈곤을 반영한다. 또한, 노동이 더 필요한 상황인데도 합리화로 탄광이 문을 닫자 타의에 의해 새로운 일자리를 찾아나서야 했다. 강원도에서 부산으로, 또 다른 도시로 지하

28 허영철, 「정선 문곡 나룻배 건너야 학교 가던 마을 앞만 보고 온 인생, 좋은 일, 슬픈 일 반반씩」, 『(2018) 광산에 핀 꽃』, 한국여성수련원, 2018, 243-245쪽.

철 공사장이나 터널 공사장으로 일거리를 찾아 떠돌았다. 광부들의 삶은 경제적 난민으로 한 지역에 정착하지 못하고 부초처럼 떠돌아 다녀야 했다.

남의 사랑방 조그마한 거 하나 얻어서 살림을 했습니다. 부엌도 없는 난전에서 밥해 먹고, 쌀이 없어 우는 날이 많았습니다. 돌 캐는 광산에서 일하는 얘기를 듣고 1974년 광산에 들어갔어요. 돌 광산을 발파하면 사람이 들기 좋게 깨서 차에 싣는 일을 했습니다. 1976년 각 동 샘골 제2어룡광업소로 갔습니다. 돌 캐는 굴진을 하는데 처음 들 어가니 깜깜하고, 막 돌이 떨어지고 해서 엄청 무서웠습니다. 그래도 먹고살아야 해서, 내 가족 먹여살리려면 이거 아니면 안 됐으니까 열 심히 일했습니다. 한 3년간 사택서 살고 탄광에서 일하면 쌀을 주어서 일이 고되도 살만했습니다. 그런데 석탄이 안 나와 광업소가 문을 닫 게 되었습니다.

그래서 1979년에 태백으로 넘어갔습니다. 12월에 갔는데 눈이 얼마나 많이 왔는지 아침에 출발했는데 밤 8시 넘어서 도착했어요. 거기 사택을 준다 해서 갔는데 우리가 가니까 사택이 없다는 거예요. 그래서 남의 사택에 가서 애를 데리고 일주일을 묵었습니다. 겨우 사 택을 얻었는데 두 집이 살아야 했습니다. 문은 한 개인데 얼마나 불편 했겠어요. 한 몇 달 있으니 그제야 집 한 채를 주었습니다.

1981년에 탄 싣고 다니는 광차에 찧여서 양다리가 세 군데 부러 지고 허리를 다치는 사고를 당해서 고생을 많이 했습니다. 병원 생활 을 하다가 일을 못 하니 퇴직을 시켜서 퇴직금하고 보상을 좀 받아서 집을 하나 샀습니다. 그 집에서 조그만 구멍가게를 했는데 잘 안 되어 치워버리고 다시 광산에 입적했습니다. 여기저기 다니며 광산 일을 하

59

다가 늦게 태백광업소에 들어가 십몇 년 다니다 합리화해서 나왔습니다. 광산에서 일한 건 전체로 치면 35년이 됩니다. (엄부선, 1949년 영월군 여흥13리 출생)[29]

태백 한성광업소에 먼저 들어가 일하고 있던 동생이 농사 때려 치우고 오라고 해서 나도 갔지요. 거기서 채탄 후산부로 7년 일하는데 문 닫았고, 사북의 동보탄광서 8년 일하다가 석탄산업합리화로 문 닫았어요. 일곱 번 남의 집 셋방살이를 하며 돌아다녔으니 말 다 했지요. 힘들게 살았어요. 정선 나전광업소에 가서 1년 다니다 빚만 지고 사북에 와서 조금 쉬다가 동원탄좌 원덕기업에서 9년 6개월 선산부로 일했어요. 여기서 광이 무너져서 허리를 다쳤는데 5년간 병원에 입원해 있을 때 구뎅이(굴) 문 닫았지요. (이춘하, 1945년 삼척군 하장면 출생)[30]

엄부선과 이춘하의 수기에서 보듯, 이들은 가난에 쫓겨 광부가 되어 여러 탄광을 전전하면서도 곤궁한 삶을 벗어나지 못한다. 석탄산업합리화로 실직자가 된 처지라든가, 탄광사고로 건강까지 잃은 사례 또한 다른 광부들과 비슷한 실정이다. 탄광의 근무조건이 열악하기 때문에 광부들은 광업소를 자주 옮겨 다녔다. 아버지와 같은 광업소에서 근무하기도 한 광부 2대의 이력을 지닌 구세진은 무려 열다섯 번이나 광업소를 옮겨 다녔다.

29 엄부선, 「처음 돌캐는 굴진할 때 무서웠지만 가족 위해 몸 아프고 고생한 것보다 못 배운 게 아쉬워」, 『(2018) 광산에 핀 꽃』, 한국여성수련원, 2018, 224-225쪽.
30 이춘하, 「일곱 번 남의 집 셋방살이, 굴속 생활 30년 오랜 탄광생활 끝에 이젠 몸만 성하면 되는데」, 『(2018) 광산에 핀 꽃』, 한국여성수련원, 2018, 195-197쪽.

1963년에 아버지가 마산에서 고한 박심리(하이원골프장 자리)로 들어오면서 정선지역 탄광촌과 인연을 맺었어요. 아버지는 삼척탄좌 조광인 인동탄광과 강동탄광에서 약 30년간 일했습니다.

고한 박심리에 살다가 스몰 카지노가 설립되면서 물한리골(예전 고한읍사무소 앞)로 이사와 살다가 또 물한리골에 하이원스키장이 들어서면서 우리 집이 뜯기자 사북으로 이주하게 되었는데요. 사북에 거주한 지는 20년 정도입니다.

1975년 3월 16일 아버지가 일하던 삼척탄좌의 조광인 인동탄광에 입사했습니다. 아버지와 같은 탄광, 같은 갱에서 일을 시작했습니다. 1065갱에서 후산부로 일했습니다. 1065갱은 채탄부와 굴진부를 별도로 구분하지 않고 굴진 작업과 채탄 작업을 닥치는 대로 다 했습니다. 당시 아버지는 1065갱에서 몇 사람을 데리고 모작주로 일하고 있었고요. (구세진)

구세진의 탄광 이력

1975년	1979년	1980년	1983년	1983년	1984년	1985년	1987년
인동탄광	대유기업	강동탄광	세방기업	성동탄광	성진기업	명신탄광	서진탄광
1987년	1988년	1988년	1989년	1990년	1991년	1992년	2004년
경일탄광	대림산업	덕일탄광	동원굴진	경안기업	연일기업	원창기업	(폐광)

도표에서 확인되듯 구세진은 1975년부터 2004년 폐광 될 때까지 29년간 광부로 일하면서 광업소를 15번 옮겨 다녔다. 그가 옮겨 다닌 광업소만도 사북 고한지역의 탄광 역사인 셈이다. 광업소를 옮겨야 했던 사연을 그의 목소리로 들어보자.

사람들은 날보고 '꼴통'이라고 불렀어요. 동료와는 큰 문제가 없었는데, 갑질하는 윗사람들과 부딪치며 싸우다가 자주 그만두게 되었지요. 충돌이 잦았던 감독(반장급)들은 나이가 많았지만, "광산에는 아래위 30년 맞먹는다"는 말이 있잖아요. 당시는 목소리 큰 사람이 이겼어요. 그래서 싸우다가 '때려치우면 그만'이라는 생각을 하고 자꾸 그만둔 거였죠. 탄광에는 몸만 튼튼하면 아무 곳이나 다 받아줬으니 걱정은 없었어요. 탄광에는 사람이 부족하기 때문에 다른 광업소에 들어가기는 쉬웠습니다. (구세진)

구세진이 십수 번씩 광업소를 이직하고 취직하기를 반복할 수 있었던 것은 사북 고한지역에 광업소가 많은데다 인력이 부족하여 취직하기 쉬운 사회적 영향이 있었다. 1970~1980년대 석탄 증산이 시급하던 시절, 숙련공 부족 현상을 해결하기 위해 다른 광업소의 노동자를 데려오는 '광부 스카우트' 경쟁이 사회적 문제로까지 등장하기도 했다. 탄광업체마다 국가시책에 의한 석탄 증산에 매달리면서 겪는 인력난은 고질적 문제로 작용했다. 그리하여 정부에서는 1970년부터 석탄 성수기인 매년 10월부터 다음 해 3월 말까지 예비군 훈련과 민방위 훈련 유보 등의 혜택을 줬다. 또 병역대상자에게는 굴진, 채탄뿐 아니라 기계와 전기 직종까지 자격증 소지자에 한해 5년간 탄광업체 의무복무를 통해 보충역으로 편입하는 병역특례제도도 시행했다.

채탄광부 인력난이 심화되면서 '광부 스카우트' 경쟁까지 벌어졌다. 1978년 대한석탄공사에서 2차에 걸쳐 인근 민영 광업소에 재직하던 채탄 직접부 150명을 채용하면서 국내 석탄업계에서는 대소동이 벌어지기도 했다. 급기야 대한탄광협회(회장 우승환, 대한석탄

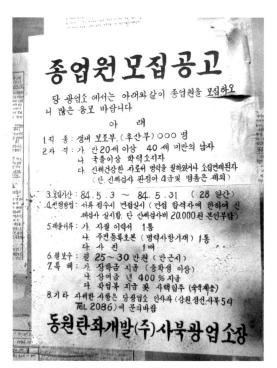

광부 모집 공고

협회 전신)는 1978년 9월 27일과 9월 30일 두 차례에 걸쳐 동자부 장관과 대한석탄공사 사장 앞으로 "즉각 원 소속 탄광으로 환원하도록 조치하여 줄 것"을 요구하는 건의문을 발송하기까지 했다. 또한, 이에 앞선 9월 26일 열린 대한탄광협회 9월 정기이사회에서는 '탄광기능인력 채용 합리화를 위한 자율규제'를 다짐하는 결의문을 채택하고 이를 산하 회원탄광에 통보하여 철저히 이행토록 촉구했다. 그 뒤 대한탄광협회는 탄광회원사에 "민영 각 탄광이 인력확보에 부응하고 있는 현시점에서 대한석탄공사 도계광업소가 2차에 걸쳐 인근 민영 탄광의 기능공을 스카우트하였음은 도저히 있을 수 없는 일"이라

면서 주의를 환기시켰다.[31]

> 광업소마다 인력을 수급하는 사람이 있었어요. 다른 광업소 사
> 람이라도 기능이 있는 사람이면 빼왔어요. 또 친구가 좋아서 '똥줄이
> 맞으면' 그 사람을 따라 광업소를 옮겨가기도 했고요. (구세진)

동원탄좌와 삼척탄좌에서는 광부를 모집하기 위해 서울에 모
집책을 별도로 뒀다. 또 광부로 입사할 사람을 데려오면 일당도 줬
다. 광부가 되기를 희망하는 사람이 사북에 도착하면 광업소 광장이
나 식당 등 시내 도로에 사람들로 꽉꽉 들어찼다. 그런데 그들이 모
두 탄광에서 일할 수 있는 것은 아니었고, 신체검사에 합격해야 광부
가 될 수 있었다. 그래서 오죽하면 "광업소 들어가는 것이 군대 가기
보다 어렵다"는 말이 나돌았다. 광업소 입사는 신체 건강이 무엇보
다 중요했다. 또 옷을 벗고 검사하다가 몸에 큰 상처나 문신이 있어
도 탈락시켰다.[32]

> 탄광시가 비유하는 광부의 존재를 살펴보면 짐승(감정을 거세당
> 한 짐승, 코뚜레를 한 짐승, 개미, 두더지, 생쥐, 실험쥐, 검은 모르모
> 트),[33] 노예(임금의 노예, 검은 노예, 노비의 아들, 종), 병사(소모품·총

---

31 정연수, 「탄광촌의 형성 발전 쇠퇴」, 『도계읍 탄광촌 사람들의 삶과 문화』, 삼척
시립박물관, 2005, 130-131쪽.

32 구세진 관련 내용은 정연수, 「사북읍 탄광촌 주민들의 삶과 문화」, 『정선 탄광촌
주민들의 삶과 문화』, 정선문화원, 2019, 149-151쪽.

33 "거세당한 짐승"(성희직, 「광부는 없다」), "햇살/몇 조각씩 찍어내/수레에 싣고/
실어나르는/개미"(박유석, 「광원4」), "수 억의 직업 중에/나는 두더지"(이창환, 「두더
지」), "생쥐처럼/석탄덩이의 원형질"(김정원, 「어느 광부의 포장마차」), "진화된/실험

알받이 외인부대, 최후까지 싸우는 병사), 소외계층(헐거민, 탄광쟁이, 막장꾼, 무지렁이, 탄에 생가슴 묻은 사람, 신의 마지막 사람, 어둠을 캐는 사람, 흑인, 아프리카 검둥이, 매일 옷 벗는 직업) 등으로 나타난다. 광부를 상징하는 시어만으로도 탄광노동자와 탄광 작업의 현실을 충분히 짐작하게 한다.[34]

인용문에서 보듯 우리나라 직종 중에서 광부만큼 별명을 많이 가진 직업도 없을 것이다. 마지막에 선택하는 기피직종이었으나, 경제적 소외층이 애국하는 마음으로 고향을 등지고 탄광촌으로 들어온 광부들이었다. 3년만, 5년만 열심히 일해서 돈 벌어 떠나겠다는 마음으로 들어왔다가 영영 못 떠난 광부들이기도 했다.[35]

탄광촌의 호황을 가리키는 유행어로 널리 알려진 "탄광촌에서

쥐…하느님과 닮은/검은 모르모트"(정연수, 「석탄산업합리화」), "자본가의 채찍 앞에 임금노예되어"(성희직, 「광부5」), "아프리카의 검은 노예"(이청리, 「캐내기 작업 3」), "건강한 노예, 멀쩡한 종으로 살아왔지"(이원규, 「비겁한 훈장」), "소모품으로 버려지는 광부/우리들은 외인부대"(성희직, 「광부7」), "노동의 전쟁터에서/최후까지 싸우는 병사"(이청리, 「캐내기 작업 46」), "일월과 성좌마저/등진 혈거민(穴居民)"(김월준, 「채탄기 2」), "영원한 탄광쟁이"(서은하, 「아버지」), "다이나마이트에 불을 당기는 막장꾼"(이원규, 「꽃병」), "탄만 캐던 무지렁이 광부"(정연수, 「대한석탄공사 1987」), "탄가루 속에 생가슴 묻고 사는 사람"(이청리, 「캐내기 작업 2」), "삶의 패잔병"(윤강로, 「어둠 스케치」), "신의 마지막 사람들"(이청리, 「캐내기 작업 9」), "어둠을 캐는 사람들"(김후란, 「광부」), "그 많은 흑인들"(정일남, 「금천교의 기억」), "이빨만 하얀 아프리카 검둥이"(성희직, 「꿈이 아니길」), "매일 옷 벗는 직업"(최승익, 「빨래」)

34   정연수, 『탄광시의 현실인식과 미학적 특성 연구』, 강릉대학교 대학원 국어국문학과 박사학위논문, 2008, 46쪽.

35   주민 72.8%가 하루속히 돈을 벌어서 탄광촌을 떠나려 한다는 통계는 주민들이 생활에 큰 회의를 느끼고 있으며, 그들의 탄광촌 거주는 부득이한 경제적 목적에 있음을 알 수 있다(한옥수, 「탄광지대 부녀자들의 생활태도와 부업효과에 관한 연구」, 『강원대학교 논문집』 15, 1981, 495-496쪽).

는 강아지도 만 원짜리 물고 다닌다"는 말이 있다. 이러한 말은 "3년 만 일하고 탄광을 떠나겠다"거나, "내 아들만은 광부 만들지 않겠다"는 광부들의 다짐처럼 허황된 거짓말이다.

> 온 식구가 매달려 농사일을 해도 가을에 가서 추수해보면 늘 먹고살기 빠듯했습니다. 고민 끝에 도저히 안 되겠다는 생각이 들어 1968년 광산에 들어갔습니다. 구절리 탄광 개발할 때 구절리 노추산 밑 우전탄광에 입사하여 한 달에 27일 작업하여 쌀 두 가마 반을 벌어서 방에 쌓아놓으니 백만장자 부럽지 않았습니다. 그때 당시만 해도 남의 집에 가서 하루 종일 일해주면 겉보리 한 말 줄 때였는데 광산에서는 백미 한 말을 벌었지요. (허영철, 1942년 정선군 북면 문곡리 출생)[36]

위의 수기에 등장하듯, "탄광촌에서는 강아지도 만 원짜리 물고 다닌다"는 말의 현실은 "한 달에 27일 작업하여 쌀 두 가마 반을 벌어서 방에 쌓아놓으니 백만장자 부럽지 않았습니다"라는 정도의 의미로 봐야 할 것이다. 굶고 사는 실정 속에 밥을 지어먹을 수 있는 정도의 형편을 의미한다.

노동의 실상은 2대 광부, 3대 광부로 대물림되는 것이 탄광촌의 현실이었다. 탄광촌 호황기에도 탄광경영자거나 매탄업자, 술집과 쌀집 등 일부 상권만 부를 축적했을 뿐 광부의 가족은 퇴직할 때까지 여전히 가난했다. 진폐증이나 탄광사고로 인한 병원비 증가라

---

36   허영철, 「정선 문곡 나룻배 건너야 학교 가던 마을 앞만 보고 온 인생, 좋은 일, 슬픈 일 반반씩」, 『(2018) 광산에 핀 꽃』, 한국여성수련원, 2018, 243-244쪽.

는 요인 외에도 탄광촌의 일상이던 맞장부(점포와 구매자가 각각 갖는 매출·매입 장부) 같은 외상은 비싼 물가와 적자 가계의 악순환을 가져오면서 가난에서 쉽게 벗어나지 못하도록 만들었다.[37] 탄광촌의 대다수 구성원을 차지하는 광부와 그 가족은 두 달 미뤄 지급하는 탄광의 월급 방식으로 인해 고리채에 시달리기도 했다. 태백지역의 성공한 금융기관으로 정착한 한마음신협이 1977년 설립 배경으로 탄광촌 주민의 고리채 청산을 내세운 것을 보면 당시 실정을 짐작할 수 있다. 태백탄광촌에 신협을 가장 먼저 설립한 것은 광업소였다.

1972년 무렵, 가톨릭 원주교구 지학순 주교가 태백에 큰 홍수가 났을 때, 재해대책본부를 만들었다. 지학순 주교는 탄광노조에다 500만 원을 지원했다. 무이자로 5년 거치 상환하는 조건이었다. 가톨릭 원주교구는 이 돈으로 광업소가 구판장과 신협을 만들도록 권유했다. 태백에서 제일 먼저 신협이 만들어진 것은 1975년에 동해탄광의 동해신협이었다. 그다음에는 함태신협이 만들어졌다. 광업소가 아닌 민간이 운영하는 한마음신협(2022년 현재도 활발하게 운영 중)이 만들어진 것은 광업소 신협 다음의 일이었다. 지학순 주교의 지원이 밑바탕이 되어 신협을 만들었는데, 당시 이경국 총장과 정의구현사제단이 신협 설립의 교두보이자 지도자 역할을 했다. 장일순의 동생 장산순과 이경국 총장이 애를 많이 썼다. 동해탄광의 신협에 이어 함태광업소 신협, 태영광업소 신협, 어룡광업소 신협, 강원탄광 신협, 장원탄광 신협, 우성광업소 신협 등 태백지역의 많은 광업소에서 신협을 만

---

37   한옥수, 「태백지구 탄광지대의 광업가정에 대한 가정경영 실태조사와 그 문제점의 도출분석 및 생활의 과학화방안 연구」, 『강원대학교 논문집』 12, 1978, 337쪽.

들었다.

태백역 앞에는 광산노조 복지회관이 있었는데, 여기에서 광업소 신협과 소비자 매장에 대한 물품을 공급했다. 광업소 신협과 소비자 매장은 합리화로 인한 광업소 폐광 때 모두 사라졌다. 함태신협의 경우에는 광부 가족에게 생필품을 저렴하게 공급하는 소비자 매장이 6개나 있었다. 함태광업소 수갱 위에 현재 스카이호텔이 들어선 양지 사택에도 있었고, 교회 옆에 공동매점이 있었고, 상장동 주공아파트에 매점을 두었고, 사무실에 소비조합을 두었고, 현재의 목련아파트가 있는 신사택에 매점을 각각 두었고, '아름다운 나날'이라는 매점도 두었다. 함태광업소 신협과 소비자 매장은 노조가 직영을 했다. 노조위원장(설립 당시 위원장은 유승규. 유승규는 나중에 광부 대표로 국회의원에 당선되기도 한다)이 당연직 함태신협 이사장이 되었다. 함태탄광 노조부위원장(설립 당시 부위원장은 남해득)은 당연직으로 함태신협 전무로 업무를 보았다. (남해득 함태신협 전무)[38]

광부들은 자신의 자식만큼은 광부로 만들지 않겠다는 의욕을 품기도 했지만, 탄광노동력 확보에 혈안이 된 국가의 기획에 의해 그 꿈은 무산되었다. 석탄 증산이 시급한 국가와 기업은 당근(야간 통행 금지 예외, 예비군 면제)과 채찍(막장교대, 고속굴진, 생산 목표량 달성)으로 광부들을 몰아세웠다. 부족한 노동력 확보를 위해 사택 제공, 군 면제, 학자금 지급, 인력 소개 수당 지급 등의 유인책을 적극적으로 펼쳤다. 대도시로부터의 노동력 유인책 외에도 국가가 나서서 광부의 아들을 광부로 육성할 계획을 세웠다. 탄광촌 지역마다 공

---

38 2022년 7월 26일 면담.

업계 고등학교를 신설하고, 공업고등학교 육성 방안을 통해 탄광 기능인을 육성하고 나섰다. 태백의 태백기계공고, 삼척의 삼척공고와 도계실업고, 영월의 영월공고, 정선의 함백공고 등에 광산과를 신설하여 인력 수급을 담당했다. 강원도 내 대표적인 탄광촌마다 공업고등학교를 설립하고 광산과를 개설하면서 광부의 자녀가 자연스럽게 광부가 되는 길을 열었다. 탄광촌의 공고로 진학한 상당수 학생 역시 광부의 아들이었으니 학교를 통해 광부 대물림을 조장한 셈이다. 같은 광업소에 함께 근무하는 2대 광부도 흔했다. 국가가 교육을 통해 증산보국, 산업전사의 의식을 주입하면서 광부 2대를 양성한 것이다.

탄광촌의 공업고등학교만으로는 부족한 광부 인력을 충당할 수 없자 정부와 탄광업계가 공동 기금을 투자하여 충북 제천에 한국광산공고를 설립하기도 했다. 1980년 개교한 한국광산공고는 채광과 · 선광과 · 광산토목과 · 광산기전과 등 4개 과에서 매년 240명의 기능인을 배출해 탄광과 일반광산으로 공급했다.

컴퓨터 활용을 대비한 '전국 상·공고 전자계산 전문 교육반 1회 수료기념' 사진(1971. 12. 30). 제일 뒷줄 우측에서 다섯 번째가 강릉상고 교사

컴퓨터 관련 내용이 등장한 신문
(『조선일보』, 1972년 11월 5일자 7면)

　　외부 사회는 산업화 흐름을 타고 선진기술을 습득했으며, 1971년
에 이미 컴퓨터 사회를 대비한 '전국 상·공고 교사'의 전산교육까지
진행되고 있었다. 그런 변화에 비춰보면 탄광촌 사회는 거꾸로 가고
있었으며, 정보가 제한된 광부 사택촌에서 살아가는 탄광촌 주민은
세상의 변화를 따라갈 수 없었다. 국가가 내세운 공업계 육성이라는
구호가 탄광촌에서는 광부 인력확보를 위한 수사에 지나지 않았다.
1976년에 태백공고에서 기계공업고등학교로 교명을 변경하는 승격

태백기계공고 정문에 있는 '기술인은 조국 근대화의 기수' 조형탑

같은 조치 역시 광부 인력을 제일 많이 요구하는 태백탄광촌의 노동
력 확보와 맥락을 같이한다. 사택에 나붙은 '우리는 산업전사 보람에
산다' 같은 구호나 태백기계공고 정문에 세워진 '기술인은 조국 근대
화의 기수'라는 글자를 새긴 대형 조형탑은 '탄광노동＝애국'을 일체
화하는 분위기를 조성했다. '조국 근대화의 기수'라는 구호를 외치면
서 실습에 전념하던 공고생의 자부심은 광업소에 입사하여 '산업전사'
의 자부심으로 전환된다. 1970년대 정부와 언론이 사용하던 '광공업

71

발전'이라는 용어에서도 알 수 있듯, 탄광업은 모든 공업의 선두에 있었다. 석탄에너지 없이 공업발전이 불가능한 시대적 배경을 증거하는 것이기도 하다. 산업전사의 자부심은 맹목적이거나 추상적인 것만이 아니라 국가의 광공업 발전에 기여한다는 구체적인 실체였다.

탄광에서 5년간 재직하고 군 면제를 받는 병역특례 정책 역시 젊은 노동력의 유인책이었다. 병역특례 시책은 숙련공을 탄광에 오래도록 붙잡아두는 효과를 거두었다. 산업화가 급속히 이뤄지는 시기에 탄광업체에서 5년 동안 근무하고 나면 다른 산업체로 옮겨가기가 쉽지 않았기 때문이다. 국가가 교육제도를 통해 광부를 양성하고, 국가가 나서서 '조국 근대화의 기수-산업전사-증산보국-광공업 발전' 등의 이데올로기를 광부에게 내면화시켰다. 그러고도 광부가 필요 없어진 1989년에는 예고도 없이 석탄합리화를 시행하면서 광부들을 실직으로 내몰았다. 산업전사라고 추켜세우던 광부를 폐광정책 속에 폐기처분한 주체가 국가였으니, 석탄산업전사에 대한 예우와 보상은 마땅히 국가가 책임져야 할 일이다.

4. 문화 불모지: 국가의 방치 속에서
빈곤의 볼모가 된 탄광촌

1973년 무렵 가톨릭 원주교구 지학순 주교가 직접 나서고, 김수환 추기경도 지원한 김지하 시인의 문화운동이 있다. 당시 김지하가 쓴 희곡 「금관의 예수」가 전국을 순회하면서 공연에 나섰다. 또 이 공연에는 「아침이슬」의 작곡가 김민기를 비롯한 많은 연극패가 참가했다. 가시면류관을 쓰고 십자가를 졌던 예수에게 금관을 씌운 것은 가난하고 힘 없는 사람을 위해 나서는 대신 권력 있는 자와 타협하고 권력자의 편에 선 한국의 교회와 사회 현실을 비판한 작품이다. 그래서 희곡에는 겨울에 거리로 나선 거지, 나환자, 창녀들을 돕는 수녀, 이들을 등쳐먹는 경찰과 악덕 업주, 이들을 외면하는 대학생과 신부가 주요 인물로 등장한다. 시멘트 감옥에 갇혀 금관을 쓰고 있던 예수가 나환자에게 금관을 벗어주는데, 신부와 경찰, 사장이 달려들어 다시 예수에게 씌우자 시멘트가 굳는다.

얼어붙은 저 하늘 얼어붙은 저 벌판

태양도 빛을 잃어

아 캄캄한 저 가난의 거리

어디에서 왔나 얼굴 여윈 사람들

무얼 찾아 헤매이나

저 눈 저 메마른 손길

오 주여 이제는 여기에

금관의 예수

김민기 곡

김지하 작사, 김민기 작곡, 「금관의 예수」

오 주여 이제는 여기에

오 주여 이제는 여기에

우리와 함께하소서

아아 거리여 외로운 거리여

거절당한 손길들의

아 캄캄한 저 곤욕의 거리

어디에 있을까 천국은 어디에

죽음 저편 푸른 숲에

아 거기에 있을까

오 주여 이제는 여기에

오 주여 이제는 여기에

오 주여 이제는 여기에

여기에 우리와 함께

오 주여 이제는 여기에

오 주여 이제는 여기에

오 주여 이제는 여기에

우리와 함께하소서

오 주여 이제는 여기에

우리와 함께하소서

  – 김지하 작사, 김민기 작곡, 「금관의 예수」

양희은과 김창남(메아리)을 통해 불리던 이 노래는 1973년 원주
가톨릭회관에서 초연된 김지하의 희곡 「금관의 예수」 첫머리에 등장
한다. 기득권층에 의해 세상의 고통을 십자가처럼 짊어지고 가시면
류관을 쓴 예수의 삶과 민중의 삶을 다룬 희곡 「금관의 예수」는 상연

금지처분을 받고도 재공연에 나섰다. 또 희곡 앞부분에 등장하는 이 노래는 종교계뿐만 아니라 노동계에서 많은 사랑을 받았다. 약자를 위한 노래라는 점이 공감대를 얻었을 것이다. 노동자 같은 약자들이 부르면서 방송금지곡이 되었지만, 지금까지도 민중 사이에서 사랑받고 있다.

「금관의 예수」라는 희곡이 도계에서 만들어졌다는 것을 아는 이는 많지 않다. 1971년 도계의 흥국탄광에서 도피 생활을 하던 중에 김지하가 쓴 작품이다. 그리고 이 희곡의 앞머리 시에 곡을 붙인 이는 대한민국 사람이라면 다 알만한, 데모 현장에서 한 번쯤은 불리는 「아침이슬」의 작사·작곡가인 김민기다. 김민기는 이 노래 때문에 전방으로 끌려갔다는 일화도 있다. 도계의 탄광이 있었기에 「금관의 예수」가 탄생할 수 있었는데, 더 흥미로운 일은 작곡자 김민기 역시 탄광과 인연이 깊다는 점이다. 김민기의 일화를 보자.

1973년엔 김지하가 희곡을 쓴 연극 「금관의 예수」 전국 순회공연에 참여했다. 이듬해 소리굿 「아구」를 내놓고 군에 입대, 1977년 제대했다. 그러곤 그는 몇 년간 서울을 떠나 고향 전북 김제시에 거주했다. 거기서 수확한 감자나 고구마를 보내오곤 했다. 쌀을 보내면서 쌀값을 달라기도 했다. 연극 활동하는 데 돈이 필요하다는 이유였다.

그즈음으로 기억한다. 어느 하루는 그가 집에 놀러 왔다. 함께 술을 마셨다. 당연히 집에서 자고 갈 줄 알았다. 그러나 그는 밤 10시쯤 자리에서 벌떡 일어섰다. "5천 원만 달라"고 했다. 내가 물었다. "어디 가는데?" "탄광이요. 청량리에서 태백 가는 기차를 타야 해요." "거긴 왜?" "한 석 달 정도 있으면서 일하려고요."

후에 알았다. 태백탄광에선 그를 받아주지 않았다. 사회운동가로 보이는 김민기가 그들 탄광에서 일하는 게 부담스럽다는 이유였다. 결국, 그는 태백을 떠나 충남 보령탄광을 찾아갔고, 그곳에서 여러 달 광부들과 생활했다.[39]

1980년대든, 1990년대든 사람들은 내내 탄광촌을 '문화의 불모지'라고 했다. 필자가 태백에서 문학활동을 본격적으로 하던 1980년대도 태백시 사람들은 스스로 문화의 불모지라고 했다. 그때만 하더라도 사람들은 광부들만 사는 탄광촌이어서 문화의 불모지인가 여겼다. 그런데 감춰진 역사를 들춰보니 태백탄광촌이든, 도계탄광촌이든, 보령탄광촌이든 광부가 있는 탄광촌이어서 불모지였던 것이 아니었다. 광부를 우매하게 만드는 정책, 국가권력 때문이었다. 탄광촌에 문화를 보급하지 않은, 광부가 각성하지 못하도록 한 정부와 탄광기업주의 통제 때문이었다. 여기서 말하는 문화란 음주문화가 아니고, 21세기의 관광문화니 생활문화니 하는 광의적 의미도 아니다. 문학·음악·미술 등의 협의적 의미의 문화, 개인의 자존을 세우고, 개인의 정체성을 찾고, 개인의 삶을 향한 각성을 가능하게 하는 문화를 말하는 것이다. 사전에서 설명하듯 "높은 교양과 깊은 지식 또는 세련된 아름다움이나 우아함, 예술풍의 요소 따위와 관계된 일체의 생활 양식"을 말한다. 국가권력은 탄광촌이 문화의 불모지라는 것을 알면서도 문화보급에 나서지 않았으며, 탄광기업주는 문화가 들어오는 것을 철저하게 차단했다.

탄광촌이 거부한 김민기도 그런 사례의 하나다. 태백탄광촌에

---

39 윤형주, 「세시봉, 우리들의 이야기 8: 아침이슬」, 『조선일보』, 2011년 7월 27일자.

김민기가 일자리를 찾겠다고 광업소에 찾아왔는데, 의식 있는 노래 운동을 하는 사람이라고 받아주지 않았다. 「아침이슬」을 수록한 김민기 1집은 1971년에 나왔고, 김민기가 태백에서 탄광노동을 시도한 것은 1970년대 말에서 1980년대 초로 보인다. 김민기의 1집은 국가에서 금지했으나 입소문을 타고 그의 음반은 명작 반열에 올랐으며, 불법 복제까지 급증할 정도로 인기가 있었다. 「금관의 예수」는 김민기 3집에 수록되어 있다.

도계탄광촌에는 김지하 같은 위대한 시인이 오래도록 생활했는데도 그가 머물렀다는 사실을 기억하는 사람이 없다. 그뿐 아니라 도계주민 중에는 김지하가 시인이라는 것을 아는 사람도 드물다. 이것은 도계주민이 부끄러워할 일이 아니다. 시인과 소설가의 작품을 읽으면서 문학을 하고, 독서를 하는 문화프로그램을 보급하지 않은 국가권력의 잘못이기 때문이다.

김민기가 충남 보령탄광촌에서 광부 생활을 했으나 그를 기리는 문화활동은 계승되지 않는다. 보령과 관련한 김민기의 이야기를 개략적으로 살펴보자.

1987년에는 6월 항쟁으로 본격적인 민주화 열풍이 불자 6년 전 충청남도 보령시의 탄광에서 잠시 광부 생활을 했을 때의 경험을 살려 탄광촌 아이들을 다룬 노래극 「아빠 얼굴 예쁘네요」를 만들었다. 하지만 아직 건재하던 공윤위의 꼬장 때문에 여러 대목의 가사를 고쳐서 출반해야 했다. 공윤위와의 마찰은 같은 해 12월에 노래일기 「엄마, 우리 엄마」와 훗날 록 오페라로 리메이크하게 되는 노래극 「개똥이」의 노래를 모은 음반을 낼 때도 똑같이 벌어졌다. (나무위키)

1981년, 김민기는 전곡으로 옮겨 작은아버지와 함께 소작을 시작했다. 그때 그는 영농자금 마련을 위해 겨울 내내 해태 양식장에서 일해야 했다. 전곡에서 농사를 짓던 중 그는 농민의 현실을 더욱 깊이 절감하는 계기가 된 한 사건을 경험하게 된다. (중략) 1981년 겨울, 전곡의 민통선 북방지역에 5천 평 규모의 논을 소작할 기회가 생겼다. 단, 논 옆에 있는 흉가 하나를 매입해야 한다는 조건이었다.

그 겨울, 김민기는 충남 보령의 탄광에서 일해 50만 원을 벌었고, 그것으로 흉가를 매입, 그곳에서 생활하며 농사를 짓기 시작했다. 그는 마을의 젊은이들을 규합, 청년회를 조직했고, 그것을 통해 쌀 출하 사업도 벌였다. 그곳에서 생산된 쌀을 도시의 소비자들에게 직매함으로써 중간 유통과정의 부조리를 없애고, 농민과 소비자가 다 함께 이익을 얻도록 하는 사업이었다. 이 사업의 결과 농민 측과 소비자 측에게 각기 250만 원 정도의 이익을 남길 수 있었다. 청년회는 이 이익금을 기금으로 쓸 수 있었고, 그중 일부는 마을 공동목욕탕 건립기금으로 적립할 수 있었다. 이 일로 한때 엉뚱하게도 '쌀장수'로 소문이 났고, 시인 황명걸은 「쌀장수 김민기」라는 시를 발표하기도 했다. (『문예중앙』)[40]

삼척 도계·태백·보령 탄광촌은 최고의 시인 김지하를 받아주지 못했고, 최고의 작곡가이자 연출가인 김민기를 품어주지 못했다. 당대는 독재정권 시절이었다 하더라도 문화의 세기로 접어든 21세기에도 여전히 그들을 품지 못하고 있다. 지금껏 우리는 "강아지가 만 원짜리 물고 다닌 시절이 있었다"는 거짓말만 내뱉고 있을 뿐이다.

---

40   『문예중앙』, 1984년 여름호.

어쩌면 "강아지가 만 원짜리 물고 다닌 시절이 있었다"는 그 말로 지금보다는 그때가 더 나은 세상이라고 위안하려고 하는지도 모른다. 탄광이 번성하던 1970년대, 서른댓 살 먹은 탄광경영자는 벤츠를 타기도 했고, 어떤 탄광 사장은 고급 요정집에 드나들기도 했다. 그런 호황 속에서 광부들은 여전히 10평도 안 되는 낡고 좁은 사택에서 살았다. 20~30%의 광부는 그런 사택도 얻지 못해 방세에다 외상 맞장부에다 빚에 허덕였다. 안전시설이 없는 탄광 막장에서 언제 죽을지도 모를, 죽어서도 보상금은 강아지값도 안 되는 그 시절을 견뎠다. 그런데도 그 시절을 "강아지가 만 원짜리 물고 다닐 만큼 좋은 때"라고 얘기하고 싶은 것은 2022년 폐광이 되어버린 지금의 탄광촌 현실이 1970년대나 1980년대만큼도 못하기 때문일 것이다.

태백의 황지지역에 방석집들이 밀집되어 탄광촌의 밤을 환하게 밝혔다. 대구관, 은호정, 유락정, 황춘옥관, 통일관 등 요정 50여 개가 들어서서 애주가들의 발길을 끌었다. "황지를 거쳐가지 않으면 기생이 될 수 없다"는 말까지 유행할 정도로 요정은 번창했다. 특히 1964년 문을 연 황지의 대구관은 경주의 요석궁, 영월의 수원관과 더불어 국내 3대 요정으로 꼽혔다. 서울의 요정들을 제외한 비교 수치이긴 해도 탄광촌 방석집의 수준을 짐작하기는 어렵지 않다. 태백에서 대구관을 모르면 간첩이라는 말이라든가, 술 접대를 대구관에서 받은 게 아니면 제대로 된 술을 대접받았다고 자랑해서는 안 된다는 말이 생겨날 정도였다. 또 기생들 사이에서는 대구관을 거쳐야 서울에 가서 제대로 된 기생 노릇을 할 수 있다고 했다.

전국의 기생들이 황지 대구관에 오면 떼돈을 번다는 소문에 줄을 서면서 대구관에는 예쁘고 재능 있는 기생들로 넘쳤다. 대구관의

우측 첫 번째부터 유청하, 이기애, 정연수(2002, 태백)

최근 태백에서 기리고 있는 가수 유재하의 형 유청하는 황지광업소 사장 역임. 대구관에 얽힌 이야기는 유청하 사장(좌측 첫 번째)이 증언해주었다. 좌측 세 번째가 필자(2001, 강화도)

기생은 노래와 춤은 기본이고 장구와 거문고 등 악기를 다루는 풍류가 있었다. 대구관은 150평의 공간에 기생 60여 명을 두었는데, 전성기에는 100여 명에 이르렀다. 겨울철 하루에 연탄 100장을 사용하고, 연탄 갈아주는 일만 하는 고용인을 따로 두었을 정도니 그 규모를 짐작하고도 남는다.

대구관과 얽힌 많은 일화가 전해진다. 하루는 하청탄광 사장이 지폐 다발을 들고 와서 술을 마시다가 선풍기를 돌린 일화는 전설처럼 나돌았다. 선풍기 바람 위로 지폐를 마구 뿌리면 기생들이 달려들어 허겁지겁 줍는 것을 보면서 즐겼다. 선풍기 바람에 날리는 팁을 줍고 싶은 기생은 누드 차림으로 참가해야 했다고 한다.

또 마대자루에서 잡히는 대로 팁을 주던 일화도 있다. 황지에서 손가락 안에 꼽히던 탄광을 경영하던 유모 사장은 술을 마실 때도 돈이 담긴 마대자루를 끼고 마셨다. 당시 많은 탄광업자는 탄을 팔고 수금한 돈을 정리하지 않은 채 마대자루에 담아서 들고 다녔다. 뒤죽박죽 담겨 있던 마대자루의 돈들은 다음날 아침에야 경리과 직원의 손에서 정리되었다. 유 사장은 주흥이 한창 오르면 기생을 불러 팁을 주기 시작하는데 손가락으로 세는 적이 없었다. 마대자루 속에 손을 넣어 뒤죽박죽 담긴 돈을 잡히는 대로 꺼내서 줬으니, 주는 사람도 받는 사람도 얼마인지 알 수 없었다. 마구잡이로 꺼내서 주는 팁에 기생들은 '최고'를 연발할 뿐이었다.[41]

우리는 지금도 전성기에는 태백탄광촌에 술집이 많았던 것을 자랑하고, 전국에서도 최고의 요정으로 꼽히던 태백의 요정과 영월

---

41   정연수, 『탄광촌 풍속 이야기』, 북코리아, 2010, 166-168쪽.

탄광촌의 요정이 있었다는 것을 자랑하곤 한다. 그런데 정작 그 유명하다던 대구관에서 색시를 옆에 앉혀놓고 술을 먹은 사람, 팁을 줘본 사람을 찾아 나섰더니 극히 손에 꼽을 정도다. 요정집은 광부들이 못 가는 공간이고, 그저 광부들은 작부들이 있는 니나놋집만 드나든 때문이다. 문화프로그램을 운영하는 도서관도 없는 탄광촌에 술집은 왜 그렇게 많이 들어섰을까.

우리는 이제라도 탄광촌이 호황이던 그 시절에 문화프로그램을 운영하는 도서관이 없었다는 것을 말해야 한다. 주민을 각성하는 교육프로그램조차 없었다는 것에 이제라도 분노해야 한다. 그것이 없던 시절을 부끄러워해야 하고, 그것이 없는데도 부끄러워하지 않도록 만든 세상에 분노해야 한다. 민중을 우매화시킨 국가권력을 향해 기침해야 한다. 어느 시인의 시구처럼 "기침을 하자/젊은 시인이여 기침을 하자/눈을 바라보며/밤새도록 고인 가슴의 가래라도/마음껏 뱉자"(김수영, 「눈」)는 자성이 필요하다. 광부를 막장에 몰아넣고, 탄광촌을 문화의 불모지로 안주시킨 국가권력을 향해 기침해야 한다.

지역의 문화환경은 사람의 인생에 지대한 영향을 미친다. 사람은 주어진 환경에 의해 학습되고, 그 학습이 개인의 운명을 결정하기 때문이다. 사람의 능력이란 개인차야 있겠지만, 어떤 환경에서 살아가는가에 따라 학습 속도가 차이 난다. 문화적 환경이 학습을 이끌고, 한 사람의 운명까지 유리한 조건으로 바꿔놓는 것이다. 사회심리학의 대표적 학자인 에릭슨(Erikson)은 개인의 성장에는 부모뿐 아니라 가족·친구·사회·문화 배경 등이 중요하게 작용한다고 했다. 개인심리학의 대표적 학자인 아들러(Adler) 역시 사회적 요인과 가족적 요인이 개인의 성격 형성에 많은 영향을 미친다고 보았다.

탄광노동자 학력 수준별 분포[42]

학력	국문 해독	국졸	중졸·중퇴	고졸·고퇴	대졸·대퇴
구성비(%)	3.4	51.9	26.2	15.8	2.7

위의 학력 수준별 분포에서 확인하듯, 탄광촌 핵심 구성원인 광부의 학력이 낮다는 것은 지역의 열악한 지식환경을 대변하는 것이기도 하다. 탄광촌에서는 '나는 무식해서'라는 말을 스스럼없이 쓴다. 그 말은 자조적인 심정도 있겠거니와, 배우지 못한 것에 대한 한이 담겨 있기도 하다.

광부가 되는 사람으로 세 종류가 있다. 못 배운 사람, 빽 없는 사람, 돈 없는 사람이 광부가 된다. 광업소에서는 이런 사람이 광부가 되었으니, 함부로 대하면서 석탄생산에만 집중했다. 동원탄좌 사북광업소에서는 사장의 친인척으로 구성한 암행독찰대가 있었다. 광부들의 잘못을 몰래 찾아내는 역할을 했는데, 광부들은 이들을 '암행어사'라고 불렀다.[43]

사북항쟁의 중심에 있던 이원갑은 "우리는 무식했기 때문에 탄광 일을 했다. 그러나 탄광은 그런 무지한 사람이 있었기 때문에 운영될 수 있었다"[44]라고 말한 바 있다. 찰스 디킨스는 "무료 도서관은 거대한 무료 학교다. 가장 천한 노동자도 그곳에 들어서면 바로 학생

---

42 『광산노동자의 실태: 강원도 도계·장성·황지·함백·고한지역을 중심으로』, 고려대학교 노동문제연구소, 1973, 8쪽.

43 이원갑, 2022년 10월 7일 사북에서 면담.

44 정연수, 『탄광촌 풍속 이야기』, 북코리아, 2010, 281쪽.

이 된다"고 했다. 영국 스코틀랜드 라나크셔의 리드힐스(Leadhills)에서 운영되던 탄광노동자들을 위한 도서관은 많은 의미를 전달한다. 이 도서관은 1741년 탄광 관리자 스털링이 광부들을 위한 도서관과 독서클럽을 만들면서 시작된다. 이를 필두로 1756년에는 이웃한 윈록헤드(Wanlochead)에, 1792년에는 웨스터커크(Westerkirk)에 도서관이 생겨났다.[45] 광부들을 위한 도서관에 대한 기록을 보자.

리드힐스 도서관은 1970년대의 폐관 위기를 견뎌내고 독서클럽으로 살아남았다. 현재 50명가량의 회원이 최초의 서가들이 늘어선 넓은 방에서 정기적인 모임을 갖는다. 윈록헤드 도서관은 광산박물관의 일부가 되었는데, 19세기 열람실의 모습을 재현하기 위해 공사 중이다. 웨스터커크 도서관은 교구 도서관으로 거듭나 주변 교구 주민들에게만 책을 빌려준다. 이들 도서관은 영국의 광부들이 얼마나 책을 사랑했는지 증명해준다.

사우스웨일스 지역의 경우 1930년대에 광산이 위치한 계곡을 중심으로 도서관이 200여 개나 있었다고 한다. 평균 장서는 3천 권 정도였으며, 규모가 가장 컸던 트레데가(Tredegar) 도서관은 대출 횟수가 10만 건에 이르기도 했다. 자칭 '웨일스 고서 수입의 황제'였던 리처드 부스는 자서전에서 도서관이 계곡 탄광마을의 정신적 중심이었다고 기록했다. 심지어 술집도 열람실을 갖추지 않으면 허가가 나오지 않을 정도였다는 것이다. 광부 도서관의 장서는 주민들이 직접 선택했으므로 공공도서관보다 가치가 크다고 부스는 주장했다. 그 많던 웨일스 광부 도서관 중에 오늘날까지 존속한 것은 컴머먼(Cwmaman)에, 다

---

45   마거릿 윌리스, 이상원 옮김, 『독서의 탄생』, 황소자리, 2011, 312쪽.

리드힐스 광부 도서관

른 하나는 트레시넌(Trecynon)에 있다.[46]

　"술집도 열람실을 갖추지 않으면 허가가 나오지 않을 정도"의
제도를 갖춘 영국은 '도서관이 탄광마을의 정신적 중심'이 될 수 있
었다. 형식적 도서관이 아니라 "광부 도서관의 장서는 주민들이 직
접 선택"하는 실질적 도서관 기능을 했다. 그것이 1930년대의 일이
라는 사실이 더욱 놀랍다. 한국의 탄광촌은 1960년대도 그랬지만,
1980년대 들어와서도 그런 도서관 하나 갖추지 못했다. 술집은 아마
영국보다 많았을 텐데 말이다. 도서관이 없으니 독서를 강조하는 풍
토도 없었을 것이다. 광부뿐만 아니라 그 자녀들까지 무지로 몰아넣
는 분위기에다 지식을 경시하는 풍토도 있었다. "배운 사람은 노동

46　위의 책, 315쪽.

운동을 해서 회사를 괴롭힌다"는 탄광 경영진의 우려가 그것이다. 그런 분위기가 탄광문화를 피폐하게 만들었고, 광부와 그 가족들의 의식을 깨우치는 데 장애가 되었다. 태백의 탄광촌이 「아침이슬」의 작곡가 김민기를 거부한 것도 그런 연유다.

> 노동계층에게 독서의 기회를 마련해주었던 글래드스톤이나 찰스 디킨스 같은 인물들조차 문자 해독력이 통찰력을 가져올 것이라며 노동자를 경계했다. 가난한 사람이 글을 읽고 생각하게 되면 비참한 처지를 인식하여 '복종이라는 위대한 법칙'에 도전하게 된다는 것이다. 18세기 후반에는 존 트러슬러라는 목사가 프랑스 혁명은 인쇄술의 발달 때문이라며 영국 역시 정치적 혼란에 빠질 수 있다고 주장하기도 했다. 노동하는 이들은 못 배울수록, 그리하여 미천하게 살수록 더 잘 복종하게 된다고 감히 말하는 바이다.[47]

결국, 무지 속에 안주하던 고립된 사회 구성원은 산업화의 발달로 달라진 외부 사회환경을 따라잡지 못했다. 탄광촌 주민들은 광업소 하나 믿고 살다가 산업 변화에 따른 갑작스러운 폐광으로 갈팡질팡했다. 폐광촌 주민의 삶이 석탄합리화 이후 절망적으로 추락한 것은 예고 없이 갑작스럽게 시작한 정책의 탓도 있지만, 주민 개인으로서는 시대 변화를 감지하는 지적 습득의 노력이 부족한 것도 한 이유다. "강아지도 만 원짜리 물고 다닌다"는 말이 유행할 정도로 성황을 이루던 그 시절에도 탄광촌 주민들은 문화시설보다 향락적 시설에 기대어 살았다. 술집, 나이트클럽, 카바레 등의 유흥시설과 속칭

---

47   위의 책, 284-285쪽.

'티켓다방'이라고 하여 성적 희롱이 이뤄지는 다방이 번창했을 뿐이다. 탄광이 호황이던 시절에 낮에는 당구장에서, 밤에는 술집에서 시간을 보냈다. 그러나 이것을 광부나 탄광촌 주민 개인의 잘못으로 몰아서는 안 된다. 문화를 보급하지 않은 국가권력, 어쩌면 문화보급을 통한 주민의 각성을 의도적으로 막았을 국가권력이 책임져야 할 부분이기 때문이다. 영국이 술집에도 도서열람실을 제도적으로 비치하도록 한 행정을 보면 국가의 역할이 무엇인지 알 수 있다.

도계탄광촌을 예를 들어보면, 문화시설로는 1955년 건립되어 30여 년 존재하던 도계문화관이 유일했다. 말만 '문화관'이었을 뿐 내용에는 문화가 전혀 없었다. 도계문화관에서 하는 행사라곤 오감을 자극하는 공연이나 영화 상영, 광업소가 실시하는 노동자 교육과 가족 교육, 관내 학교의 행사가 대부분이었다. 도계문화관이라는 곳이 '문화'를 이야기할 수 있는 수준의 '문화관'은 아니었던 셈이다. 이 문화관이 철거된 자리에 1990년에는 석탄회관이 건립되었으나, 여전히 문화와는 거리가 먼 상업공간일 뿐이다.

도서관은 산업 발전의 흐름을 따라가고, 지식정보를 얻는 기관이다. "도서관은 빈민의 대학이다. 도서관은 빈민의 지적 생명선이다"[48]라는 지적처럼 낙후된 지역일수록 도서관이 들어서서 제 기능을 해야 한다. 하지만 탄광촌 현실은 그렇지 못했다. 도계지역의 도서관은 탄광지역 진흥 6개년 계획으로 건립돼 1994년 10월 18일에야 개관했다. 1989년에 시행한 석탄합리화 5년이나 지나서 도서관 하나가 겨우 들어섰다. 탄광이 없어졌으니 주민들이 각성해도 된다는 뜻에서 만들어진 것이라고 여기면 너무나 큰 비약일까? 도서관

---

48 카렌 M. 벤추렐라 엮음, 『도서관을 통한 지역사회 프로그램』, 한울, 2002, 187쪽.

개관 이후에도 지역의 평생교육을 위한, 주민들의 빈곤을 퇴치할 제
기능을 하고 있는지는 더 고민해야 한다. 취미프로그램에 안주하기
보다는 지식정보를 제공하여 창의적 미래에 대비하는 힘을 길러야
하기 때문이다.

탄광노동자와 탄광촌 주민들이 기초적 학력이나 문화적 소양을
갖췄더라면 술집 같은 유흥시설에 의존하기보다는 책을 읽거나 토
론하는 분위기도 생겨났을 것이다. 설령 주민들의 문화지수야 부족
하더라도 국가가 나서서 도서관·미술관·평생학습이 가능한 문화
센터를 건립했더라면 술집에서 몸과 정신을 망치는 일이 적었을 것
이다.

영국 스코틀랜드에 설립한 광부 도서관

설립연도	도서관 명칭	특징
1741	리드힐스(Leadhills) 광부 도서관	노동자를 위한 세계 최초의 도서관
1756	원록헤드(Wanlochead) 광부 도서관	영국에서 두 번째 오래된 도서관
1792	웨스터커크 교구 도서관 (Westerkirk Parish Library)	광부 도서관으로 출발

영국의 탄광촌에 설립했던 도서관이 지금도 남아서 운영되고
있다는 사실은 놀랍기만 하다. 그 도서관을 통해 위대한 작가도 배출
되었다. 영국 스코틀랜드에서 광부들을 위해 건립한 도서관에는 명
칭을 아예 '광부 도서관'이라고 붙여놓았다. 탄광촌에 도서관 200여
개를 지었던 영국 사우스웨일스의 탄광은 석탄산업의 유산을 기리
기 위해 유네스코 세계유산으로 등재했다. 유네스코에 등재된 '블래
나번 산업 경관'이 바로 사우스웨일스의 탄광이다. 또 탄광 건물을
살려서 국립탄광박물관으로 꾸몄다.

5. 폐광정책: 광부도 탄광촌도 모르게 시행한 석탄산업합리화

석탄산업은 1980년대 후반 들어 급격한 사양길로 접어든다. 내적 원인으로는 자원의 고갈, 탄질의 저하와 탄층 부존의 불규칙으로 인한 채탄 여건의 악화, 막장의 심부화로 인한 채산성 악화, 타 산업에 비해 높은 재해율 등에 따른 것이다. 외적 원인으로는 계속되는 유가 하락, 고질의 무연탄 수입, 국민소득 증가에 따른 생활구조 개선으로 청정에너지 선호, 아파트의 연탄 사용을 금지하는 주택난방 정책, 석탄의 수급 관리 등을 들 수 있다. 결국, 1989년 석탄산업합리화 정책을 기점으로 석탄산업은 돌이킬 수 없는 사양길로 접어들었다.

가정용·상업용 에너지 소비 현황 (단위: %)

연도	석유류	무연탄	전력	도시가스	열에너지	기타	계
1981	22.3	57.5	4.4	0.1	-	15.7	100
1986	20.1	64.7	6.7	0.5	-	8.0	100
1989	33.4	48.9	10.0	2.3	0.3	5.1	100
1991	46.3	32.7	12.5	5.3	0.4	2.8	100
1995	60.0	5.1	16.3	15.6	2.1	0.9	100
2000	41.6	2.2	24.3	28.0	3.4	0.5	100

출처: 『대한석탄공사 50년사』

연도	1986	1987	1989	1991	1993	1995	1997	1999
사용 가구 비율	75.5	81.8	71.2	52.4	30.8	10.6	5.3	2.1

출처: 『대한석탄공사 50년사』

석탄합리화 정책은 비경제탄광을 폐광하고 경제탄광을 건전 육성하겠다는 취지에서 1989년 시행됐다. 그런데 문제점은 예고를 통한 대체산업을 준비할 기간도 없이 갑작스럽게 시행에 들어간 정책이라는 점이다. 석탄합리화가 진행되면서 강원도의 태백시·삼척시·정선군·영월군·명주군(현 강릉시 강동면과 옥계면), 경북 문경시, 충남 보령시, 전남 화순군 등의 탄광촌은 지역경제 마비와 도시공동체 붕괴 등의 사회문제에 직면했다. 강원도만 놓고 보자면, 1989년부터 1996년 사이에 171개 탄광 중 97%에 달하는 166개가 폐광했다. 1988년 4만 3,831명이던 강원도의 탄광노동자는 1996년 9,280명으로 급감했다. 특히 주요 탄광지역이던 태백·고한·사북·도계지역의 폐광이 두드러졌다. 탄광촌으로 시(市)가 된 전국 최대 규모의 탄광도시인 태백시는 1989년부터 1996년까지 43개 광업소가 폐광하면서 1만 6,195명의 탄광노동자가 3,674명으로 급감했다.[49] 탄광촌은 지역경제가 붕괴되었고, 광부들은 졸지에 실직자로 전락했다.

탄광촌이던 장성·황지·철암을 태백시로 승격시킨 것은 석탄산업도시의 기능 활성화, 탄광촌 주민의 위상 제고, 석탄 증산 독려 등을 위한 국가의 기획이었다. '광도(鑛都) 태백'이라는 슬로건을 내건

---

49   『사업단 10년사』, 205쪽.

91

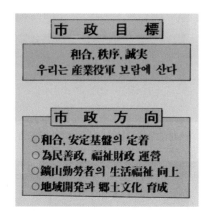

태백시의 시정목표와 시정방향(『태백문예』 창간호, 1986)

태백시는 석탄합리화 몇 년 전까지만 해도 폐광으로 몰락할 줄 상상조차 하지 못했다. 1980년대 태백시는 시정목표, 시정방향, 시민헌장 모든 영역에 탄광이나 산업역군 등의 내용으로 가득 채웠다.

1986년의 「시민헌장」에서 "우리들은 국민연료인 석탄을 캐는 산업역군으로서의 보람을 다지고 있다"라고 밝히면서 총 3개 항 중에서 제1항으로 "우리 시민은 천혜의 보고인 풍부한 자원을 개발하는 산업역군으로서 성실히 노력하고 보람에 사는 시민이다"[50]라고 밝혔다. 1986년 태백시의 시정목표는 "화합, 질서, 성실/우리는 산업역군 보람에 산다"였으며, 시정방향 4개 항 중에서 1개 항목을 "광산근로자의 생활복지 향상"[51]으로 제시할 정도로 광부의 삶을 중심에 두었다. 대규모 폐광이 이뤄지는 1989년 석탄합리화 정책이 시행되고도 2년이 지난 1991년의 「시민헌장」도 그 이전과 변함없이 '산업역군'을 중심에 놓았다. 시정목표에서는 '산업역군'을 삭제했으나 시정방향 5개 항목 중에서 1개 항목은 여전히 "광산마을 잘살기 운동"[52]이라면서 탄광촌의 정체성을 반영하고 있다. 이처럼 태백시는 시 행정 자체에서도 탄광도시로 발전하는 것에 초점을 맞췄고, 외부에서도 태백시는 한국 석탄산업

---

50   태백시 근로청소년복지회관, 『태백문예』 창간호, 1986.

51   위의 책.

52   태백시 근로청소년복지회관, 『태백문예』 5호, 1991.

의 메카로 자리매김하고 있었다.

태백시는 1984년 "국내 유일의 광산도시를 개발한다는 목표로 황지, 소도, 동점, 통리를 연결하는 도시망을 조성하고 … 시가지는 광부사택촌과 간선도로를 잇는 지선도로를 정비포장"하겠다는 의욕을 밝혔다.[53] 태백시가 밝힌 '국내 유일의 광산도시를 개발한다'던 목표가 5년 만에 무용지물이 될 만큼 지방자치단체조차 석탄산업합리화 시행에 대한 대비가 없었다. 장기도시계획 수립을 통해 "2000년대에 16만 명을 수용하는 도시규모의 확대발전에 대비, 도시환경의 성장과 변화에 능동적으로 대처"[54]하겠다는 태백시는 ① 국내 최대의 탄광도시, ② 국민관광휴양도시, ③ 탄광지대 서비스 중심도시, ④ 탄광지대 유일의 축산 및 고랭지농산물생산지 등 4개 개발방향을 설정했다. 그중 3개가 탄광과 관련한 발전이었으니, 20년은커녕 5년도 내다보지 못한 미래계획이었다.[55]

2000년대에 16만 명을 수용하겠다고 미래 청사진을 밝히던 태백시 인구는 2000년대 들어 5만 명대로 급감했다. 2013년 8월 기준 태백시의 인구는 4만 9,127명에 불과했는데, 지속적으로 감소하면서 2022년 8월 기준 태백시의 인구는 3만 9,996명으로 전국 시단위에서 최저 인구를 기록하고 있다. 태백시에 마지막 남은 탄광인 장성광업소마저 2024년 폐광을 앞두고 있으니 도시 소멸 우려가 심각한 실정이다.

53   태백시, 「태백권의 복지도시건설」, 『도시문제』 19, 대한지방공제회, 1984, 83쪽.
54   위의 책, 83쪽.
55   정연수, 『탄광시의 현실인식과 미학적 특성 연구』, 강릉대학교 박사학위논문, 2008, 97-98쪽.

태백시 인구 및 탄광노동자 수 변화[56]

연도	1986	1987	1988	1989	1990	1995	1998
인구	114,784	120,208	115,175	105,858	89,770	64,877	59,930
탄광노동자 수	18,675	17,907	15,441	13,362	11,367	3,991	2,962

    삼척시 도계읍은 1988년 11개 탄광(탄광노동자 6,624명)에서 1996년 2개 탄광(탄광노동자 3,145명)을 남기고 모두 폐광된다.[57] 2022년 11월 현재 석탄공사 도계광업소와 (주)경동 상덕광업소 2개만 남아 운영되고 있다. 탄광노동자를 보면 석탄합리화 직전인 1988년 6,705명에 이르렀으나, 10년 만인 1998년에는 50% 이상 감소한 2,690명에 머문다. 1979년 4만 4,543명으로 최고치를 보이던 도계 인구는 1989년을 기점으로 급감하기 시작해 2013년 1월 말 기준 1만 3,082명에 머물고 있다.

연도별 도계읍 인구동태 현황

연도	인구수	연도	인구수
1979	44,543	2000	16,677
1988	42,208	2005	13,533
1989	39,125	2009	12,510
1990	36,348	(2013년 1월 말)	13,082
1995	21,225		

56　『태백시지』, 1108쪽 참조.

57　『사업단 10년사』, 205쪽.

도계읍의 폐광 여파는 삼척지역 전체에 영향을 미쳤다. 1985년 8만 1,818명이던 삼척군의 인구가 1992년 5만 8,327명으로 대폭 감소한 것은 도계지역의 폐광 여파를 반영한다. 석탄합리화는 삼척군 소재지인 도계읍의 도시 존립에 커다란 영향을 끼치면서 결국 삼척군과 삼척시가 통합하여 현재에 이른다.

1975년 한때 29만 4천 명을 기록하던 삼척군이 삼척시와 삼척군으로 분리 승격하여 발전해왔다. 그러던 것이 인구 급감으로 1995년 삼척시와 삼척군은 다시 통합했다. 이제는 다시 동해시·삼척시·태백시가 하나의 도시로 통합할 것을 기획하는 사람도 등장했다.

정선군의 여건도 마찬가지다. 고한읍과 사북읍의 탄광은 석탄합리화 이전인 1988년 31개 탄광에서 1만 1,690명의 탄광노동자가 종사했으나, 1996년에는 2개 광업소 노동자 2,357명을 남기고 모두 폐광으로 실직한다.[58] 정선군 남면의 자미원탄광과 묵산탄광, 북면의 동성탄좌, 신동읍의 석공 함백광업소 등도 석탄합리화 기간에 폐광에 들어갔다. 이 때문에 정선군 인구는 1988년 11만 9,777명에서 합리화 10년 만인 1998년 절반도 안 되는 5만 3,874명으로 급감한다.

정선군 인구 및 탄광노동자 수 변화[59]

연도	1983	1986	1987	1988	1989	1990	1995	1998
인구	138,491	128,968	128,909	119,777	105,234	88,377	61,121	53,874
탄광 노동자 수	15,071	16,641	16,382	15,284	11,774	10,081	2,784	1,624

58 『사업단 10년사』, 205쪽.
59 정선군, 『정선군석탄산업사』, 정선군, 2005, 257쪽 참조.

탄광촌은 석탄산업이라는 단일 업종으로 구성됐기에 석탄산업의 쇠퇴는 지역 공동화 현상을 초래했다. 1980년대까지 탄광노동자조차 입주하기 힘들던 광업소 사택이 1990년대 후반을 지나면서는 일반인에게 입주를 허용할 만큼 사택이 남아돌았다. 탄광촌은 석탄개발과 함께 단시간에 많은 인구가 외지로부터 유입되었던 터라 폐광 이후의 지역사회 공동체는 더 빠르게 붕괴했다. 대규모 폐광 이후 탄광촌은 폐갱도의 동공(洞空)에 의한 지반침하와 갱내 폐수로 인한 수질오염 등의 후유증도 함께 앓고 있다.

석탄합리화가 대체산업 준비도 없이 갑작스럽게 시행되었다고는 하지만 그 징후는 이미 오래전에 있었다. 석탄산업의 구조조정은 지역주민과 노동자들만 몰랐을 뿐 1980년대 초부터 준비되고 있었다. 1980년 4월 사북사태가 발생한 1년 뒤인 1981년 4월 석탄협회가 업계 대표 32명이 참석한 가운데 가칭 '석탄광 지원사업단'을 설립한 데서 알 수 있다. 처음에는 '석탄광 정리사업단'으로 명칭을 정했으나 '정리'라는 용어가 자극을 준다는 지적에 따라 '지원'으로 변경한 것이다. 그해 8월 정부의 승인을 받아 생산 1톤당 100원씩 적립하여 폐광대책준비에 착수하고 있었다.[60]

탄광노동자나 탄광촌 주민들은 이 사실을 모른 채 앞날에 대한 아무런 대비책을 갖지 못했다. 영국, 프랑스, 독일, 일본 등 선진국에서 30~40년을 두고 합리화의 충격을 줄이기 위해 서서히 시행하던 것과는 대조를 이룬다. 석탄산업합리화 정책의 모델이 되는 일본은 39년간 94.5%를 줄였는데, 우리나라는 불과 15년 만에 생산량을

---

60   『대한석탄공사 50년사』, 109쪽.

86.4%나 줄였다.[61]

1989년 갑작스러운 시행으로 모든 탄광이 문을 닫으면서 탄광
지역의 급격한 인구 감소와 경제 위축으로 지역공동화 현상을 초래
했다. 대체산업을 마련할 시간을 마련하지 못한 점은 정부에도 책임
이 있다. 폐허가 된 탄광도시가 회생할 때까지 「폐광지역 개발에 관
한 특별법」을 시행할 의무가 있는 셈이다.

해외 주요 국가 석탄산업합리화 정책[62]

나라(연도)	탄광 수(개)	생산량(t)	근로자 수(명)
독일(1957~1986)	173 → 33	1억 4,900 → 8,000만 (46.4% 감소)	607,000 → 164,000
영국(1947~1986)	958 → 110	2억 → 1억 300만 (48.5% 감소)	704,000 → 108,000
일본(1961~2000)	622 → 13	5,500만 → 300만 (94.5% 감소)	270,000 → 3,000
한국(1988~2003)	347 → 9	2,429만 5,000 → 329만 9,000 (86.4% 감소)	62,259 → 6,624

특이한 점은 석탄산업합리화 정책이 시행되는 초기에 광업소
단위별 탄광노동자들이 폐광을 원하고 있었다는 점이다. 폐광으로
광부들이 일자리를 상실하는데도 불구하고 노동자-사업주, 노동자-
정부 간에 직접적인 갈등이 거의 없었다. 합리화 기간에 폐광할 경
우 노동자들이 받을 수 있는 보상금이 있었기 때문에 사업주도 탄
광노동자도 스스로 정부에 폐광을 신청했다. 정주의식이 없는 탄광

---

61   박창현, 「녹색시대 석탄산업 돌파구 없나 2: 석탄산업합리화 시행 그 후」, 『강원
도민일보』, 2010년 8월 13일자.
62   『강원도민일보』, 2010년 8월 13일자.

촌의 특성상 광업소의 노동자는 폐광을 원하고 있었다. 오히려 상인을 중심으로 한 지역주민이 폐광을 반대하면서 주민-노동자 간 갈등이 발생하기도 했다. 그 예가 함태광업소 폐광 때의 일이다. 태백지역 주민들은 매장량도 많고 채산성이 높은 함태광업소의 폐광을 반대하고 나서면서 태백시청 측에서는 함태광업소의 폐광에 동의서를 발급하지 않고 있었다. 이에 함태광업소 노동자들이 태백시청을 찾아가 폐광에 동의해달라고 요구하면서 청사 점거농성까지 벌였다.[63] 합리화를 추진하는 정부가 돈을 가지고 협박 혹은 종용하면서 광부들을 자발적 실직자로 만들었던 것이다.

모든 탄광의 문을 닫는 석탄산업합리화는 1989년 갑작스럽게 시행되었다. 탄광도시인 태백시도 몰랐고, 석탄을 생산하는 탄광업계도 몰랐으며, 탄광지역의 교육행정도 몰랐다. 정말이지 아무도 몰랐다. 광부들이 입주할 사택이 모자라서 이름을 아예 '광부아파트'라고 지은 사택을 건립했는데, 그 사택이 건립되던 때 석탄합리화가 시행된 것도 갑작스런 정부정책이라는 것을 보여주는 사례다. 태백시 문곡동의 광부아파트, 소도동의 광부아파트는 입주할 광부가 없어서 결국 민간인에게 불하되었다.

석탄 증산으로 광부들이 증가하면서 학생들이 늘어나자 문곡동에 인문계 '태백고등학교'를 개교했다. 석탄합리화로 폐광되면서 광부들이 실직하여 떠나고 학생 수가 줄어들자 졸업생을 한두 번 배출하고는 고등학교가 문을 닫았다. 태백고등학교가 있던 자리로 하장성에 있던 장성여고가 1994년 이전해왔다. 백년지대계라는 교육계

---

63   박형신, 「폐광지역의 지역정치와 갈등구조」, 『폐광촌과 카지노』, 일신사, 2005, 87쪽.

사북광업소 수갱과 본관(2010)

조차 5년 앞도 내다보지 못했고, 정부의 석탄합리화를 짐작조차 하지 못했다.

　석탄합리화와 가장 밀접한 탄광업계 역시 그 시기를 전혀 몰랐다. 태백역 옆에 대규모 저탄장을 건설하던 중이었는데, 석탄합리화로 쓸모가 없어지면서 다시 복구하는 데만도 수십억 원의 막대한 예산을 들여야 했다.

　수갱을 건설해놓고 문을 닫은 사례는 탄광업계가 석탄합리화 시행을 몰랐다는 것을 증거한다. 우리나라의 석탄은 노두탄이 아니라 땅속 깊은 지하에 매장되어 있어서 채탄 기간이 길어질수록 심부화가 진행된다. 지그재그형의 사갱만으로는 생산과 운반에 한계가 생기기 때문에 수갱(수직갱도) 건설이 필수다. 삼척탄좌 정암광업소

장성광업소 제2수갱(2013)

장성광업소 제2수갱 야경(1990년대)

가 "탄광의 숙원사업이었던 제1수갱을 완공하고 본격적인 심부탄광 개발시대를 열었다"[64]라고 평가한 것도 그런 맥락에서다. 수갱을 두고 대중매체에서는 '수갱타워'라고 부르기도 하는데, 장성광업소 제2수갱처럼 수갱에다 조명을 설치하여 멀리서 보면 멋진 레저시설처럼 화려하게 보인다. 수갱타워니, 탄광촌의 랜드마크니 하는 별칭은 수갱탑의 규모에서 나왔다. 수갱은 탄광촌의 상징물이자 대형탄광에만 있는 시설이라는 점에서 석탄산업이 남긴 소중한 유산이다. 탄광촌을 배경으로 한 사진에 수갱을 배경으로 하는 모습이 자주 등장하는 것도 그 상징성 때문이다.

강원탄광이 수직갱 공사를 우리 기술진에 의해 추진한 것은 일

64　정선군, 『정선군 석탄산업사』, 정선군, 2005, 152쪽.

종의 모험이었다. 이 모험이 성공을 거두면서 석탄공사를 위시하여 각
민영 탄광에서 용기를 얻어 수직갱 건설사업을 추진할 수 있었다.

　　강원탄광이 수직갱 공사에 성공함으로써 이후 석탄공사 장성광
업소, 민영 탄광인 함태탄광, 삼척탄좌, 동원탄좌 등이 강원산업의 수
직갱을 참조하여 수직갱 공사를 벌이게 된다. 강원탄광이 우리나라
탄광의 심부화를 선도한 것이다. 국내 수직갱 건설 과정에서 오직 강
원탄광만이 100% 자기자본으로 준공했을 뿐 나머지 탄광들의 수직
갱은 정부 보조금, 혹은 AID 차관으로 진행됐다.[65]

인용문에서 보듯, 우리나라에서 가장 먼저 수갱을 세운 곳은 태
백시 철암동에 자리한 강원탄광이다. 1958년에 제1수갱(보조수갱)
을 착공하여 1962년 국내 최초로 지하 530m의 수직갱을 완공했다.
강원탄광 제1수갱은 한국 최초의 수갱이라는 점에서도 의미가 있다.
또 국내 기술자가 설계하여 기계도 만들고, 차관 없이 국내 자본으로
공사를 완공했다는 점도 의미가 크다.

　　강원탄광은 3개의 수직갱을 건설하여 폐광 말기인 1990~1992년
까지 매년 100만 톤의 석탄을 생산하는 등 탄광 가행연수를 연장했다.
이처럼 탄광 수명을 연장함으로써 정부가 추진하는 석탄합리화 최종
연도인 1993년 3월 말까지 생산을 지속할 수 있었다. 반면 함태탄광
의 경우 채탄조건이 강원탄광보다 손쉬웠고 탄질이 우수하며 매장량
도 3,632만 톤으로 추정되는 등 여건이 강원탄광에 비해 우수했다. 그
럼에도 불구하고 1980년에야 수직갱 공사를 마치는 바람에 1993년

65　정인욱 전기편찬회, 『선각자 정인욱』, 춘추각, 2000, 280쪽.

장성광업소 수갱 준공식. '증산보국'이라는 글귀가 선명하다(1969, 출처: 대한석탄공사).

5월 말 폐광 때까지 총 1,842만 7,237톤의 무연탄을 생산하는 데 그치고, 엄청난 지하 매장량을 버려둔 채 문을 닫고 말았다.[66]

강원탄광을 경영했던 정인욱은 함태탄광의 폐광 원인으로 수갱 건설이 늦어진 점을 꼽고 있다. 함태탄광은 1980년에 수갱을 준공하여 심부 개발을 추진했으며, 1986년에 74만 6,282톤을 생산한 것이 최대 기록이다.

1981년만 해도 수갱이 완공될 무렵 언론에서는 "국내 탄광개발

---

66   위의 책, 281쪽.

이 수갱 시대에 접어들었다"[67]고 떠들썩했다. 동원탄좌 사북광업소는 1982년에 수갱을 착공하여 영구철탑은 1983년 준공했으며, 전체 시설 완공은 1988년 12월 이뤄졌다. 해발 650m 지점에서 해저 115m까지 총길이 765m의 수갱을 완성하면서 심부화 채탄의 길을 열었다고 환호했다. 그런데 아이러니하게도 완공한 그다음 해인 1989년 정부에서는 석탄합리화 정책 시행에 들어갔다. 이처럼 폐광과 석탄감산을 강요하는 석탄합리화 정책은 석탄을 직접 생산하고 있는 탄광업계조차 모르게, 앞일을 대비할 수조차 없이 갑작스럽게 진행되었다. 정부가 필요할 때는 석탄 증산을 위한 다양한 시책으로 광부와 탄광촌을 몰아붙이고도 에너지 변화로 석탄이 필요없어지자 대안도 없이 탄광의 문을 닫았다. 산업전사로 자부심을 지니던 광부는 국가에 의해 폐기처분되었으며, 광부들이 살던 도시는 생존권이 막막한 폐광촌으로 전락한 것이다. 대한석탄공사의 마지막 남은 3개 광업소마저 문을 닫기로 한 시점이고 보면, 순직 산업전사와 진폐재해 산업전사에 대한 국가의 예우를 본격적으로 논의할 때가 되었다.

---

67 『매일신문』, 1981년 6월 19일자.

6. 구국의 석탄: 한국 경제발전의 원동력인 석탄산업

철도망의 발전은 태백을 비롯한 강원도 지역의 석탄산업을 통해 가능했다. 철도의 필요성을 가장 잘 보여주는 대표적인 일화로 영월화력발전소 가동을 위한 석탄수송 일화를 들 수 있다. 해방 직후 남북이 분단되었을 때 남한의 탄광은 삼척의 도계광업소, 태백의 장성광업소, 영월의 영월광업소를 비롯하여 11개에 불과했다. 한반도 석탄매장량 90%, 생산량 80%가 북한에 존재하던 터여서 남한의 탄광개발은 시급한 실정이었다.

1947년 11월에는 석탄 부족으로 철도운행이 중단되기도 했다. 북한이 남한의 단독정부 수립을 문제 삼으면서 1948년 5월 14일에는 남한에 대한 송전까지 중단했다. 당시 남한에서 석탄으로 전력을 생산하는 곳은 영월화력발전소뿐이었다. 영월화력발전소의 완전 가동을 위해서는 월 4~5만 톤의 석탄이 필요했지만, 인접한 영월탄광에서는 월 2만 톤밖에 생산하지 않아서 전체 가동에 어려움을 겪었다. 영월과 인접한 태백과 삼척에 대형 광업소가 있었지만, 영월로 향하는 도로나 철길이 없어서 수송이 불가능했다. 결국, 이 석탄을 수송하기 위해 기차로 묵호항으로 보낸 뒤, 묵호항에서 미군 LST 선박으로 남해를 경유하여 인천까지 운반했다. 또 인천에서 철도로 영월까지 수송하는 등 한반도 전체를 우회하느라 수송에만도 3일이 소요되었다.

석탄 운반을 위한 철도망 개설이 시급하다는 것을 인식한 정부에서는 산업철도 공사에 매진했다. 육군 공병대까지 투입한 영암선 (영주-철암) 구간 86.4km는 1953년에 시작해 1955년 준공했다. 이 승만 당시 대통령은 영암선 개통 소식을 듣고 "새해에 가장 기쁜 소식"이라는 담화까지 발표하고, '영암선 개통기념' 친필을 새긴 기념 비를 승부역에 건립하기도 했다.[68] 1949년 착공한 제천-영월 구간 38.1km는 1956년 개통, 영월-함백 구간 22.6km는 1957년 개통에 들 어갔다. 제천-태백 간의 완전 개통은 1973년에 이뤄졌다. 철도가 개 통하는 시승식 때마다 대통령이 직접 참석할 정도로 석탄수송을 위 한 철도망 개설은 국가의 중대사였다. '묵호-도계-태백-영월-제천' 의 수도권 방향과 '묵호-도계-철암-영주'의 경상권 방향의 철도망이 만들어진 것은 태백과 삼척의 석탄이 있었기에 가능한 일이었다. 영 암선과 영동선, 그리고 태백선의 개설은 태백·삼척 지역의 석탄을 수송하기 위해 서둘러 개설되었으며, 이 철도망을 통해 우리나라의 균형발전도 함께 이뤄졌다. 석탄 운반을 위해 산업철도로 개설한 경 북의 문경선까지 포함하고 보면, 석탄은 한국 철도 발전과 국토 균형 발전의 은인이라 할 수 있다.

　　1950년 5월 4일 「대한석탄공사법」이 제정 공포되었으나, 한국 전쟁이 시작되면서 장성광업소의 생산활동은 중단됐다. 그러나 한 국전쟁의 소용돌이 속에서도 대한석탄공사를 창립해야 할 만큼 석 탄자원 확보는 시급한 상황이었다. 서울수복 후인 1950년 11월 1일 대한석탄공사를 창립하는데, 대한석탄공사는 특별법에 의하여 '공 사' 형태로 설립된 최초의 기업이라는 상징성을 지닌다. 대한석탄공 사가 출범하면서 삼척탄광을 장성광업소와 도계광업소로 분리한다.

68　손길신, 『한국 철도사』, 북코리아, 2021, 307-308쪽.

대한석탄공사에서는 치안이 확보된 지역부터 우선적으로 복구에 나섰는데, 1951년 3월 은성을 시작으로 8월까지 화순, 도계, 영월, 장성 순이었다. 장성의 치안 확보가 다른 지역보다 늦었기 때문이다. 그 시기에 자금 부족을 겪고 있어서 화순광업소가 형식적 복구 작업에 들어갔을 뿐 문경, 단양, 경주 등 규모가 작은 광업소와 개발 초기의 함백광업소에 대한 복구는 시작도 하지 못했다. 도계와 장성광업소의 복구가 우선적으로 진행될 만큼 도계와 장성광업소는 한국석탄업계의 중요한 비중을 차지하고 있었다. 한국전쟁 중인 1951년 7월, 장성광업소는 복구사업과 생산을 병행하면서 석탄생산에 나선다. 광부들은 전쟁 기간에만도 총 120만 톤을 넘게 생산했다.

한국전쟁 중 생산실적[69]   (단위: 톤)

탄광명	1950. 7. 이후	1951	1952	1953
장성	-	2,652	139,821	308,630
도계	-	20,040	88,909	125,097
영월	-	23,156	126,376	137,503
화순	-	7,983	41,679	56,416
은성	-	23,843	46,885	54,954
함백	-	500	-	-
계	-	78,174	443,670	682,600

기름을 주 연료로 하고 석탄을 보조 연료로 사용하는 주유종탄(主油從炭)으로의 에너지정책 변화라든가, 1967년과 1968년 겨울철의 이상기온으로 기후가 따뜻해지면서 연탄 소비는 1969년까지 계

---

69   대한석탄공사, 앞의 책, 134쪽.

속 감소했다. 이 3년 동안 석탄 소비가 32.5% 감소했는데, 유류는 51.5%로 급증했다. 연탄 소비가 줄면서 영세한 탄광들이 운영을 축소하거나 일시 휴업에 들어갔다. 당시 전국에서 5천여 명의 실직 광부가 발생하면서 사회문제로 대두했다.

그러던 중 1973년 10월 중동전쟁이 발발하면서 세계적인 제1차 석유파동이 일어난다. 유가 폭등이 이어지고 경제불황은 심화했다. 석유파동이 일어나 연탄의 인기가 다시 급상승하면서 1966년의 연탄파동 이후 최고 절정기를 맞는다. 야간 통행금지가 있던 그 시절에도 3교대를 하는 광부와 연탄 운반 종사자들은 예외였다. 석탄은 밤을 새워 생산하고, 연탄은 밤을 새워 수송해야 할 만큼 국가적 차원에서 긴급하고도 절실했다. 정부는 동력자원부 내에 '석탄국'까지 설치하면서 석탄과 연탄의 생산에 애정을 기울인다. 석유보다 석탄을 중시하여 사용하겠다는 주탄종유(主炭從油) 정책으로 돌아섰다.

1977년에는 이상 한파로 연탄 소비가 급증했다. 이듬해 10월에는 이란의 유혈 혁명으로 석유 생산이 중단되면서 제2차 석유파동까지 맞았다. 유류가격이 2.7배로 상승하자 너도나도 연탄을 찾았다. 연탄을 만들 석탄이 모자라자 유사 이래 처음으로 무연탄을 수입(64만 7천 톤)하기에 이르렀다. 우리나라에서 생산되는 석탄은 무연탄으로 산업용보다는 민생연료로 주로 사용되었다. 1978년 국내 석탄 생산량 92%가 민생연료로, 1988년 전국 340개 탄광에서 생산한 무연탄 100%가 연탄 제조에 사용되었다.[70]

이처럼 1973년과 1977년 두 차례의 세계적인 석유파동으로 인해 한국의 경제가 위기에 처했을 때, 석탄과 광부의 노동력은 그 위

---

70   정연수, 『탄광촌 풍속 이야기』, 339쪽.

기에서 벗어나도록 기여했다. 그뿐 아니라 석탄합리화 이후에도 석탄은 한국 경제에 크게 기여했는데, 1998년의 IMF와 2003년의 미국-이라크전 등 유가 폭등의 위기 때마다 구국(救國)의 에너지로서 그 역할을 다했다. 석탄산업은 수출을 통한 외화획득에도 기여했고, 특히 석유 수입을 줄여 외화절약 효과를 봤다. 1975년부터 2003년까지 매년 10~40억 달러의 외화 대체효과가 있었다.[71]

국내 총수입에 대한 석탄의 기여도[72]

연도	석탄 생산량 (단위: 천 톤)	경유 환산 (단위: 1,000 kl)	외화 대체효과 (단위: 억 달러)
1971	12,785	6,253	3.8
1972	14,403	7,044	4.6
1973	13,571	6,637	6.2
1974	15,263	7,465	10.4
1975	17,593	8,605	13.0
1976	16,427	8,034	12.1
1977	17,268	8,446	11.4
1978	18,054	8,830	12.7
1979	18,208	8,906	21.0
1980	18,624	9,109	29.7
1981	19,865	9,716	39.7
1982	20,116	9,839	37.6
1983	19,861	9,714	34.3
1984	21,370	10,452	35.5

71   강원도, 『강원 탄광지역의 어제와 오늘(상)』, 강원도, 2006, 128쪽.
72   『석탄통계연보』, 동력자원부 석탄산업합리화사업단, 1989, 10쪽; 『석탄통계연보』, 통상산업부 석탄산업합리화사업단, 1995, 192쪽.

연도	석탄 생산량 (단위: 천 톤)	경유 환산 (단위: 1,000 kl)	외화 대체효과 (단위: 억 달러)
1985	22,543	11,026	34.8
1986	24,253	11,862	32.1
1987	24,273	11,872	31.5
1988	24,295	11,883	31.6
1989	20,785	10,167	27.2
1990	27,217	8,421	21.4
1991	15,058	7,365	17.6
1992	11,970	5,855	13.5
1993	9,443	4,619	12.2
1994	7,438	3,638	11.0

석탄산업은 서민들이 따뜻한 겨울을 날 수 있도록 저렴한 난방 에너지를 제공했다. 연탄이 있었기에 나무 땔감을 줄이면서 산림을 보호할 수 있었다. 특히 광업소에서는 나무동발을 활용하는 터라 '임무소' 같은 부서를 통해 산림 가꾸기에 나섰다. 한국이 세계식량농업기구(FAO)로부터 산림녹화 성공국가로 인정받을 수 있었던 것도 연탄이 없었으면 불가능했다. 1986년 이전까지는 우리나라 연탄 사용 가구가 80~90%에 달했다.

우리나라 연탄 사용 가구 현황[73]

연도	총 가구 수	연탄 사용 가구	점유율(%)
1987	9,834	7,535	76.6
1988	10,584	8,234	77.8

---

73   석탄산업합리화사업단, 『사업단 십년사』, 석탄산업합리화사업단, 1997, 465쪽.

연도	총 가구 수	연탄 사용 가구	점유율(%)
1989	11,175	7,957	71.2
1990	11,343	7,180	63.3
1991	11,272	7,144	63.4
1992	11,755	6,162	52.4

연탄이 부족할 때는 전국에 비상이 걸렸다. "서울시내 곳곳에서 연탄이 귀해 돈을 주고도 살 수 없는가 하면, 연탄값도 부르는 게 값"[74]이라던 1969년에는 대통령이 직접 나서서 "장관직을 내놓을 각오로 조속한 시일 안에 필요량의 연탄공급계획을 실천하라"는 지시가 내려질 정도였다. 또 1966년 말 방송사의 '10대 뉴스 맞히기' 공모 상품에 2등의 라디오보다 값이 싼 연탄이 1등 상품으로 등장하기도 했다.[75]

1991년 말 태백시가 사업주체가 되어 상장동에 5층짜리 근로복지아파트를 시공하면서 연탄보일러 시설을 갖춰 완공한 뒤에 다시 기름보일러로 시설을 변경했다. 그 때문에 위층에서 아래로 통하는 연탄재 투입구가 모두 봉해지는 해프닝이 일어났다. 태백시에서는 이 시기가 연탄에서 기름으로 바뀌는 과도기라는 것을 알려주는 사례다.[76]

---

74 『경향신문』, 1966년 10월 29일자.
75 정연수, 『탄광촌 풍속 이야기』, 북코리아, 2010, 336-337쪽.
76 위의 책, 334쪽.

2부

강요된 산업전사와 광부의 희생

1. 식민지 공간의 기억유산: 강원도 탄광촌

삼척과 정선 등지의 탄광 조사를 보도한 『황성신문』 기사는 탄광 개발과 관련하여 삼척과 정선이 언론에 등장한 초기의 공식적인 장소라는 점을 비롯하여 여러 측면에서 중요한 가치를 지닌다. 삼척탄광이 일본 제국주의가 조사하고 개발한 것으로 알려져 있는데, 이 기사는 그것을 뒤집는 근거가 되기 때문이다. 일제강점기 이전인 1905년 1월 23일 간행된 『황성신문』에 "한국 내에 석탄광 조사"라든가 삼척과 정선을 비롯한 정확한 탄전지역명을 표기하고 있다. 이것은 이미 그 오래전에 탄광개발이 가능한 장소를 알았다는 것을 증명하고 있다.

『황성신문』에서 언급한 것은 탄전조사에 대한 지역으로 "강원도 삼척 정선"이라는 지역명에 불과하지만, 이 대목은 식민사관을 넘어서는 중요한 지점이다. 그동안 삼척을 비롯한 남한의 탄광개발이 일본 제국주의 수탈의 기획으로 이뤄진 것이면서도 일본의 기술로 삼척탄전을 찾아내고 탄광을 개발하여 산업화를 이뤘다는 친일적 역사관으로 기술한 글이 많았다. 설령 국적이 일본인인 기술자가 조사에 참여했다고 하더라도 그것이 일본에 의한 삼척탄광 개발과 산업발전을 이룩한 논리가 아닌데도 말이다. 신문에서 확인하듯, 1905년에 탄광 조사하러 오는 지역이 정확한 탄광지역이고 보면, 이미 그 이전에 상당량의 석탄이 발견되고 있었다는 것을 의미한다.

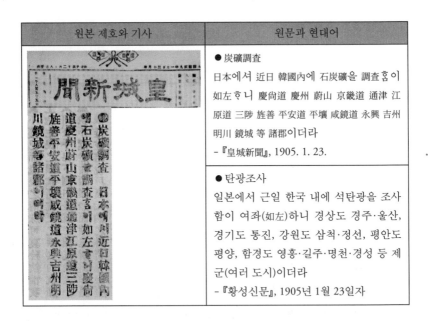

원본 제호와 기사	원문과 현대어
	● 炭礦調査 日本에셔 近日 韓國內에 石炭礦을 調査홈이 如左ㅎ니 慶尙道 慶州 蔚山 京畿道 通津 江原道 三陟 旌善 平安道 平壤 咸鏡道 永興 吉州 明川 鏡城 等 諸郡이더라 -『皇城新聞』, 1905. 1. 23.
	● 탄광조사 일본에서 근일 한국 내에 석탄광을 조사함이 여좌(如左)하니 경상도 경주·울산, 경기도 통진, 강원도 삼척·정선, 평안도 평양, 함경도 영흥·길주·명천·경성 등 제군(여러 도시)이더라 -『황성신문』, 1905년 1월 23일자

　위의 신문이 발행되고 10개월도 더 지난 1905년 11월 17일 일본 제국주의에 의해 강압적으로 체결된 을사늑약이 있었다. 이 조약문이 국제법 위반 협약이라는 논리는 지금도 일본과 의견이 다른 지점이기도 하다. 고종황제의 승인이나 국새 날인도 없이 을사늑약의 5적(이완용, 박제순, 이지용, 이근택, 권중현)이 찬성하고 외부대신 박제순의 도장만 찍힌 조약문만 보더라도 조악한 것이다. 일본의 방해로 실패하긴 했으나, 이 조약의 무효를 알리기 위해 고종황제가 파견한 헤이그 특사(이준, 이상설, 이위종)도 있었다. 을사늑약은 조선이 외교권을 박탈당했으니 일본의 반식민지가 된 사건이고, 완전 식민지가 된 한일병탄이 조인된 것은 1910년 8월 22일이며, 양국에 발효된 것은 그달 29일의 일이다. 당시 공식 문서는 '한일합방조약'이라고 했으나 친일파를 제외한 일제강점기의 한국인은 '국권피탈'이라거나 '경술국치'라고 불렀다. 일본의 무력에 의해 대한제국이라는

나라가 침탈되었으므로 "남의 재물이나 다른 나라의 영토를 한데 아울러서 제 것으로 만듦"을 뜻하는 '병탄(倂呑)'을 사용하여 '한일병탄'이라고 부른다.

삼척과 정선의 탄광조사가 이뤄진 때는 한일병탄 5년 전의 일이다. 을사늑약이 있던 해로 기점을 잡더라도 10개월 전에 『황성신문』이 '탄광조사'와 대상 장소를 언급한다는 것은 정부와 언론사 모두 한반도 내의 중요 탄전지대를 알고 있었다는 뜻이다. 1905년의 『황성신문』에서처럼 조사를 통해 얻은 자원의 가치는 일제에 의한 식민 통치가 이뤄지지 않았더라도 언젠가는 개발되었을 삼척탄광이라는 점이다.

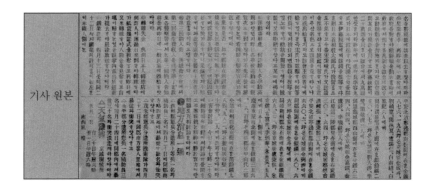

기사 원본

원문에 등장하는 '견역면(見亦面)'은 '견박면(見朴面)'[1]을 의미한

---

1   손글씨가 많던 시절이니 '朴(박)'과 '亦(역)'의 글자가 비슷하여 생긴 혼동으로 보인다. "1738년(영조 14) 북평을 둘로 나누어 북상면(北上面)·북하면(北下面)으로 하였고, 박곡면은 견하면(見下面)으로 고쳤다. 뒤에 견하면을 견박면(見朴面)으로 고쳤는데, 1914년 행정구역 개편 때 이들 3개 면을 합쳐 북삼면(北三面)으로 통폐합시켰고 삼척의 관할에 두었다. 1945년 북평읍으로 승격하였고, 1980년 동해시가 생기면서 묵호읍과 합쳤다."(「북평」, 한국민족문화대백과사전)

| 원문 | ●鑛業許可
四月十三日붓터 同二十二日勺지 鑛業의 許可홈이 如左흐디 本國人側에는
平安北道寧邊郡南松面에 在흔 金鑛 八七六, 一九六 坪은 京城居 金成斗, 劉禎寬, 閔泳夏, 盧錫仁, 白南紹, 白鳳紀 六人에게
同道渭原郡漢上面에 在흔 銀鉛鑛 二五〇, 〇七二 坪은 京城居 劉天涉, 李燮, 田敬濟 三人에게
同道龜城郡西山面에 在흔 金鑛 六三四, 六四四, 坪은 京城居 金嘉鎭, 金盧鉉, 李璣鉉 三人에게
江原道三陟郡見亦面에 在흔 石炭鑛 三〇二, 六四〇 坪은 京城居 鄭然台 洪鍾振, 盧秉熙 三人에게
平安北道寧邊郡鳳山面에 在흔 金鑛 六六〇, 七一, 坪은 京城居 金弼濟에게
同郡同面에 在흔 金銀鑛 一八〇, 六六三坪은 京城居 金斗燮에게
同道朔州郡水石面에 在흔 金銀鑛 四六九, 三二, 坪은 京城居 盧秉熙, 朱定鍵, 宣冀河, 李炳華, 朱永昊, 五人에게 日本人側에는
慶南東萊府北面에 在흔 鉄鑛 三五六, 一八, 百坪은 機張郡居 中山代三郎에게
全道尙州郡化東面에 在흔 黑鉛鑛 九八四, 九八二, 坪은 釜山居 谷堅一, 土井仲, 二人에게 許可흐얏다더라
-『皇城新聞』, 1909. 5. 1. 2면 |
| 현대어
(삼척 부분) | ●광업허가
강원도 삼척군 견역면(見亦面)에 있는 석탄광 302,640평 경성에 거주하는 정연태, 홍종진, 노병희 3인에게 (중략) 허가하였다더라
-『황성신문』, 1909년 5월 1일자 2면 |

다. 1911년 5월, 총독부가 조사한 「한반도 석탄산출지」에 삼척군 견박곡(지상리) 지역이 석탄 산출지로 등장한 바 있다. 견박면(견박곡)은 북평읍에 해당하는 지역으로 나중에 '북평탄전'이라는 분류명을 얻을 정도로 매장량을 인정받는다.

『황성신문』 1909년 5월 1일자 기사가 특별히 중요한 의미를 지니는 것은 삼척탄전 지역 최초의 광업허가권이라는 점이다. 또 강원도의 탄광이 실질적으로 개발되던 시기에는 일본제국 혹은 일본인이 광구권을 행사한 점에 비춰 한국인이 먼저 광업권을 획득했다는 점 역시 중요한 의미를 지닌다. "석탄광 302,640평 경성에 거주하는 정연태, 홍종진, 노병희 3인에게" 허가하는 광업권은 일제강점기, 즉

한일병탄조약 3개월 전에 한국인이 광업권을 획득했다는 점이다.

산업혁명을 빨리 이룬 영국을 비롯하여 유럽 각국에서 전개하는 서구 문물을 빨리 받아들인 일본은 메이지유신을 이루었다. 일본이 대한제국보다 경제적 성장을 빨리 이룬 것은 사실이다. 경제성장이 빠르거나 군사력이 강하다는 배경이 남의 나라를 침략하는 명분이 될 수는 없다. 일본 제국주의는 경제적 성장으로 얻은 군사력으로 조선을 식민지화하고, 그 과정에서 얻은 산업의 부산물을 착취·약탈했을 뿐만 아니라 광부 등 노동자를 강제징용하는 만행을 저질러왔다. 반성하지 않는 일본이야 버려둔다지만, 한국의 근대산업을 일본의 공로로 함께 돌리는 시각은 문제가 있다. 친일 시각이어서 문제인 것이 아니라 역사 왜곡이기 때문이다. 일제강점기에 개발한 탄광개발을 가리켜 일본에 의한 한반도의 산업근대화이거나 산업발전이가능했다는 식으로 포장하는 것은 식민지에 이어 두 번 욕보이는 일이다. 식민사관에 기초한 사학자들은 을사늑약도 체결하기 훨씬 전에 탄전조사 대상지로서 삼척과 정선을 비롯하여 탄광지역을 언급한 1905년 1월의 『황성신문』 기사, 한국인(대한제국)이 광업허가를 획득한 1909년 5월의 『황성신문』 기사를 새겨볼 일이다.

21세기 현재의 한국에도 많은 외국인 기술자가 들어와서 작업하고 있지만, 그 기술자의 나라 덕분에 한국의 산업이 발전한 것이라는 식으로 말하지 않는다. 대한민국이 세계 경제대국 10위권으로 성장했고 군사력도 강하지만 다른 나라를 식민지화하려는 의도조차 하지 않는 것을 보면, 자원수탈과 식민지에 나선 일본 제국주의의 반성이 필요한 지점이다. 한국의 탄광개발 근대를 연 시기에는 일본인의 한반도 지질조사 이전에도 이미 많은 외국인의 조사가 있었다. 1862~1865년 사이의 미국인 지질학자 라파엘 펌펠리(Raphael Pumpelly), 1886년 독일인 지질학자 카를 고체(Carl, C. Gottsche)가 발표한 「조선국 지질개요」, 1891년 영국인 홀랜드(T. H. Holland)의 암석 연구 결과 발표, 1891년 가네다 나라타로(金田楢太郞)의 조선 지질조사, 러시아 지질학자 류벤트호프의 북한지역의 광물조사 보고서 등이 있었다.[2]

1895년 조선 정부가 농상공부에 광산국을 설치하고 하세가와 요시노스케(長谷川芳之助)를 광무고문으로 초빙하였다. 그의 주선으로 니시와다 큐가쿠(西和田久學)를 광산국의 고원으로 위촉하여 3개월간 광물조사를 하였다. 그는 이후 1897년 함경·평안·황해·강원도를 조사하고 그 결과를 잡지에 발표하였다.[3]

인용문은 조선 말기에 왕실이 광산국을 설치하고 광물조사에 나선 상황을 보여준다. 우리 스스로 일본인을 고용하여 조사에 능동적으로 나선 의지적 상황을 보여주는 것이다. 니시와다 큐가쿠는 철·동·은·석탄에 대해 발표했는데, 조선 정부가 조사를 주문했다는 점에 방점을 찍어야 한다. 이후 1899년 이시이 하마지로(石井八萬次郞)가 영국, 러시아, 일본이 경쟁하고 있는 무연탄 산출지를 조사했다.[4]

---

2   대한석탄공사, 『대한석탄공사 50년사』, 대한석탄공사, 2001, 35쪽; 최혜주, 『정탐: 제국 일본, 조선을 엿보다』, 한양대학교 출판부, 2019, 45쪽.

3   최혜주, 위의 책, 45쪽.

4   위의 책, 46쪽.

『황성신문』, 1903년 9월 12일자 2면

⊙無烟炭礦

朝鮮新報를 據혼 則 內藏院에셔 平壤無烟炭에 關하야 法人 기비레 氏와 一契約을 訂立하얏다난딕 該契約의 槩要가 如左하니 內藏院에셔 平壤無烟炭을 開採홀 時에 法人 기비레를 技師로 雇聘홀 事와 法人契約者난 該無烟炭을 磚炭으로 製造홀 事와 無烟炭開採及其製造經費난 內藏院에셔 支出홀 事와 法人契約者난 每年에 반다시 三萬噸의 磚炭을 製造홈 것이오 此境遇에난 內藏院에셔 每年 三千元을 法人契約者에게 出給홀 事(但 三萬噸以上을 製造홀 時난 法人契約者에게 每一萬噸에 五百元式 加給홀 事)와 此契約期限은 五箇年으로 定홀 事라 하얏더라

1903년 1월에는 대한제국 궁내부 내장원에서 프랑스인과 용동·평양탄전에 대한 합동개발 계약을 체결하고 나섰다. 일본 제국주의가 한반도를 식민지화하기 이전에 이미 석탄광 개발이 이뤄진 사례를 보여주는 것이다. 『황성신문』 1903년 9월 12일자 2면에서는 "법인 기비레 씨와 계약을 정립(訂立)하였다"[5]는 내용과 채탄 및 제조 경비를 내장원에 지출하는 내용과 연간 채굴량에 대한 내용을 계약으로 남기는 과정을 설명하고 있다. 평양탄전이 프랑스인에 의해 최초로 개발되는 사례를 보여주는 언론자료다.

강원권을 놓고 본다면, 1900~1902년 도쿄대학 교수인 고토 분지로(小藤文次郎)가 "『지학잡지』를 창간한 다음 해 두 차례에 걸쳐 14개월 동안 조선의 지질을 조사"했는데, "1900년 8월 하순부터 다

---

5   『황성신문』, 1903년 9월 12일자 2면.

조선탄전조사보고 제14권 『강원 삼
무연탄 탄전』, 조선총독부 연료선광연구소,
1940(출처: 삼척시립박물관)

음 해 3월 하순까지 강원·경기·충청·전라·경상도 지역"[6]을 제일 먼저 조사했다. 『대한석탄공사 50년사』는 고토 분지로의 "학술논문 8편은 한국지질연구의 기초자료를 제공하였다"[7]고 기술하는데, 최혜주는 광물을 둘러싸고 반도의 패권을 언급한 고토 분지로의 지질조사는 "순수한 학술조사라기보다는 정치적 목적이 내포된 것"[8]이라고 비판했다.

조선총독부는 1911년부터 시작한 7년간의 조사 결과서 『조선광상조사요보』, 『조선광상조사보고』를 1917년에 출간했으며, 앞서 1914년에는 조선총독부 식산국의 나카무라 아라타로(中村新太郎)가 삼척·영월·정선·강릉 등 4개 지역의 지질조사 결과를 보고했다.[9] 1930년에는 연료선광연구소 지질반장으로 근무한 시라키 다쿠지가 대학 졸업 논문 「한국삼척지역의 지질」을 보완하여 1930년에 「삼척무연탄전 지질도」를 발표한다.[10] 시라키 다쿠지는 나중에 삼

---

6   대한석탄공사, 앞의 책, 48쪽.

7   위의 책, 35쪽.

8   최혜주, 앞의 책, 48쪽.

9   대한석탄공사, 앞의 책, 2001, 37쪽.

10   위의 책, 39쪽.

척개발주식회사가 설립되었을 때 취체역(取締役, 지금의 법인이사)으로 삼척탄광개발에 참여한다. 시라키 다쿠지는 1940년에 연료선광연구소가 펴낸 조선탄전조사보고 제14권 『강원 삼척 무연탄전』도 발간하는데, "탄층이 거의 정확히 표시되어 있어 1957년 이후 민간 자본에 의한 삼척탄전 개발 시 기초자료가 되었다"[11]는 평가를 받고 있다.

일제강점기에 개발을 시작한 삼척탄광(도계광업소, 장성광업소), 영월광업소 등은 식민지 주민의 비극을 역사적으로 기억하고 있다. 삼척탄광의 석탄을 일본으로 수탈하기 위해 도계-묵호 구간 철도를 개설했으며, 1941년 묵호항을 개항했다. 태백시의 장성광업소와 삼척시의 도계광업소를 개광한 삼척개발주식회사의 산하기관으로는 삼척탄광, 북삼화학, 삼척철도, 묵호항운, 경성본사가 있다. 장성광업소와 도계광업소의 석탄개발이 묵호항운과 경성본사로 연결된 것이고 보면 일제가 본국으로 자원을 수탈하려는 계획을 갖고 설립한 회사라는 것을 알 수 있다. 태백과 삼척시 도계읍의 석탄산업 유산 시설을 보전하는 것은 한국의 석탄산업사뿐만 아니라 일제강점기의 삶을 보여주는 교육장으로도 기능할 것이다.

일제가 도계탄광 장성탄광을 개발하고
태백에서 묵호항까지 철로를 개설한 이유는
분명하지 않은가

일본 탄광으로 징용된 뒤 감시를 받으며

---

11   위의 책, 38쪽.

도급제 탄을 캐다가 죽어간

조선 광부들

그들을 묻어버린 일제가

탄광의 역사를 속이는 것은 당연한 일

– 맹문재, 「태백 광산의 역사」 부분[12]

맹문재 시인은 강원 남부지역 탄광촌의 형성 과정과 징용 광부의 참혹한 현실을 시작품으로 다루었다. 죄수노동에서 시작한 일제의 탄광노동은 "노동자에 대한 가혹한 착취와 노무관리제도는 아시아태평양 전쟁을 일으킨 이후에 더욱 강화"[13]되면서 식민지 공간의 노동제도 역시 그대로 답습했다. "일본 탄광으로 징용된 뒤 감시를" 받는 광부는 식민지 시기 3개 민족(일제강점기의 한국인·일본인·중국인)이 섞여서 탄광촌을 형성한 강원지역 공간과 일본까지 이동하는 강제이주 현실을 반영한다. 탄광촌은 제국주의적 야만 속에 계급화·인종화가 이뤄진 공간이었다. 1935년 영월탄광이 개광하면서 북면 마차리에 강원도 내에서 가장 먼저 탄광촌이 형성되었다. 영월탄광 개발 당시에는 평양탄전에서 일하던 숙련 광부 외에도 중국 산둥성에서 800명의 중국인이 후산부로 들어왔다. 또 만주의 푸순탄광·평양탄전·일본 탄광 등에 근무하던 일본인 기술자도 들어왔으니 마차리는 일제강점기의 한국인·중국인·일본인 등 3개 민족

---

12   맹문재, 『사북 골목에서』, 푸른사상, 2020, 52-53쪽.

13   정혜경, 『홋카이도 최초의 탄광 가야누마와 조선인 강제동원』, 선인, 2013, 16-17쪽.

이 자리한 국제탄광촌이었다.[14] 공간의 변화는 사회적 이동의 결과라고 할 수 있는데, 탄광촌에 국적이 다른 이주자의 이동을 가능하게 한 추동력에는 제국주의 권력의 작동과 식민지 영토 주민의 고통이 담겨있다.

> 광부부족의 고민/강원도 내에만 6천 명
>
> 장기 전시 체제하에 지하자원개발을 촉진함은 초미의 급한 문제인 만큼 강원도 내에는 각종의 광업소 발흥하야 이 개척에 장족적 진보를 보이고 있어 극히 우수한 곳이 많은데 무엇보다도 여기에 종사하는 노동자가 부족되어 관계당국으로서는 대책에 부심 중인데 작금 이래 타도에서도 많은 노동자를 데려왔으나 업계의 발전에 따라 부족은 계속되어 계획상 큰 지장을 초래하고 있다. 최근 조사한 숫자에 의하면 주요 각 광산에 부족되는 인수는 삼척 영월탄광이 가장 심하고 그 외 43개소의 중요광산에 6,642명이나 부족된다고 하며 보충 가능 인원수는 단 1,530여 명이다. 그런데 제일 난문제는 이 보충이 불가능한 수중에는 숙련공이 3,120여 명이 되므로 사업주들은 크게 골치를 앓고 있다.[15]

1938년에는 광부인력 부족과 관련한 기사가 연이어 등장한다. 「전시자원개발에 박차를 가하고 있는 강원」[16]이라는 기사의 내용에서 탄광노동자들이 전쟁을 위해 석탄개발에 나서고 있다는 것을 유추하게 한다. 1939년에도 인력 부족이 계속되고 있다. 『매일신보』는

---

14 대한석탄공사, 『대한석탄공사 50년사』, 대한석탄공사, 2001, 387쪽.
15 『조선일보』, 1938년 11월 27일자.
16 『동아일보』, 1938년 12월 28일자.

『매일신보』, 1939년 8월 8일자 3면

2월 11일에 「삼척, 영월 양 탄광에도 부족 노동력의 보충난/숙련공 1,800명 부족」이라는 제목의 기사를, 7월 15일에 「삼척에 노동자 기근, 매일 천여 명 부족/국책적 각종 건설 사업에 이상」이라는 제하의 기사를, 8월 8일에 「삼척 영월 양 탄광에 5천 노동자 부족, 자원개발에 대이상」이라는 제목의 기사를 이어서 냈다. 탄광개발 이후 광부가 부족한 상황과 일본 제국주의가 석탄 수탈을 위해 강제징용에 고심하는 상황을 엿볼 수 있다.

1931년 만주사변을 시작으로 1937년 7월 중일전쟁이 발발하면서 일본 탄의 수입이 어렵고 만주 푸순 탄의 수입이 격감하자 일제는 국내 석탄수급 통제에 들어간다. 1937년부터는 석탄 생산량조차 일본 해군의 기밀로 분류되어 발표가 중단될 만큼 석탄은 중요한 자원의 보고였다. 일본 제국주의는 1938년 '조선중요광산물증산령'을 공포하여 제도적으로 석탄 증산에 나서기까지 했다.

태평양전쟁 발발로 석탄 증산의 필요성이 절박해지면서 노동력 확보를 위해 총독부가 직접 나서서 '종업원 이동방지령', '노무조정령', '조선직업소개소령'을 공포하고, 생산책임제, 징용제 등을 실시한다.

중일전쟁이 한창이던 1939년 7월 8일 「총동원법」 4조에 근거하여 '국민징용령'이 공포되고, 1941년 4월 18일 '조선광부 노무부조규칙'을 개정하여 부녀자까지도 갱내 노동을 할 수 있게 한다. 많은 젊은이가 탄광으로 끌려가는데, 1939~1945년 사이에 법률적 절차를 밟아 징용된 숫자만도 66~67만 명에 이른다.

사람의 직접적인 노동에 의해 석탄이 생산되었기 때문에 개광 초기에도 광부는 대표적인 3D업종이었다. 탄광 인근 주민들도 농번기에는 탄광노동을 기피했고, 금속·비금속광 등 다른 일반광의 광부에 비해 높은 임금을 주어야 고용할 수 있었다. 그러나 일제는 징용을 통해 노동력과 인건비까지 착취하고 있었다. 일제는 탄광촌을 급조하여 단기간에 확대해나간다. 대규모 사택단지가 형성되고, 전기가 들어오고, 식량을 비롯한 생필품의 유통이 이루어진다. 전국 각지에서 전쟁 징용을 대신한 노동자가 탄광지역으로 몰려왔으며, 장성과 철암 집단 거주지에는 '미하리쇼(見張所)'라는 감시초소가 있어 도망치거나 결근한 노동자에게 매질까지 가했다. 한국인 광부들은 전시체제 하에서 1945년 8월 15일 해방까지 집단 강제노동수용소나 다름없는 탄광촌에서 거주이전이 제한된 채 삼엄한 감시를 받는 '생지옥'의 생활을 해야 했다.

국내 석탄 생산은 1930년 88만 4천 톤에 불과했던 것이 1935년에는 208만 7천 톤, 1938년에는 390만 4천 톤, 태평양전쟁이 발발한 1941년에는 712만 4천 톤으로 급증한다. 일제의 침략전쟁이 막바지에 이른 1944년에는 전쟁 수행을 위한 병참기지로서 석탄산업은 사상 최대의 생산량인 744만 9천 톤을 기록한다. 1930년 대비 생산량은 8.4배의 높은 증가율을 보였다. 1940년대 700만 톤을 전후한 생산량의 기록적 증가는 탄광 막장의 지옥 인생을 살아간 식민지 노동자가 캐낸 한(恨)의 석탄이었다.

『매일신보』, 1939년 2월 11일자 「삼척·영월 양 탄광에도 부족 노력(勞力)의 보충난」이라는 제목의 기사

1920년대에 발행한 신문 중에서 삼척의 무연탄 생산과 탄광개발 문제를 많이 보도한『부산일보』는 일본어로 발행한 신문이다.『부산일보』는 1929년 5월 「해군에게 양도된 삼척 무연탄: 부산의 장래

도 유망」이라는 제하의 기사에서 삼척탄광이 해군에 무상으로 불하되었다는 소식과 삼척의 무연탄이 동해안을 통해 수송된다는 점에서 부산지역의 발전에 유익하다는 논조의 내용을 담았다. 또 같은 해 7월에는 「삼척 무연탄전 해군성에 이관, 군사상 중추 요지이며 동해안 유일의 연료공급지」라는 제하의 기사에서 삼척탄광 개발이 '동해안 유일의 공급지'로서 군사적으로 중요하다는 내용을 담고 있다. 삼척탄광을 바라보는 일본 제국주의의 수탈 관점과 전쟁을 대비하는 당시의 상황을 알려준다. 1930년대에 들어와서는 삼척탄광 일대를 '병참기지'라고 드러내놓고 신문에서 공식화한다.

『조선일보』, 1939년 8월 11일자

10여 회 연재되는 기획기사에서 '병참'이라는 어휘를 통해 일제강점기에 조선이 처한 현실과 삼척탄광의 개발 사연을 짐작할 수 있다. 국립국어원의 표준국어대사전에는 '병참기지(兵站基地)'를 "병참에 쓰는 근거지"라고 밝히고 있으며, '병참'이란 "군사 작전에 필

1950년대 동해시 묵호 저탄장의 선탄 장면(출처: 대한석탄공사)

요한 인원과 물자를 관리, 보급, 지원하는 일. 또는 그런 병과(兵科)"
라고 설명하고 있다. 「병참기지조선(兵站基地朝鮮)의 현지보고: 삼척
무연탄광 중심 경승강원(景勝江原)의 새 비약 강원 편」이라는 제목에
서 이미 수탈을 목적으로 강원도 탄광이 기획되고 있다는 것을 확인
할 수 있다.

"무연탄 운반을 목적으로 부설된 삼척철도",[17] "무연탄의 반출항으로서 묵호항"[18] 등으로 분명히 밝히고 있으니, 묵호항을 통해 일본으로 자원을 수탈하는 방식을 드러내놓고 시행했다. 삼척의 도계광업소와 태백의 장성광업소 전신이 삼척탄광이고 보면, 삼척·태백의 석탄산업 개발은 일본 제국주의의 군사적 목적으로 기획된 것이다. "삼척 일대는 산업 강원의 일대표도시(一代表都市)"[19]라는 구절에서도 알 수 있듯, 강원도는 삼척권을 중심으로 산업이 형성되었으며, 그 산업은 자원수탈을 위한 일본 제국주의의 기획이었다. 당시에 발행한 신문은 강원도의 석탄산업이 식민지의 수탈산업으로 작동하고 있었다는 것을 분명하게 증거하고 있다.

> 무진장의 삼척 무연탄/海陸(해륙)으로 수송 개시/신축 묵호항엔 千噸(천톤)급 선박 왕래/묵호도계간(43粁: km) 철도 완성
>
> 무진장의 지하자원을 가지고 있는 강원도 삼척 무연탄광의 발전은 대규모의 제 시설에 따라 최근 놀라운 성적을 보여주는데, 그간 공사 중에 있는 묵호-도계 간 本線(본선) 1km 합계 43km 4부의 삼척철도도 7월 1일부터 영업을 개시케 되었으며, 또 묵호항을 주로 반출항 설비도 충실히 완성되어 근일 1천 톤급의 선박으로 반출을 시험할 모양이다. 이로 말미암아 해륙 쌍방으로 반출의 원활을 보게 되어 금후 삼척무연탄은 연료의 국책선을 타고 일대 비약이 약속되어있다.
>
> ―『동아일보』, 1939년 6월 30일자

---

17 『조선일보』, 1939년 8월 9일자.

18 위의 신문.

19 위의 신문.

묵호항이 반출항으로 기능하면서 묵호항 일대에 커다란 변화가 나타난다. 한편 위의 기사에서는 일본으로 수탈하는 항로 완성과 철도 완성을 '반출'이니, '국책선'으로 일대 비약이니 하는 말로 포장하는 것도 읽을 수 있다. 식민지 공간에서 제국주의가 행하는 수탈이 '반출'이라는 객관적 이름으로 불리고 있었다. 따라서 석탄산업전사 예우 특별법 제정을 통해 일본 제국주의의 자원 수탈과 노동자 징용문제에 대한 연구도 더 진행되어야 한다.

2. 일본 제국주의가 기획한 식민지의 산업전사와 증산보국

『매일신보』, 1939년 9월 30일자

　'산업전사'라는 호칭은 그 자체로 이미 서러운 이름이다. 노동자에게 목숨을 담보로 노동을 강요하는 호칭이기 때문이다. 특히 그 이름의 유래에는 일본제국의 식민지 생활을 겪은 일제강점기 한국인의 서러움이 배어있어 더욱 서러운 이름이다. "'산업전사'는 아시아-태평양전쟁기 총동원체제를 구축하는 과정에서 생성된 호칭"[20]으로

20　이병례, 「아시아-태평양전쟁기 '산업전사' 이념의 형상화와 재현」, 『사총』 94, 고려대학교 역사연구소, 2018, 33쪽.

일본제국이 노동자를 동원하기 위해 끌어들인 전사(戰士)의 개념에서 비롯한다. 일본 제국주의는 1939년 7월 8일 제정된 국민징용령을 발동하여 전쟁체제에 돌입하면서 조선을 비롯한 모든 식민지 주민 16~50세의 남자를 동원 대상으로 삼았다. 이때 국가권력은 언론을 통해 "산업전사 총동원할 국민징용령 발동"[21]이라고 밝히면서 전쟁터로 출정하는 군인과 노동자를 동일한 전사로 명명했다. 국가권력이 나서서 노동자를 산업전사라고 공식화한 것이다.

> 산업전사 이념은 노동현장의 긴장감을 유도하는, 전시를 실감하게끔 하는 강력한 문화적 장치 중의 하나이다. (중략) 산업전사가 호명될 때 일상의 어딘가에 늘 전시(전쟁)를 의식하도록 하는 문화효과를 드러낸다. (중략) 산업전사 이념은 지배권력에 의한 일방적이고 주입된 이데올로기일 뿐만 아니라 주체와 대상 간 침투에 의해 전유, 재생산되고 있다.[22]

노동자는 산업전사로 호명되는 동안 국가의 중요 사업에 동참하는 애국과 자부심을 지닌 전사상으로 내면화한다. 일제강점기에 발행한 신문이나 잡지 곳곳에서 노동자를 산업전사로 의식화하는 흔적을 흔하게 찾을 수 있다. 1939년 제7대 조선총독 미나미 지로는 "산업경제에 관계하는 모든 사람은 총후(銃後)[23] 경제전의 전사(戰士)임을 자각하고 생산력 확충에 매진"[24]하자고 주문했고, 「불놀이」라는

21　『매일신보』, 1939년 9월 30일자.

22　이병례, 앞의 책, 35-36쪽.

23　전장의 후방

24　『동아일보』, 1939년 1월 4일자.

시로 널리 알려진 한국근대시의 대표적 시인인 주요한은 한 산문에서 "어떠한 생산에 종사하는 사람이고 간에, 또는 그 생산부문의 산업전사로서 어떠한 지위에 처한 사람이고 간에 마땅히 가져야 할 태도는 채산(採算)을 도외시하며 사익(私益)을 초월할 것"[25]을 주문했다. 전쟁이 길어질수록 노동자를 산업전사로 일체화하는 명명의 강도는 한층 강해졌다. 1943년에 등장한 "우리가 갈 길은 하나. 나서라 산업전사! 미·영(米英) 격멸에"[26] 등이 그런 것이다. 전쟁터에서 싸우는 '군인 전사'와 후방에서 국가의 산업을 위해 싸우는 '노동자 전사'를 동일시하고 있다.

> 산업전사는 총력전의 강인함, 건강함을 대표하는 상징물로 구현되었다. 산업전사에게 건강한 신체는 산업전사 이념을 표상하는 상징이며 또 지향점이었다. 산업전사의 몸은 개인의 몸이 아니라 '성전을 완수해야 할' 중요한 신체가 된다. 근대 국가권력의 노동자에 대한 시선은 훈육하여 규율화된 인간형을 주조하여 통제 가능한 '국민' 만들기에 있다. 이에 더하여 전시에는 개개인을 전장의 한 병사이자 국가의 전사로서 호명함으로써 국가의 지배적 명령을 신체에 체화시키기 위한 장치들이 동원된다.[27]

'전쟁-애국', '전사-산업전사', '전투-석탄생산', '보국대-보국증산' 등의 이데올로기를 일체화하면서 노동자의 신체를 국가의 전투력으로 환원하고 있었다. 일제강점기에 '산업전사'로 불린 광부는 전

25 주요한, 「최저생활의 실천」, 『신시대』, 1943년 3월호.

26 『매일신보』, 1943년 6월 6일자.

27 이병례, 앞의 책, 44쪽.

쟁에 혈안이 된 일본제국의 식민지 주민이 겪은 고통의 상징이었다. '산업전사'라는 이름 속에는 국가가 탄광의 노동력 확보에 나서고, 국가산업에 필요한 석탄 증산을 위해 기획적으로 사용한 국가의 의도가 포함되어 있다.

노무계 중에는 린치 전문의 '구타 전문가'가 있고, 고통으로부터 도피하기 위해 일부러 발파현장에 뛰어들어 자살한 광부도 있었다. 이와 같은 동원노동자에 대한 노동 통제는 완전히 군대식이었다. 군대와 마찬가지로 일과가 짜져 있었고, 숙소도 직영합숙을 정비하여 병영체제를 구축하고 있었다. 또한 군 출신자를 노무관리자로 채용하여 린치와 폭압을 통해 조선인 노동자를 차별하고 억압하면서 강제 취역케 했던 것이다.[28]

탄광노동자에 대한 군대식 통제와 신체에 가하는 폭력은 일본 제국주의가 일제강점기의 한국인 광부를 다루는 익숙한 방식이었다. 또 신체의 통제뿐만 아니라 정신적 통제를 위한 이데올로기 강화에도 나섰다. '황국신민의 서사'를 비롯하여 일제강점기의 한국인 동원 노동자가 매일 외우는 작업 수칙 몇 개가 있었다. 그중 10개 항목으로 구성된 '근로심득(勤勞心得)' 두 번째에 "근로보국의 정신을 가질 것"[29]이라는 내용이 등장한다. 노동을 끊임없이 애국과 연결하며 정신적 통제에 나서고 있다는 것을 확인할 수 있다. 일본 제국주의는 어린이와 청소년을 탄광노동자로 양성했으며, 이들에게 '산업전사',

---

28   김민영, 『일제의 조선인 노동력 수탈 연구』, 한울아카데미, 1995, 131쪽.
29   위의 책, 127쪽.

『매일신보』, 1942년 9월 3일자 2면

'광업전사'라는 이데올로기를 주입했다.

삼척개발의 사업은 영월에 있어서의 화력발전과 역행적으로 기업화되어 그 풍부 우수한 무연탄개발과 동해안지대의 화학공업 촉진이라는 다각형적 사명이 부가되어있다. 그러나 지리적으로 교통운수의 편이 적은 관계상 총독부가 이를 보류하였었다. (중략) 대체 삼척탄의 특질은 극히 풍부한 매장량을 가지고 있을 뿐 아니라 그 대부분은 조선에서도 거의 다른 곳에는 산출치 않는 제1차 괴탄을 가진 것이며, 더구나 괴탄공급 가능량은 소달과 상장구역의 총 출탄량의 약 60%를 점하고 있는 점이다. (중략) 삼척탄은 훌륭히 대용품으로서의 가치가 인정되었고 대동아전쟁 수행에 의한 선박문제를 고려할 때 실로 중요한 신(新)사명이 부가되어있다. (중략) 현재 주요사업지 상장구역에서 전차갱도로써 선탄장[본년(本年) 2월부터는 수세(水洗)석탄을 행하고 있다] 소재지의 철암에 집중되어 광궤(廣軌) 전용철도와 공중삭도에 의하여 도계에 접속하는 삼척철도를 이용해서 반출항 묵호에 송탄(送炭)되고 있다.

다음 노무자 훈련에 대하여는 14세부터 17세까지의 소년부대, 18세부터 30세까지의 청년부대에 의하여 청년부대를 조직하고 그 지도에는 재향군인분회가 당(當)해서 규율적 훈련을 행하고 있다. 이 훈련방법은 종래는 각 직장별로 안전단을 만들고 있었는데 작년부터 청년대를 결성시켜 간부훈련, 종합훈련, 종합작업훈련을 시행하고 일반대원은 우선형식으로, 간부훈련은 이론적으로 단체적인 연성(錬成)을 행하고 있다. (중략) 광산병원은 물론 외형적으로도 훌륭한 건축물이었으나 그 내용은 박사 1인에 전문의 4인, 모두 외과, 의과, 소아과, 산부인과, 안과의 전문의가 배치되어 있다. 기자는 어릴 때에 조모로부터 탄광과 감옥은 같은 것이라는 말을 들었었다. 설마 문명한 세계에 그러한 존재가 있을 리 없다고 생각했었으나 옛일은 몰라도 현재에는 이렇게 훌륭한 완비된 병원이 있으리라고는 꿈에도 생각지 못했었다.[30]

위에 인용한 「광산증산 현지답사④-노자일체(勞資一體)로 되어 증산완수에 매진-삼척탄광」이라는 제하의 기사는 일제강점기에 삼척탄광이 처한 많은 정보를 제공하고 있다. 위의 기사를 통해 확인할 수 있는 대표적인 내용은 다음과 같다. ① 삼척탄광의 개발 이유, ② 삼척탄광 개발이 늦어진 이유, ③ 삼척탄광 괴탄의 품질, ④ 삼척탄광의 출탄량, ⑤ 상장-철암 전차갱도와 공중삭도, ⑥ 14~17세의 어린 소년부대를 훈련하여 탄광노동자로 투입하는 상황, ⑦ 광산병원의 의료진 규모, ⑧ '탄광과 감옥은 같은 것'이라는 당대의 인식 등이다.

1944년 『매일신보』에는 「잘 있거라 선감도(仙甘島)-이제부터 광업전사-제2회 연성아(錬成兒) 40명 씩씩하게 진발(進發)」[31]라는 제하의 기사에서 어린 청소년에게 강요하는 노동과 산업전사의 칭호가 등장한다. 기사를 보자.

따뜻한 가정과 사랑의 어버이도 없이 거리에서 방황하는 거리의 천사들을 사회의 따스러운 손을 뻗어 이들의 행복된 보금자리로서 참된 연성을 하고서 선감학원(仙甘學園)에서는 감화교육에 힘써왔

---

30 『매일신보』, 1942년 9월 3일자 2면.
31 『매일신보』, 1944년 6월 2일자.

『매일신보』, 1944년 6월 2일자

다. 그동안 이들 부랑아동들을 애정으로 길러내어 이제 싸우는 마당
에 나서게 하고저 산업전사로서 등장케 하야 그제 1회 연성아 21명을
지난 4월 26일 강원도[32] 삼척탄광에 산업전사로서 취업시키었다. 이
같은 좋은 성적에 비추어 경기도 사회과에서는 제2회 특별연성아동
40명을 제2차로 이 탄광에 취업시키기로 되어 사회과에서는 2일 선감
도의 원아를 동 탄광으로 인솔하여 출발하기로 되었다. 이 기회에 동
탄광 오-이시(大石) 사장은 다음과 같이 말한다.

　"세상과 떨어져있는 고도에서 오직 대자연과 친하며 좋은 선생님

32　원문은 '강화도'로 되어있으나, 강원도의 오기임.

들의 훈육을 받다가 이제 국가에 힘을 보태겠다는 결의를 품고 나서는 이들 어린 산업전사를 맞게 되니 책임이 크며 기뻐마지 않습니다. 이들을 단지 노무자로 생각지 않고 선감학원의 연장이 될 좋은 도장을 그들에게 제공하여 앞날에 결전을 싸워 이길 청소년을 지도하여 볼 생각입니다. 오늘 그들이 사회의 따스러운 손에 보호되어 전과는 몰라보게 훌륭히 변하였거니와 이제 산업전사로 첫발을 내디디는 때 그들의 가슴 속에는 새로운 광명과 결심이 있을 줄 알거니와 이를 지도하는 우리들의 책임 또한 큰 것을 느껴 훌륭한 산업전사로서 양성해내고저 합니다."[33]

기사의 제목에서는 '광업전사(鑛業戰士)'라고 호칭하고, 기사 본문에서는 '산업전사'라고 호칭하고 있다. 기사 본문에는 '산업전사'라는 호칭을 5회나 사용하고 있다. 산업전사 이데올로기의 의식화가 이뤄지고 있는 당대 분위기를 반영하고 있다. 신문은 또한 어린아이까지 광부로 투입하는 당대 상황을 보여준다. 경기도 선감도에 소재한 선감학원이 아동 부랑아를 잡아다가 '연성(담금질)'하여 광부로 만드는 현실을 드러낸 것이다. 선감학원에 붙잡혀 있던 아이들은 삼척탄광으로 보내져서 광부가 되었다.

일본은 안산시 단원구 선감도(仙甘島)에 선감학원을 세웠다. 그것은 조선총독부가 관리하는 8~17세 정도의 부랑 청소년 교화시설이었다. 하지만 실제로는 독립투사의 자손이나 부모가 없는 어린아이들을 잡아와 수감한 뒤 혹독한 노동과 훈련을 시켜 가미카제(神風) 등

전쟁터의 총알받이로 쓰거나 또는 군수공장에 보냈던 악명 높은 강제 수용소였다.

일본은 또 수많은 조선인을 강제로 징용해 부려먹었다. 처음에는 조선의 값싼 노동력을 모집하여 일본의 토목공사장이나 광산에서 집단노동하게 했으나 차츰 징용령을 실시해 강제동원에 나섰다. 강제로 동원된 조선인은 식민지 전 기간에 걸쳐 500만 명이 넘었다. 그들은 주로 탄광이나 군수공장에서 가혹하게 혹사당했다.[34]

위의 인용문에서 알 수 있듯, 보호가 절실한 어린 아동을 교화한다는 명목으로 선감학원 같은 '부랑 청소년 교화시설'로 보내 노동자로 양성하고 있었다. 이들 중 상당수는 삼척탄광 같은 인력이 부족한 곳으로 보내진 것이다. 최근 선감학원 아동의 집단 매장지가 발견되어 우리 사회에 커다란 충격을 주었다.

일제강점기부터 1980년대까지 고문 등 아동 인권 유린이 자행된 아동집단수용시설 선감학원 암매장지에서 발굴이 시작된 지 하루 만에 치아와 단추 등 10대 피해자의 것으로 추정되는 유해가 발견됐다. 이 매장지는 생존자 190명 중 다수가 지목한 150여 명이 묻힌 암매장지로 당시 생존자들이 직접 숨진 아동들을 묻었던 것으로 알려졌다. 2기 진실·화해를위한과거사정리위원회(진실화해위)는 27일 경기도 안산시 단원구 선감도의 유해 매장지에서 치아 10여 개와 단추 4개를 발견했다고 28일 밝혔다. 치아의 특징으로 미뤄 유해 연령대는 10대로 추정되며, 단추는 피해자의 옷에서 떨어진 것으로 보인다고 위원회

34 김영권, 『크리스천투데이』, 2018년 8월 20일자.

는 설명했다.

　　선감학원은 조선총독부가 1942년 태평양전쟁의 전사를 확보한
다는 구실로 설립한 감화시설이다. 1982년까지 운영되었으며 부랑아
갱생·교육 등을 명분으로 아동과 청소년을 강제로 연행해 격리 수용
했다. 원생들은 강제노역에 동원되거나 폭력과 고문 등 인권침해를
당했다. 다수는 구타와 영양실조로 사망하거나 섬에서 탈출하는 과
정에서 바다에 빠져 목숨을 잃었다. 수용 아동의 85.3%가 13세 이하
였다. 선감학원은 사망한 이들을 생존한 아동들이 직접 매장하게 한
것으로 알려졌다.[35]

인용한 기사처럼 2022년 9월에는 선감학원의 아동들이 암매장
되었다는 사실이 집단 매장지를 통해 밝혀지기도 했다. 선감학원 아
동들의 집단 매장지가 발견되어 한국의 언론이 떠들썩할 때도 이 아
동들이 탄광의 광부로 징용되어 노동력을 착취당했다는 것을 보도
하는 언론도 없었고, 이 내용을 아는 이도 없었다. 선감학원 아동들
은 삼척탄광(삼척과 태백)의 광부로 징용되어 '산업전사'라는 이데
올로기를 주입받으며 혹사당하면서 살았다. 이 아동들은 삼척탄광
의 "14세부터 17세까지의 소년부대"[36]로 조직되었으며, 탄광 관리자
에 의해 체계적으로 통제되었다.

　　이처럼 '산업전사', '광업전사', '근로보국(勤勞報國)'이라는 용어
는 석탄생산과 애국을 연계하고 있으며, 이들 용어는 일제강점기부
터 사용되기 시작했다. 전쟁 수행을 위해 석탄 증산이 시급한 일본

35 　『서울신문』, 2022년 9월 28일자.
36 　『매일신보』, 1942년 9월 3일자 2면.

제국주의는 근로보국회 결성이라든가, 탄광징용 등을 통해 광부의 노동을 강제했다. "조선인에 대한 징용은 근로동원서(勤勞動員署)에 서 근로보국회로 위임되었고, 노무보국회의 조선인 전시노무동원은 육-해군의 노무동원 명령에 따라 실시되었다"[37]는 공식 기록이 곳곳 에 등장한다. 1942년부터 일본이 패망하기까지 3년 동안 일제강점 기의 한국인 징용에 앞장섰던 요시다 세이지(吉田淸治)[38]가 펴낸『나 는 조선사람을 이렇게 잡아갔다』(청계연구소, 1989)라는 책도 국내 에 번역되어 있다.[39] 요시다 세이지는 야마구치현(山口縣) 노무보국 회의 동원부장으로 종사했다. 그 책의 일부를 보자.

도착 후부터 징용자를 '근로보국대원'이라고 불렀다. 조선에서 현지 징용한 265명 가운데 체격이 좋고 비교적 젊은 200명을 골라 공 병 제105부대로 보내기로 했다. 그들 등에는 빨간 분필로 동그라미를 그려놓았다. 근로보국대로 갈 조선인들은 멍한 얼굴로 선창의 산더미 같은 석탄을 보고 있었는데, 그 석탄은 ○○탄광에 징용되어온 조선 사람들이 파낸 것이었다.[40]

탄광노동력이 급한 상황에서 일본 제국주의는 근로보국대(勤勞

---

37   김민영,『일제의 조선인 노동력 수탈 연구』, 한울아카데미, 1995, 100쪽.

38   요시다 세이지는 위안부 사냥에 나선 바 있다고 고백하면서, 일본과 한국 내에 서 이 문제를 가장 먼저 이슈로 부각시킨 사람이다. 그런데 그의 증언으로 위안부 문 제가 표면화되기는 했으나 그의 증언 상당수가 허위로 밝혀진 아이러니도 있다.

39   강원도 내의 대학도서관, 공립 도서관 중에서는 속초교육문화관이 유일하게 이 책을 소장하고 있다.

40   吉田淸治,『나는 조선사람을 이렇게 잡아갔다』, 102쪽(김민영,『일제의 조선인 노동력 수탈 연구』, 한울아카데미, 1995, 106쪽에서 재인용).

報國隊)를 조직하고 한반도와 일본 내의 부역에 나서는데, 강원도 내에서도 상황은 비슷하다. 1941년『매일신보』는 「속초근로보국대-삼척탄광 향발(向發)」이라는 제하의 기사에서 "속초면 근로보국대 일행 25명은 동(同) 면 직원 인솔하에 23~24일 삼척무연탄광으로 발정(發程)하였는데 그들은 2개월간 동(同) 탄광에서 근로봉사를 하고 돌아올 예정이다"[41]라고 보도하고 있다. 한반도 내의 탄광인력 부족을 근로보국대를 통해 노동징집에 나서는 당시 상황을 짐작할 수 있다. 한편 한반도 내의 한인 광부를 일본으로 견학하는 과정을 통해 근로보국의 의미를 확대하는 활동도 펼친다.「우량 광산 종업원 10명 선발 내지에 파견」이라는 제하의 기사를 보자.

> 강원도광산연맹에서는 지난번 광산증산 강조 주간 중 성적이 우량하다 하여 표창을 받게 된 광산종업원 중 좌기(左記) 10명을 선발하여 내지의 우량광산인 福岡縣(복강현, 후쿠오카현) 三池(삼지, 미이케)탄광에 파견하여 약 1주일 동안 결전 체제 하 광업전사로서 광업보국의 실정을 상세 견학시킴과 동시에 근로봉사를 하게 하며 계속하여 각 광종(鑛種)별의 우량광산(○生·生野·足尾광산 등)을 1일 내지 2일간씩 견학시키기로 되었다. 그런 다음 이세대묘(伊勢大廟), 도산어릉(桃山御陵), 궁성(宮城), 명치신궁(明治神宮), 정국신사(靖國神社) 등 각 성지를 참배시키어 일본의식의 앙양과 도내 광물자원의 증산보호에 답하기로 되었는데 일행은 오는 2월 하순에 춘천을 떠나 3월 중순까지 21일 동안 시찰을 마치고 귀임(歸任)할 터이다. 그리고 1인당 소요경비는 150원인 바로 되었으며 기타 광산에 대하여는 자비

---

41   『매일신보』, 1941년 1월 26일자 3면.

참가의 희망자에 대하여 참가시키기로 되었다 한다. 우량종업원으로서 선발 파견하기로 된 시찰단원은 다음과 같다.

▲ 양양군 양양광산 채광주임(鈴木貞春, 31), 삼척군 조선삼화 철산(三和鐵山) 광업과 주임(佐藤貞一, 33), 삼척군 삼척탄광 채광계원(金原弘幸, 34), 영월군 영월탄광 채광계원(佐藤安雄, 34), 김화군 원북광산(遠北鑛山) 지주부(支柱夫)(佐藤富雄, 29), 양구군 문등(文登)광산 채광부(李尚根, 42), 영월군 영월탄광 채광부 채광탄부(文泰允, 34), 춘천군 대당(大當)광산 채광부(善本奉奎, 40), 삼척탄광 지주부(鄭重範, 30), 김화군 日室昌道광산 지주부(密城學林, 30)[42]

위의 기사에서는 '광업전사'와 '광업보국'이라는 단어를 통해 노동을 애국과 연결시키고 있다. '광업전사'와 '산업전사'라는 칭호는 일제강점기의 여러 신문에 등장한다. 탄광 광부들에게 '보국'이나 '전사'라는 칭호를 붙이며 전사와 애국 이데올로기를 의식화하는 한편, 일본의 왕릉이나 신사 방문을 통해 일제강점기의 한인을 일본인화하고 있다. 삼척탄광 2명, 영월탄광 2명, 일반광산 6명 등 총 10명의 '우량 광산 종업원'은 일본의 대표적 탄광지역인 후쿠오카현(福岡縣) 견학에 나선다. 일본의 대표적인 탄전으로는 규슈탄전(후쿠오카·나가사키현), 홋카이도탄전, 죠반탄전(常磐炭田, 후쿠시마·이바라키현)을 꼽는다. 이 중에서도 "다수의 탄광이 밀집한 지역은 규슈와 홋카이도 지역"[43]인데, 이곳에는 많은 한인 노동자들이 징용되어 있었다.

---

42   『매일신보』, 1941년 2월 1일자 3면.

43   정혜경, 『일본지역 탄광·광산 조선인 강제동원 실태: 미쓰비시 광업(주) 사도광산을 중심으로』, 일제강제동원피해자재단, 2019, 17쪽.

일본지역 탄광 분포 현황[일제강점기의 한국인 동원 도도부현(都道府県) 24개소, 단위: 개소][44]

지역	탄광	지역	탄광	지역	탄광	지역	탄광
福岡縣 후쿠오카현	112	長野縣 나가노현	10	熊本縣 구마모토현	4	兵庫縣 효고현	1
北海道 홋카이도	55	宮城縣 미야기현	9	岩手縣 이와테현	3	福井縣 후쿠이현	1
長崎縣 나가사키현	55	茨城縣 이바라키현	8	新潟縣 니가타현	2	三重縣 미에현	1
山口縣 야마구치현	40	山形縣 야마가타현	6	岐阜縣 기후현	1	愛媛縣 에히메현	1
佐賀縣 사가현	23	秋田縣 아키타현	6	奈良縣 나라현	1	沖繩縣 오키나와현	1
福島縣 후쿠시마현	17	島根縣 시마네현	5	德島縣 도쿠시마현	1	和歌山縣 와카야마현	1

위의 도표에서 확인되듯 삼척탄광과 영월탄광의 '우량 광산 종업원'이 견학을 위해 방문한 후쿠오카는 탄광만 112개를 운영할 정도로 일본 내에서도 가장 많은 탄광을 보유한 지역이다. 후쿠오카현 오무타시(大牟田市)의 미이케탄광은 하시마(端島, 일명 '군함도')와 더불어 유네스코 세계문화유산에 등재되면서 요즘의 한국인에게도 널리 알려진 곳이다. 「군함도」는 국내에서 대중영화로도 제작되어 흥행까지 성공을 거두며 널리 알려졌다. 하지만 군함도가 석탄산업 유산으로 유네스코 등재가 이뤄졌으며 한국에도 그에 준하는 석탄산업유산이 있다는 것을 자각하는 이는 드물다.

후쿠오카현청으로부터 미이케탄광까지는 차도로 85km 내외이며, 미이케탄광에서부터 하시마(군함도)까지 94km 거리는 페리나 자동차로 갈 수 있다. 삼척탄광 광부가 견학을 간 곳이 지금은 유네

44   위의 책, 17쪽.

스코에 등재된 일본의 탄광(하시마탄광, 미이케탄광)이 있는 후쿠오카현이었다.

위의 신문에서 '우량 광산 종업원'이 방문하는 장소를 보면 부산에서 가까운 후쿠오카뿐만 아니라 멀리 떨어진 지역까지 이동하고 있다. 후쿠오카에서 야스쿠니신사까지는 직선거리로도 1,035km나 떨어진 곳인데도 노정에 포함되어 있다. 먼 거리를 이동하는 것은 관광을 시켜주기 위한 것이 아니라 일본인들이 성역으로 생각하는 공간에 대한 참배를 위해 기획한 것이다. 일본 왕실의 종묘인 '이세신궁(伊勢神宮)'으로도 불리는 이세타이뵤(伊勢大廟, いせたいびょう), 메이지 일왕의 무덤인 모모야마 고료(桃山御陵, ももやまごりょう), 일왕이 거주하는 궁성(宮城), 일본의 122대 왕인 메이지 왕의 신사인 메이지신궁(明治神宮, めいじじんぐう), 일본의 전쟁 기간에 죽은 군인 등을 추모하는 야스쿠니신사(靖國神社, やすくにじんじゃ) 등 하나같이 일본인 왕실을 섬기거나 일본 군인을 추모하는 제례 공간을 찾아가고 있다. 광부의 견학을 빌미로 식민 제국의 관습과 사고방식을 심어준 것이다. 그리하여 제국의 식민지 광부는 몸과 정신을 통해 일본제국을 받아들이는 의식화 과정을 수행하고 있었다.

3. 국가가 기획한 석탄산업과 국가권력이 형상화한 '산업전사'

'산업전사'라는 호칭은 일본 제국주의가 노동력을 강제하기 위해 사용한 것인데, 해방 이후에도 한국의 광부는 계속 '산업전사'로 불렸다는 점에서 비극은 더욱 심화한다. 일제강점기에 한국인 노동자를 동원하고 강제화하기 위해 도입한 '산업전사'라는 용어는 해방 이후에도 사라지지 않는다. 제2차 세계대전이 끝난 이후부터 정작 일본에서는 '산업전사'라는 용어가 잦아들었는데, 한국에서는 국가권력이 나서서 더 적극적으로 사용했다. 해방이 찾아오고 한국전쟁이 끝나 평화의 시대가 도래했어도 한국의 광부는 평생을 '산업전사'라는 호칭 속에서 긴장하면서 살아야 했다. 제국주의의 식민지 생활이 끝나고 민족끼리의 한국전쟁이 끝났어도 여전히 한국 광부들은 국가의 요구에 의해 산업전사로 살아간 것이다. 한국의 산업화를 위해 가장 필수적인 에너지원인 석탄생산을 위해 국가가 '전사'를 활용한 것이다.

증산보국, 근로보국을 비롯하여 식민지 노동자의 내선일체를 내면화하는 광부의 삶은 일제강점기만의 비극이 아니었다. 해방 이후에도 증산보국, 근로보국, 산업전사의 이데올로기 주입은 계속 이어진다. 일본 제국주의가 취한 방식은 해방 이후에도 대한민국의 탄광에 고스란히 스며들거나 더 강화하는 양상으로 나타난다. 일본은 식민지 주민에 대한 착취였기에 당연하게 여겨지지만, 어찌자고 대한민국은 제 국민인 광부의 노동력을 착취했던가. 그래서 대한민국

의 광부는 일제강점기의 징용 광부보다 더 서러워하는 것이다. 북한
은 노동자의 세상을 위한 명분을 내세워 드러내놓고 탄광노동력을
착취하거나, 탄광을 죄를 지은 자의 수용소나 좌천 대상자의 노동 징
벌의 노역장으로 활용하기도 했다. 그런데 남한은 자본주의에 따른
자유노동 선택권과 증산보국 및 산업전사라는 애국심을 교묘하게
섞어서 일본 제국주의나 북한보다 더 은밀하고도 교활한 방식으로
탄광노동력을 착취했다.

> 산업전사가 자기의 직장을 망각하고 하물며 기술자까지 중앙으
> 로 모여드는 현 조선의 현상은 과연 어찌 한탄하지 아니할까. 우리 탄
> 광의 지도자와 종업원은 사상의 엄정중립을 천명하고 오직 산업전사
> 로서 악전고투하여 오늘에 이르렀다. 현재나 장래에도 우리 3천인의
> 종업원은 오직 무연탄 생산을 통하여 건국대업에 이바지하여 전심전
> 력을 우리 신국가에 바치려는 굳은 각오에 완전히 결속하고 있다. 산
> 업전사와 기술자는 각기 직장으로 뭉치라. 우리 탄광에도 전 조선에
> 향하여 우수한 기술자가 들어올 문을 열고 기다리고 있다.[45]

위의 인용문은 광복 이듬해인 1946년경 삼척탄광의 어려운 사
정을 호소하기 위해 작성한 글로 '산업전사'라는 용어가 여러 번 등
장한다. 일제강점기에 제국주의 치하에서 영향을 받은 의식을 엿보
게 한다. 좌우 이데올로기보다 석탄 캐는 일에 매진하자는 내용을 산
업전사의 애국심에 호소하고 있다. 통치국가가 바뀌고, 통치자가 바

45　황충운(도계광업소 제2대 소장 역임), 「삼척탄광 현지 보고」, 『대한석탄공사
50년사』, 대한석탄공사, 2001, 62쪽.

뛰어도 '산업전사'라는 호칭은 달라지지 않았다. '산업전사'라는 호칭은 석탄을 캐는 일이 애국이라는 의식을 갖도록 세뇌하는 효과를 지니고 있었다.

산업전사는 후방에 있으나 전선을 앞에 둔 것과 같은 정신자세를 갖추도록 요구되어졌다. 소위 후방의 군대와 마찬가지인 산업현장의 '전사'는 사회 그 어떤 분야보다 엄격하고 규율이 잡힌 공간이 되지 않으면 안 되었다. 전투군단으로 전환된 노동현장의 일상은 언제든 전투에 나설 수 있도록 준비태세를 갖추고 있는 군대식 규율이 구현된다. 노동의 전사화는 단지 '산업전사'로의 호명 차원을 넘어서 일상생활이 항상 전시 태세로 유지되어야 함을 의미한다.[46]

'산업전사'라는 호칭은 국가권력이 노동자를 전시의 군인 같은 긴장으로 몰아넣으면서 맹목적인 애국을 내세워 희생을 강요하는 기제로 작동했다. 전투군단 같은 군대식 규율, 일제강점기 징용노동자에게 하던 일본 제국주의의 이데올로기적 노동 통제가 해방 이후에도 한국 탄광의 광부에게 요구될 수 있었던 것은 애국과 보국을 내세운 이데올로기 때문이다. 그 과정에서 광부에게는 인권이 없었고, 생산하는 기계로 작동하는 전사의 임무가 주어졌다. 생산량이 부족할 때는 열차려 같은 군대식 기합과 뺨 때리기, 조인트 까기, 관리자 등이 다코망치[47]로 광부의 머리를 때리는 구타도 일상적으로 자행되

---

46 정혜경, 앞의 책, 44쪽.

47 감독이 안전 점검 삼아 들고 다니는 소형 망치가 있다. 이 소형 망치는 감독의 권위를 상징했으며, 광부들은 이 망치를 '딱따구리' 혹은 '다코망치'라고 불렀다. 일본어 다코(たこ)는 해머보다 작은 힘으로 좁은 장소에서 내려뜨려서 타격하는 도구인데,

화순광업소 정문의 '증산으로 보국하자'(출처: 대한석탄공사)

장성광업소 수갱 준공식, '증산으로 보국하자' (1969, 출처: 대한석탄공사)

었다. 1987년 장성광업소 파업에서 "백바가지 몰아내자"라는 구호가 등장한 것은 백색 안전모를 쓰는 관리자로부터 부당한 대우를 받는 광부의 현실을 증거한다. "광부도 사람이다. 백바가지 몰아내어 우리 인권 쟁취하자!"라는 구호가 주류를 차지한 당시의 투쟁은 흰색 안전모를 쓴 관리자의 억압에 따른 광부의 분노가 분출된 것이다.[48]

군 출신 대한석탄공사 사장단

역대	성명	취임	퇴임	군 경력
9대	김상복	1961.5.21	1961.6.17	제1군사 참모장
10대	유흥수	1961.6.17	1963.12.16	제2군사 부사령관
13대	강기천	1970.1.9	1970.8.13	해병대 사령관

최근 들어서는 어린이들의 장난감으로 문어 머리를 한 망치를 두고 '다코함마'(다코 망치)라고 부르고 있다. 한편 '딱따구리 온다'는 말은 '관리자가 온다'는 뜻을 지닌 은어로 통용됐다(정연수, 「사북탄광촌의 삶과 문화」, 『정선 탄광촌 주민들의 삶을 담은 문화』, 정선문화원, 2019, 176쪽).

48　'백바가지 추방 운동' 이야기는 정연수, 『탄광촌 풍속 이야기』, 북코리아, 2010, 287-293쪽 참조.

150

역대	성명	취임	퇴임	군 경력
16대	박경원	1972.6.22	1972.12.12	2군 사령관
19대	이근양	1974.9.23	1976.2.26	제3사관학교장
20~21대	이훈섭	1976.2.26	1979.4.26	육본수송감
22~23대	고광도	1979.4.26	1985.4.30	육군 참모차장
24대	정원민	1985.5.1	1988.4.30	해군 제1참모차장
25대	안필준	1988.5.1	1991.4.30	제1군사령관
26대	김종호	1991.5.1	1993.11.12	해군 참모총장
27대	서생현	1993.11.12	1995.1.21	합동참모본부 지휘통제통신국장

　　한국의 석탄산업을 선도하는 대한석탄공사의 사장직에 군대 장성 출신이 많았던 것은 군사정권에서 군인을 우대하는 정책이기도 했겠지만, 군대식 명령을 통해 석탄의 생산력을 높이려는 규율 방식이기도 했다. 다른 공사 기관의 대표에도 군 장성 출신이 우대되긴 했지만, 대한석탄공사는 군 장성의 영향이 더욱 컸다. 1961년의 9대 사장부터 1972년의 16대 사장까지 총 4명의 장군 출신이 부임했으며, 19대 사장이 취임한 1974년부터 27대 사장이 퇴임한 1995년까지 20년간 군 장군 출신이 연속적으로 임명되었다. 장군 출신의 사장이 대한석탄공사를 이끌면서 각 산하 광업소는 군대식 위계질서가 공고해졌다. 광업소에서 노동자들이 안전을 이유로 체벌을 당하고, 초급관리자는 생산 책임량을 이유로 상급관리자에게 구타당하는 비인권적인 노동환경이 만들어진 것도 군대식 통제와 무관하지 않다.

1.

보아라 광활한 삼천리강산
뻗어간 산맥이 우리의 생명
그 속에 들어찬 탄광의 줄기
파내세 우리의 억센 힘으로

2.

장하다 험준한 바위를 뚫고
달린다 전사의 날래인 모습
동굴 속 깊은 데 뛰여 들어서
다 같이 일하세 굳센 용사야

3.

산에는 비 오고 바람 불어도
풍우를 헤치고 싸우는 기개
그 누가 당하리 뭉친 우리 힘
묵묵히 끌어낸다 파묻힌 석탄

후렴

어여차 뭉쳐져서 산으로 가자
손에 손 마주 잡아 광으로 가세
나오라 이 땅의 산업전사여
씩씩하게 이루자 건설의 나라

      - 「모범산업전사의 노래」 전문

이 노래는 국가가 탄광노동자를 산업전사로 추켜세우는 의식화의 일환으로 제작됐다. 1950년대 한국전쟁 직후부터 이승만 대통령까지 나서서 '모범산업전사'라는 이름으로 경무대로 초청하여 대대적인 환영 행사를 열었으며, 이 행사를 위한 노래가 「모범산업전사의 노래」다.[49] 1960년대 초까지 산업전사의 서울 방문 때마다 불렸다.

사북항쟁의 주역인 이원갑은 태백 출생으로 광부 3대로 살았다. 이원갑의 할아버지는 안동이 고향인데, 태백으로 와서 갱외부로 6개월 탄광 생활한 것이 시초였다. 그리고 광부 2대인 이원갑의 아버지는 장성광업소에서 40년간이나 광부로 일했으니, 평생을 탄광에서 보낸 셈이다. 이원갑의 아버지는 장성광업소에서 근무하던 중에 모범산업전사로 선발되어 경무대로 가서 이승만으로부터 모범산업전사 표창을 직접 받았으며, 그 장면이 촬영된 사진을 집안에서 귀하게 보관하고 있었다. 광부 3대인 이원갑은 어용노조가 광부의 인권을 유린하는 상황에 저항하다가 1980년 사북항쟁 ─ 당시 국가가 바라본 시각은 사북폭동 ─ 의 핵심 주역이라는 책임을 지고 군계엄사에 끌려가 모진 고문을 당했다. 고문 과정에서 각목에 맞아 부러진 이원갑의 양쪽 두 손의 손가락은 40년이 지난 지금도 움직이지 않는 장애를 입었다.[50] 사북항쟁 당시 이원갑과 함께 끌려간 윤병천은 군계엄사의 고문으로 양쪽 다리 무릎 부위를 심하게 다쳤다. 광부의 노동운동을 군대가 나서서 억압하고 고문한 사례는 세계적으로 흔하지 않을 것이다. 증산보국, 산업전사의 이데올로기 이면에는 강요된 억압의 탄광노동이 지키고 섰던 것이다.

49　대한석탄공사, 『대한석탄공사 50년사』, 대한석탄공사, 2001, 141쪽.

50　2022년 10월 7일 사북에서 대담을 진행하면서 이원갑의 3대 광부 이야기 진술.

고문당한 이원갑의 손가락(좌로부터 윤병천, 맹문
재, 이원갑)

고문 흔적이 남아 있는 윤병천의 다리

착암기 잡은 손에 힘이 뻗친다

우리는 이 나라의 산업의 용사

캐내자 무진장의 기름진 탄을

조국의 근대화에 이바지하자

아 석공 석공 우리 석공

캐내자 무진장의 기름진 탄을

조국의 근대화에 이바지하자

　　-「대한석탄공사 사가」 부분[51]

　　인용한 「대한석탄공사 사가」에도 보면 "이 나라의 산업의 용사"
라든가, "조국의 근대화에 이바지하자"라는 대목이 등장한다. 산업
전사를 통한 애국심 고취와 석탄 증산을 하나의 선상에서 연결하고
있다. 광부들의 삶이 개인의 직업이 아니라 국가의 기획된 의도 속에
통제되어왔다는 것을 알 수 있는 대목이다. 국가경제개발 5개년 계

51　　박목월 작사, 나운영 작곡(대한석탄공사 편, 앞의 책, 9쪽)

대한석탄공사의 석탄 증산 공로자 시상식에 "찬양
하자 석탄전사"라는 문구가 있다(출처: 대한석탄
공사).

대한석탄공사의 석탄 증산 공로자 시상식에 "찬양
하자 석탄전사"와 "석탄전사 흘린 땀"이라는 문구
가 있다(출처: 대한석탄공사).

획 같은 기획 속에 광부의 삶이 담겨 있으며, 이를 딛고 오늘날 한국
의 발전이 가능했다.

> 강원도 삼척탄광에서는 3·1정신을 앙양시켜 채탄량을 증산하여
> 서 긴박한 석탄사정 타개에 이바지하고저 지난 1일부터 1주간을 채탄
> 증산 주간으로 정하여 1일 채탄량 3,000톤(종래 1,500톤)을 목표로
> 삼아 6천여 명 전 종업원이 총동원되어서 증산의욕을 높이는 가운데
> 일치단결의 구호 아래 3번제 교대로 주야 24시간 채탄에 분투노력하
> 고 있다고 한다.[52]

3·1절 기념으로 채탄 증산 주간을 운영한 것은 애국심과 석탄
증산을 연계한 활동이다. 증산보국·산업전사·산업역군 등의 구호를
제정한 의도도 그러하지만, '3·1절 기념 채탄 증산 주간'을 운영한

---

52   「삼척탄광에서 채탄 주간 설치」, 『자유신문』, 1949년 3월 9일자 2면.

三陟炭鑛에서 探炭週間設置

仁川反民投書多數

『자유신문』, 1949년 3월 9일자 2면

것 역시 애국에 기대어 탄광노동력을 착취한 국가의 전략이었다. 삼척탄광은 국가 직영으로 운영하는 광업소였으므로 이는 국가의 전략을 그대로 드러낸다. 위의 인용 기사에 등장하듯, "삼척탄광에서는 3·1정신을 앙양시켜 채탄량을 증산함으로써 긴박한 석탄 사정 타개에 이바지하고자" 채탄 주간을 설치했다는 데서 정부의 의지를 확인할 수 있다. 더구나 3·1절 기념 채탄 증산 주간은 1주일간 3교대로 24시간 내내 진행하면서 종래 1일 채탄량 1,500톤에서 2배 증가한 3천 톤을 목표로 했다. 이는 정부가 추진하는 석탄 증산의 시급성과 정부의 증산 정책 때문에 혹사당한 광부의 고통을 반영하고 있다.

국가는 국영기업체인 대한석탄공사의 노래인 「대한석탄공사 사가」나 「모범산업전사의 노래」를 활용하듯, 광부에게 '산업전사'라는 의식을 끊임없이 주입했다. 한국 국가권력이 사용한 '산업전사'라는 호칭은 일본 제국주의의 노동 통제 담론과 차이가 없다. '석탄 증산

156

문경석탄박물관이 조성한 사택에 "찬양하자 석탄전사"라는 안내 문구가 있다(출처: 강경원의 여행 만들기).

보국'이라는 애국적 용어와 함께 '산업전사'가 짝을 이루면서 '전사-애국-석탄생산-광부의 희생'은 하나의 의식체계로 작동했다. 일제 강점기는 전쟁이라는 외부적 요인이라도 있었지만, 한국은 산업발전이라는 내부적 요인만으로 '산업전사'의 호칭을 이어갔다. 대한민국 정부 수립 이후의 산업전사 호칭은 오히려 일제보다 더 교묘하고, 더 화려한 수사로 광부의 노동력을 착취했다. 다양한 당근(모범산업전사 선정, 증산보국 구호)과 채찍(고속굴진 경쟁, 어용노조를 통한 노동자 탄압)을 병행하면서 광부들을 긴장 속에 몰아넣은 것이다. 어용노조는 '노조집행부-탄광 경영자-노동부-경찰-지역 행정부' 등의 권력 카르텔 속에서 작동했다. 어용노조 역시 석탄 증산에만 혈안이 되어 광부들의 인권을 억압하기 위한 국가권력의 의도적인 기획이거나 유도 책략이었다.

1955년 2월, 이승만 대통령은 석탄 증산과 탄광노동자들의 사

1955년 모범산업전사의 서울 숙소에 내걸린 '탄광 모범산업전사 숙소' 환영 현수막(출처: 대한석탄공사)

서울로 초대된 모범산업전사 일행의 석공 사옥 앞에서 기념촬영. 광부들 뒤로 '모범산업전사' 현수막 글귀가 보인다(출처: 대한석탄공사).

모범산업전사의 서울 나들이. '산업전사 위로 행사 차량'이라는 문구가 버스 위에 붙어 있다(출처: 대한석탄공사).

청와대(당시 경무대)로 초청하여 모범산업전사의 공적을 치하하는 이승만 대통령(출처: 대한석탄공사)

기진작을 위해 19명의 모범산업전사를 경무대(현 청와대)로 초청하여 위로 행사를 열었다. 대통령이 경무대로 초청하여 격려하는 행사를 열면서 광부를 '산업전사'라고 호칭했다. 광부들이 묵는 숙소에는 '탄광 모범산업전사 환영'이라는 현수막까지 붙었다. 1956년 대한석탄공사에서 열린 제2회 모범산업전사 표창식은 "각지 탄광에서 우수한 채탄 업적을 올린 20여 명의 모범산업전사에게 표창한다"(「대

모범산업전사 표창, 돌사택 제공(출처: 대한석탄공사)

한뉴스」 제74호)라는 영상뉴스를 제작하여 대대적으로 보도했다.

탄광전사 표창

[도계] 소달면에서는 지난달 24일 문화관 신축 낙성식과 아울러 탄광산업전사 표창식이 거행되었는데, 이날 석공파견단장 김백규 준장의 축사에 이어 표창을 받은 산업전사는 다음과 같다.

▲석공총재상: 흥전갱장 김수산

▲소장상: 이광우 외 49명

▲노조상: 삼척 출신 김진만

▲민의원감사상: 한백 소장, 김기선 외 4명[53]

---

53   『조선일보』, 1955년 10월 4일자 4면.

금천에 현존하는 우리나라 유일의 모범산업전사
돌사택(2021년 9월 모습)

금천의 모범산업전사 돌사택(출처: 대한석탄공사)

위의 산업전사 표창식은 「탄광산업전사를 위한 표창」이라고 기사 제목을 달고 진행했는데, 산업전사 표창은 전국 단위로, 그리고 광업소 단위별로 해마다 이어졌다.

모범산업전사 청와대 초청, 대통령 직접 치하, 모범산업전사 돌사택 제공, 「모범산업전사의 노래」 제작 등을 통해 산업전사의 자부심을 고취시켰다. 이러한 사업들은 국가가 주도적으로 나서서 광부를 활용했다는 증거들인 셈이다. 1975년 순직 광부를 추모하기 위해 '산업전사 위령탑'을 건립하면서 대통령이 쓴 친필 휘호 역시 애국과 석탄생산을 지속적으로 연결 짓는 국가의 행위를 입증하는 것이다. 위령탑의 비문에는 "400개 광산 5만 명을 헤아리는 종업원들은 영광된 사명을 어깨에 메고 있는 고귀한 산업전사들"(1975년 11월 25일)이라는 문구를 담고 있다.

집이 없어 난리이던 시절, 이승만 시절 때 모범산업전사 표창을 하면서 돌사택 3동을 지었다. 이 모범산업전사 돌사택을 없앤 자리에 협동사택을 지었다. 나중에는 협동사택을 철거하고 협동아파트를 지어 지금 유지되고 있다. 모범산업전사 돌사택이 뜯긴 부지에는 경동병

원도 있었는데, 병원이 옮겨간 후에 부업단지가 들어섰다.[54]

1955년에는 모범산업전사를 선정하면서 이들에게 돌로 지어진 특별사택을 제공했다. 태백시 금천지역에도 모범산업전사로 수상하면서 받은 돌사택이 들어섰다. 태백과 삼척 등 전국적으로 총 19채가 건립되었는데, 나무사택이 주류를 이루던 시절에 단단한 돌로 건립한 돌사택은 부러움의 대상이었다. 집도 사택도 귀하던 시절에 돌사택을 선물한 것은 국가가 광부를 산업전사로 각인시키는 커다란 효과를 거두었다. 현재 태백시 금천동에 소재한 모범산업전사 돌사택은 많이 훼손되기는 했으나 그 흔적이 2022년 현재도 일부 남아있다. 2001년 발간한 석공의 출판물에서 이미 금천의 돌사택을 두고 "모범산업전사 사택은 총 19채가 건립되었으나 장성 금천골에 1채만 현존하고 있으며 현재는 기도원 식당으로 사용되고 있다"[55]라고 기록하고 있다. 그런 기록을 남긴 2000년 초까지만 해도 원형이 잘 보존되었는데, 2022년 현재는 돌사택 앞에 다른 주택(한때 황토찜질방으로 활용)이 들어선 데다 많은 수리가 이뤄진 상태여서 벽면 일부에서만 돌사택의 흔적을 찾아볼 수 있다.

두더지 인생이니 막장 인생이니 하면서 자학하는 광부는 소수일 뿐 대부분의 광부는 그래도 자식들에게 기대를 걸고 열심히 살아간다. 나 역시 그 어느 때보다도 산업전사를 보살피는 아내로서 긍지를 가지려고 애쓴다. (중략) 사북사태 이후 광부들을 향한 경계의 눈초리들…. 제발 그런 눈초리가 거둬지길 광부의 아내로서 부탁드리고 싶

---

54   이희탁 증언, 2021년 7월 22일 면담

55   『대한석탄공사 50년 화보』, 대한석탄공사, 2001, 184쪽.

1984년 4월 월급봉투 뒷면의 가정통신문

다. (삼척군 장성읍 521 김광수 방)[56]

　위에 인용한 광부의 아내가 쓴 글에 보면 "산업전사를 보살피는 아내로서 긍지를 가지려고"라는 대목을 통해 광부와 그 가족들이 가진 '산업전사'라는 호칭의 의미를 확인할 수 있다. 내면화된 산업전사 호칭은 광부와 그 가족들에게도 자연스럽게 받아들여지고 공고화되었다.

56　박정숙, 「광부의 아내」, 『동아일보』, 1980년 6월 12일자 5면.

'산업전사' 호칭을 지역에서 그대로 이어받아 사용하고 있는 것은 1990년대에도 나타난다. 1992년 삼척시 도계역 앞에 도계초중고 동문회가 세운 '산업전사 안녕 기원비'가 그것이다. 비문에는 "태백산맥 자락에 봇짐을 풀고 어둠 속에서 빛을 캐내는 산업전사여, 그대들의 땀이 이 땅의 소금이 되어 오늘의 조국을 일으켰노라!"라는 내용이 담겨 있다. 지역주민들 역시 광부를 산업전사로 자랑스럽게 여기고, 광부의 노동이 조국을 일으킨다는 것을 내면화했다는 것을 증거한다.

> 지하의 보물인 석탄을 캐는 우리들에게 광부, 광원, 광산근로자 등 여러 가지의 이름으로 불러왔으나 산업역군의 호칭을 일제강점기에 부르던 광부로 불리움에 따라 근로 의욕의 저하와 사기 문제에 있어서 정부에서는 그 호칭을 광산근로자로 통일하게 되었습니다. 모든 국민의 생활에 필요한 석탄을 캐는 우리들 종업원에게 근로 의욕을 돋우어주고 위화감을 없게 하려는 뜻에서 산업역군인 우리들의 명칭을 광산근로자로 불리는 것은 당연한 것입니다. 앞으로는 광부라 하지 말고 광산근로자라는 명칭을 서로가 사용하도록 노력합시다.[57]

위에 인용한 「우리는 광부가 아니고 광산근로자」라는 제하의 글을 다룬 대한석탄공사 가정통신문에서 보듯, 정부는 1984년에도 광부의 호칭에 적극적으로 개입했다. 한때는 광부를 '광원'으로 바꿔 부르는 운동도 펼쳤다. 광부의 호칭 개선으로 사기진작을 통해 석탄 증산이라는 효과를 달성하려는 의도를 지닌 것이다. 사회적 위화감

---

57 1984년 4월 대한석탄공사 도계광업소 '급여·임금 지급 봉투' 뒷면의 가정통신문

때문에 광부라는 호칭을 '광원'으로 바꿔 부르다가 그것도 뜻을 이루지 못하자 이번에는 '광산근로자'로 바꿔 이미지 개선을 시도한 것이다. 그러면서도 의무적인 측면을 강조하는 '산업역군'이라는 호칭은 그대로 유지하고 있다. 석탄 증산에 필요한 '산업역군-산업전사'라는 호칭은 그대로 두고 변죽만 두드린 것이다. 탄광이 거의 폐광된 지금에 와서 돌이켜보면 '광산근로자'라는 호칭 변경은 광부의 위상 변화와 아무런 관계도 없다. 다만, 정부가 광부의 호칭을 통해 석탄 생산량에 몰두하고 있었다는 사실만 확인할 수 있을 뿐이다.

따라서 국가권력이 석탄생산과 노동력을 통제하기 위해 광부에게 부여한 의도된 행위라는 점에서 '산업전사'라는 이름으로 희생당한 광부의 한은 국가가 나서서 풀어야 마땅하다. 국가권력이 주입한 '산업전사' 의식화에 의해 희생한 광부에 대한 보상은 순직산업전사, 진폐재해순직산업전사, 그리고 산업전사였던 모든 광부를 위한 성역화 공간 조성, 광부의 삶에 대한 사실적인 기록에서 출발할 수 있다. 2020년부터 태백시의 진폐재해자와 현안대책위원회가 추진하고 있는 '석탄산업전사 예우 특별법 제정'도 국가의 보상 차원에서 요구하는 것이다.

성역화 공간에 포함하는 대상을 설정할 때는 모든 석탄산업전사를 아우를 수 있어야 한다. 광부의 존재는 삶과 죽음의 경계를 따지기 전에 이미 산업전사였기 때문이다. 모든 광부를 산업전사로 칭하며 의식화하거나 예우했듯, 석탄합리화로 산업이 마무리된 이 시점에서는 역사적이고 교육적인 공간이 가능한 성역화를 추진해야 한다.

참전 군인을 대하는 훈령을 보면 순직 군인, 부상 군인(혹은 고엽제), 참전 군인 등에 대한 예우 규정은 각각 다르나 현충원(호국원)

에 모두 안장하는 기회를 주고 있다. 산업전사로 살아온 광부 역시 참전 용사 예우 시행령과 유사한 방식으로 모델을 설정할 수 있다. 퇴직 광부까지 포함하는 한국의 모든 석탄산업전사에 대한 예우를 갖출 때, 태백의 석탄산업전사 성역화 공간은 진정한 광부의 성지로 자리매김할 수 있을 것이다. 한국전쟁과 베트남전의 참전 전사를 동등하게 예우하듯, 석탄산업전사는 파독 광부와 더 나아가 일제강점기의 징용광부까지 포함해야 한다.

남한과 북한의 사상체계는 달라 보였으나, 노동자를 대상으로 국가권력이 취한 방식은 똑같았다. 북한에서 천리마운동을 전개할 때 노동자들에게 일을 빨리하도록 '속도전'을 촉구했다. 남한에서는 석탄증산운동을 전개하면서 광부들에게 '고속굴진'을 촉구했다. 노동자를 착취하는 북한의 혁명 구호와 남한의 혁명 구호가 같았다. 이 구호들은 민중과 노동자를 착취하는 제국주의 구호이자, 독재국가의 구호였다.

> 혁명적 구호를 제시하여 인민 대중의 무궁무진한 힘과 지혜를 최대한으로 발양시킴으로써 혁명과 건설에서 승리를 이룩해 나가는 것은 우리 당의 전통적인 대중 령도 방식이다. 우리 혁명 력사는 혁명적 구호와 더불어 전진하며 승리하여 온 과정이라고 말할 수 있다. 우리 당은 혁명의 매 시기, 매 단계마다 언제나 혁명적 구호를 제시하고 대중을 혁명에 준비시키고 투쟁에로 불러 일으켜 왔다.[58]

---

58 「혁명적 구호로 대중을 불러 일으키는 위대한 령도」, 『로동신문』, 2003년 5월 26일자.

북한의 혁명구호는 사회 역사적 전환기마다 당의 정책에 민감하게 반응하며 새로운 형태로 제시되어 왔다. 평화적 민주 건설 시기(1945.8~1950.6)와 조국 해방 전쟁 시기(1950.6~1953.7), 천리마 운동 시기(1960년대)에는 각각 "토지는 밭갈이하는 농민에게!", "모든 힘을 전쟁의 승리를 위하여!", "천리마를 탄 기세로 달리자!" 등의 구호가 제시되어 시기별 북한의 정책 이념을 뚜렷하게 표출하고 있다. 1990년대 이후에도 북한은 "우리식대로 살아 나가자", "고난의 행군을 낙원의 행군으로 힘차게 이어 나가자" 등의 전투적이고 혁명적인 구호들을 지속적으로 생산한다.[59]

인용문에서 확인되듯 북한에서는 노동자의 노동력을 최대한 끌어내어 국가 발전에 기여하기 위한 전투적이고 혁명적인 구호들을 활용해왔다. 남한에서도 같은 방식으로 구호들이 난무했다. 이는 광업소의 광부, 탄광촌의 주민, 탄광촌 공업계 고등학교의 학생들을 대상으로 한 구호들이었다. "우리는 산업전사 보람에 산다", "우리는 산업역군 보람에 산다", "찬양하자 석탄전사", "증산보국, 증산으로 보국하자", "기술인은 조국 근대화의 기수" 등이 1950~1980년대 내내 남한의 광업소와 광부들의 사택, 공업고등학교에 번지던 구호들이다. 정문에도 붙어있고, 길거리에도 붙어있고, 탑으로 제작되기도 했다. "우리는 산업역군 보람에 산다"는 1980년대 중반 태백시의 시정목표로 제시된 구호이기도 하다.

1980년대 태백시의 「시민헌장」에 등장하는 "우리들은 국민연료

---

59 김종회·고인환·이성천, 『작품으로 읽는 북한문학의 변화와 전망』, 역락, 2007, 137쪽.

인 석탄을 캐는 산업역군으로서의 보람을 다지고 있다", "우리 시민은 천혜의 보고인 풍부한 자원을 개발하는 산업역군으로서 성실히 노력하고 보람에 사는 시민이다"[60]라는 내용 역시 국가권력이 광부들에게 '산업전사-산업역군'의 이데올로기를 심어주는 사례의 하나다. 1986년 태백시의 시정목표에는 "우리는 산업역군 보람에 산다"라는 문구가 핵심으로 등장한다. 중앙의 정부뿐만 아니라 지역의 행정부에서도 산업전사-산업역군 이데올로기 형상화를 통해 석탄 증산 분위기에 가세한 것을 보여주는 증거인 셈이다.

한국전쟁 기간이던 1950년 11월 1일 국영탄광으로서 대한석탄공사를 창립하여 국가 주도로 석탄산업 확대에 나섰다. 광부들은 전쟁 때도 국가의 요구에 따라 석탄을 캤으며, 한국전쟁이 끝난 후에도 국가의 기획에 따라 광부가 되었다. 국가의 필요에 따라 석탄산업을 기획하고 확대해나갔다.

'석탄개발 5개년 계획 및 연료공급 5개년 계획'이 1956년을 기점으로 수립되었다가 이는 '탄전종합개발 10개년 계획'으로 변경되었고, 이는 다시 1959년을 기점으로 한 '석탄 증산 8개년 계획'으로 변경되었다.[61]

1967년 3월에는 법률 제1935호로 「대한광업진흥공사법」을 제정하고 법인을 설립했다.[62]

---

60   태백시 근로청소년복지회관, 『태백문예』 창간호, 1986.
61   석탄산업합리화사업단, 『한국석탄산업사』, 석탄산업합리화사업단, 1990, 61쪽.
62   위의 책, 67쪽.

민간의 수요에 의해 산업이 생겨나고 확대되는 상황과 달리 석탄산업은 국가의 정책 주도로 확대되거나 축소되어왔다. "1962년 6월 12일자 법률 제1089호로「광업개발조성법」을 제정 실시하고 획기적인 개발을 촉진하기 위하여 정부직할기업체로 하여금 광종류별(鑛種類別)로 광업개발에 대한 지도와 조성업무를 담당"[63]한 것 역시 국가가 석탄산업 확대에 나선 법제정이라는 것을 확인할 수 있다. 이러한 정부의 개발 의지에 의해 1965년에는 연간 석탄생산 1천만 톤을 돌파할 수 있었다.

연도별 석탄생산 100만 톤당 사망자[64]

연도	생산량 (천 톤)	100만 톤당 사망자(명)	연도	생산량 (천 톤)	100만 톤당 사망자(명)
1966	11,613	14.9	1978	18,054	85
1967	12,436	13.5	1979	18,208	12.1
1968	10,242	11.6	1960~1970 년대 평균	14,037	13.25
1969	10,272	15.7			
1970	10,394	15.3	1980	18,624	8.5
1971	12,785	13.6	1981	19,866	9.8
1972	12,403	13.4	1982	20,116	8.3
1973	13,571	16.9	1983	19,861	8.3
1974	15,263	14.6	1984	21,370	8.0
1975	17,593	12.6	1985	22,543	8.0
1976	16,427	12.2	1986	24,253	6.9
1977	17,268	10.6	1987	24,273	7.2

---

63   위의 책, 65쪽.
64   위의 책, 439쪽.

연도	생산량 (천 톤)	100만 톤당 사망자(명)
1988	24,295	6.5
1989	20,785	5.3

인용한 도표에서 확인되듯, 1960~1970년대 100만 톤당 해마다 평균 13.25명, 해마다 광부 180여 명이 사망했다. 국가의 석탄산업 확대 기획으로 1965년에는 석탄 1천만 톤 돌파라는 경이적인 기록에 축하가 쏟아졌는데, 그 기록을 위해 140명이 순직해야 했다. 안전시설을 확보하지 않은 채 인력에 의지하는 채탄방식 때문에 석탄생산의 기록은 곧 광부의 순직 기록이기도 하다.

1973년에 일어난 석유파동으로 정부는 에너지 자원의 중요성에 비춰 1977년 12월 16일 법률 제3011호로「정부조직법」(동법 37조의 2)을 개정하고 1978년 1월 1일자로 동력자원부를 신설하고 이제까지 상공부에 소속되어 있던 동력과 지하자원에 관한 업무를 이관함과 동시에 광업자원에 관한 사무를 관장하기 위하여 자원개발국, 석탄국, 석유국, 광산보안담당관실을 두는 외에 광산보안관리관을 배치함으로써 보안감독기구를 확대개편하고 동년 4월에는 황지를 비롯하여 점촌, 대천, 화순 등 산탄 4개 지방에 동력자원부 직속으로 '광산보안출장소'를 사실상 중앙으로 일원화했다.

한편, 광업진흥공사의 광산보안지도업무도 이를 확충하기 위하여 중앙에 광산지도부를 두고 지방에는 태백지구, 점촌지구, 대천지구 및 화순지구에 각 광산보안지도소를 두어 정부에서 위탁된 보안업

무를 담당하고 있다.[65]

상공부에서 동력자원부로 정부 기구를 개편한 것이라든가, 자원개발국이 있는데 별도의 석탄국을 신설한 상황만 보아도 석탄개발은 정부가 주도적인 주체였다는 것을 확인할 수 있다. 석탄국이 존재하던 1970년대는 광부들의 순직이 가장 많던 때이자, 정부의 강요에 따라 석탄 증산이 가장 시급하던 때이기도 하다.

1973년 1월 과학기술처 소속의 국립지질조사소와 통합하여 상공부 소속의 국립지질광물연구소로 개편되는가 하면 1976년 4월에 또다시 과학기술처로 이관하였다가 1976년 5월 10일에 국립지질광물연구소를 폐지하고 '재단법인 자원개발연구소'로 발족, 1978년 1월 정부 개편에 따라 과학기술처에서 동력자원부로 이관 운영케 되었다. 그 후 자원개발연구소는 1978년 3월에 상공부 소속 공업시험원 광업기술부를 흡수 확대하고 법률 제1671호 특정연구기관 육성법에 의한 특정연구기관으로서 본래의 기능을 발휘하게 되었다. 그 후 1981년 2월 동 연구소는 한국종합에너지연구소와 통합하여 한국동력자원연구소로 개칭하고 다시 과학기술처 소속으로 이관되었다. 동 연구소는 석탄관계 연구 분야로서는 석탄자원연구실, 광산보안기술연구실이 있고 자원담당 선임부장 소속으로 '기계화 채탄사업단'을 두고 '탄광 기계화사업'에 많은 기여를 하고 있으며 석탄육성자금의 조성 혜택도 받고 있다.[66]

---

65 위의 책, 72쪽.
66 위의 책, 73쪽.

상공부 지휘를 받던 1970년대 초에도 석탄개발을 위한 '광업연구소'가 있었는데, 이 기구는 동력자원연구소로 통합되어 움직였다. '석탄자원연구실'이라든가 '광산보안기술연구실' 등의 연구기관을 정부가 움직이고 있었다는 것은 석탄개발과 증산에 정부가 심혈을 기울이고 있었다는 방증이기도 하다. 정부가 움직인 산업이기에 그 희생에 대한 책임 역시 정부의 몫이었다.

> 종래의 '석탄 증산 8개년 계획'은 발전적으로 이에 흡수되고 석탄개발촉진에 필요한 법적조치로서 우선 「석탄개발임시조치법」을 제정하고 1961년 12월 31일자 법률 제936호로 공포 실시했다. 「석탄개발임시조치법」은 탄좌를 한 개의 대단위 탄광으로 묶어 종합개발을 할 수 있도록 하기 위한 일종의 탄좌신설 특별법이라 할 수 있다.[67]

'탄좌'라는 명칭은 대규모 탄광만이 가질 수 있도록 정부가 특별하게 부여한 호칭이다. 동원탄좌 사북광업소, 삼척탄좌 정암광업소라는 명칭에서도 그 위상이 드러난다. 지역주민들은 약칭으로 사북광업소라는 명칭 대신에 '동탄', 정암광업소라는 명칭 대신에 '삼탄'이라고 불렀다. 석탄공사의 산하광업소가 지역 내에서 광업소라는 명칭 대신에 '석공'이라고 불리듯, 사북광업소와 정암광업소 종사자나 주민들 역시 '탄좌'라는 호칭을 자랑스럽게 사용했다. 보통 작은 광업소는 '○○탄광'이나 '○○산업', '○○건업' 등으로 불렸고, 대규모 광업소는 '○○광업소'라고 업체명을 붙였다.

국영기업인 대한석탄공사가 왕족이라면, 탄좌는 귀족의 특권

---

67   위의 책, 63쪽.

을 지녔다. 그것은 곧, 대한석탄공사와 탄좌를 한국 정부가 주도적으로 양성했다는 것을 의미한다. 정부는 1963년 연간 30만 톤 이상 생산할 수 있는 규모의 광구를 통합하여 대단위 탄좌를 설정했다. 상공부 산하에 '석탄개발위원회'를 설치하여 탄좌 지정이나 개발 계획 등을 심의했다. 탄좌에는 시설투자액 75%를 장기 저금리로 융자하는 특권이라든가, 철도를 비롯한 송배전 시설과 운탄도로 개통, 산업도로 등의 기반시설까지 정부가 모두 지원했다.[68] 예미-정선 간의 철도와 충남 남포선 등의 철도 개설 등도 탄좌의 석탄수송을 위한 시설이었다. 정부의 강력한 지원책에도 불구하고 6개 지정 탄좌 중에서 성공한 것은 동원탄좌(사북읍 사북광업소)·삼척탄좌(고한읍 정암광업소)·대성탄좌(문경시 문경광업소)의 3개소 정도였다. 석탄산업이 얼마나 힘든 영역인지를 말하는 것이기도 하다. 또, 성공한 3개 탄좌의 화려한 수사 이면에는 광부들의 순직과 희생이 있었다는 것을 정부가 외면해서는 안 된다.

1958년(단기 4291) 강원탄광 종사자(김만홍)가 받은 대통령 훈장의 '근로포장증'에는 "근로보국의 행적"이라고 명확하게 기록하고 있다. 국가가 '모범산업전사' 시상식을 한 것이라든가, 국가가 제작한 「대한뉴스」에 산업전사와 광부를 대대적으로 보도한 일 등은 국가가 산업전사를 기획한 것임을 입증하고 있다.

일제강점기의 '근로보국'이라든가 '산업전사'라는 호칭을 한국 정부가 해방 이후에도 계속 끌어 쓰면서 광부들을 의식화했다. 정부가 석탄개발 계획을 세워 산업을 육성하고, 광부를 끌어들였으며, '애국'이라는 이름으로 광부들의 희생을 강요했다. 공직자가 순직하면

---

68 대한석탄공사, 『대한석탄공사 50년사』, 대한석탄공사, 2001, 77쪽.

'근로보국'이라는 단어를 새긴 근로포장증. 대통령상(1958)

예우를 다하듯, 국가의 기획에 의해 순직한 광부들을 외면하지 말아야 한다. '죽음의 막장 현장'인 것을 알면서도 석탄개발에 나섰던 산업전사, 탄광 대부분이 문을 닫은 이제는 제대로 예우할 방도를 찾아야 할 때다.

4. 석탄산업전사의 현실: 진폐재해자의 사례

김선자[69] 가족은 3대에 걸쳐 4명이 광부로 살았다. 이 지점은 탄광촌의 비극이자, 광부 가족의 비극이 심화한 고통이기도 하다. 생계를 책임지던 가족이 탄광에서 순직하자, 남은 가족 중의 한 명이 다시 탄광으로 들어가야 했다. 탄광은 재해가 빈번한 현장이므로 죽을 자리를 알면서도 들어가는 것이다. 이런 비장한 선택 이면에는 순직 광부에 대한 적절한 보상책이 마련되지 않은 제도적 문제가 있다. 광부의 목숨값은 '산업전사'라거나 '증산보국' 같은 애국 논리에 묻혀 흔한 사고 중의 하나로 치부되었다. 1년에 200명의 광부가 순직하는 사고이다 보니 탄광 내에서는 흔한 사고로 용인되었고, 탄광 바깥에서는 '산업전사'의 당연한 희생으로 치부되었다. 순직산업전사의 현실적 보상을 두고 유족 몇몇이 탄광 사무실에 찾아가 악을 쓰면서 울다가 지쳐 나오는 게 전부였다. 유족보상금만 적절했더라도 가족이 죽은 탄광을 향해 제 발로 걸어 들어가지는 않았을 것이다.

김선자의 사위(박홍식, 홍전갱 채탄)는 30년 넘게 도계광업소에 재직했다. '아버지-딸-사위'로 이어지는 광부 3대 집안은 대를 이어 광부 직업병을 앓고 있다. 광부의 딸이던 김선자는 진폐재해자가 되었고, 그녀의 사위는 광부 직업병의 하나인 COPD(만성폐쇄성폐질환) 3급 판정을 받았다. 3급·7급·11급 3종류가 있는데, 가장 등급이

---

69   김선자(선탄부), 2021년 7월 22일, 도계 중앙진폐재활협회 사무실에서 면담

경동 상덕광업소 선탄 장면(1990년대, 출처: 이희탁)

높은 3급을 받았을 정도로 장해 정도가 심하다.

김선자는 1969년 도계광업소에 입적했다. 탄광촌에서는 광업소 취직 혹은 입사라는 말 대신에 '입적'이라는 단어를 썼다. 수도승이 열반에 들어가서 죽는 것을 '입적(入寂)'이라고 하는데, 탄광에 입적(入籍)하는 것 역시 광부들이 죽으러 가는 길이었다.

김선자는 1995년 55세 정년을 맞아 퇴직하기까지 26년간 여자 광부로 일했다. 여자 광부로 불리는 선탄부의 상당수는 남편을 탄광에서 잃었다. 국가는 산업전사 유가족이 산업전사가 되는 악순환의 비극을 기억해야 한다. 김선자는 29세 때 남편을 잃었다. 그녀는 광부이던 남편이 퇴근 후 술을 많이 마신 탓에 병을 얻어 일찍 세상을 떴다고 말한다. 탄광 광부는 고된 노동의 피로를 풀고 탄가루를 씻어내기 위해 막걸리 같은 술을 많이 마셨다. 남편을 잃은 그녀는 가정

김선자(우측), 홍영식(좌측)

의 경제를 책임지는 가장의 역할을 맡았다. 18세 때 첫딸을 낳아 5남매를 키우던 그녀는 도계광업소 선탄부로 들어갔다. 당시 아버지는 도계광업소 궤도반장으로 근무하고 있던 터라 취직할 때 그 '빽'도 도움이 되었다고 한다. 순직 광부 가족이 아니면서도 선탄부로 들어갔으니 입적을 위한 뒷배경이 작용했다는 것이다. 여성 일자리가 없는 탄광촌이다 보니 선탄부로 취직하기를 희망하는 이들이 많았다. 그래서 순직 광부 유가족에게 취업 우선 혜택을 준 것이다.

광업소 측에서는 탄광에서 재해가 발생하면 가족의 취업 혜택을 마련하기 위해 규정으로 우선권 조항을 두기도 한다. 1980년대 동원탄좌 사북광업소의 단체협약 제3장 19조를 보면 "회사는 종업원을 채용함에 있어 지원자 중에 순직자, 정년퇴직자, 일시 보상퇴직자의 자제가 있을 때는 동일조건 하에서는 이를 우선 채용한다"라는 조항을 명시하고 있다. 대를 잇는 탄광 입사를 일종의 특혜로 여기는 것은 광부 가족의 열악한 경제 실정을 반영한다.[70] 선탄부든, 채탄부 광부든 탄광에 우선 취직시켜준다는 조건은 유족과 보상금 협상을 유리하게 하는 조건일 뿐이다. 결국 광부 유가족 중의 한 명마저 광부가 되어 또다시 순직하거나 진폐증을 앓는 등 가족의 삶은 더 열악해지는 악순환의 결과를 낳고 만다.

김선자는 남편을 탄광에서 잃지 않고 선탄부가 된 드문 사례에 해당한다. 면담 자리에 함께 있던 홍영식(진폐 9급, 도계광업소 채탄부로 시작해 채탄반장으로 퇴직)[71]은 "당신, 아버지 특혜 봤네"라고 얘기하는데, 김 씨는 "덕을 봤다"며 동의했다. '빽을 써서', '아버지 덕을 봐서' 광업소에 입사하여 선탄부가 되었다는 그녀의 삶을 짚어 보면, 탄광노동자의 삶 자체가 고통이었다고 한다. 그녀의 이야기를 들어보자.

점리항(점리갱)에서 처음 근무할 땐 방진마스크도 없이 천으로 감싸고 일했어요. 선탄 할 때 탄 먼지를 제일 많이 먹어요. 점심시간이 되면, 1시간 벨트 작동을 세워놓고 컨베이어벨트 옆에서 밥을 먹었어요. 선탄을 할 때는 크래셔로 돌이 못 들어가게 해야 해요.

선탄 일을 하다 보면 틴푸라[티플러(Tippler)][72]에서 구루마(탄

<hr>

70   정연수, 「사북읍 탄광촌 주민들의 삶과 문화」, 『정선 탄광촌 주민들의 삶을 담은 문화』, 정선문화원, 2019, 163쪽.

71   홍영식의 삶에 대해서는 정연수, 『탄광촌 도계의 산업문화사』, 삼척시립박물관, 2020, 245-246쪽 참조.

72   탄광에서는 티플러(Tippler)를 주로 '틴푸라'라고 발음했다. 티플러: 광차를 비우는 장치로 광부들의 발음에 따라 찐뿌라, 틴푸라, 티푸라, 틴플러 등으로 발음했다(탄

도계광업소의 티플러 작업. 선탄장에 나온 폐석을 폐석장으로 옮기는 과정(2021)

티플러로 들어가는 경석을 실은 광차(2021)

광용어는 정연수, 『노보리와 동발: 탄광민속문화 보고서』, 북코리아, 2017, 313-343쪽

178

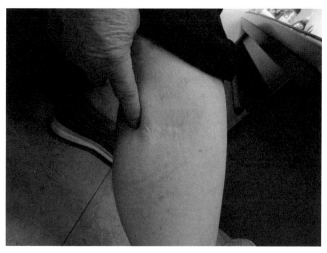

선탄부 일을 하던 중 티플러에서 재해를 당하고도 공상 처리를 받지 못하고 계속 노동해야 했던 김선자의 종아리 흉터. 당시의 종아리 상처는 퇴직 26년이 지났어도 선명하게 남아 있다(2021년 사진).

차)[73]가 밀려 나와야 하는데, 그걸 미는 사람이 안 나오면 선탄부가 보조한다고 거기로 가서 밀어주곤 했어요. 1970년대 중반 무렵, 흥전항 (흥전갱)에서 일을 할 때였어요. 틴푸라에 구루마를 밀고 들어가다가 나는 다리를 심하게 다쳤어요. 운반 일을 하는 사람(남자 탄광노동자)과 같이 밀고 가는 중이었는데, 구루마에 끼면서 그 사람은 다리가 끊어져나갔어요. 나는 틴푸라에 다리가 끼였는데, 그때 크게 다쳤어요. 그런데 뼈가 탈이 안 났다고 공상(업무상 재해를 당한 산재환자)[74]을

참조).

73 예전 광부들은 석탄이나 경석을 싣는 '광차', '탄차'를 '구루마'라고 표현했다(탄광용어는 정연수, 『노보리와 동발: 탄광민속문화 보고서』, 북코리아, 2017, 313-343쪽 참조).

74 탄광용어는 정연수, 『노보리와 동발: 탄광민속문화 보고서』, 북코리아, 2017, 313-343쪽 참조.

산,업재해보상보험

합병증 등 예방관리 결정통지서

대상자 (근로자)	성 명	김⬤		주민등록번호	40⬤⬤••••••
	재 해 일	1994-02-14		치 유 일	2007-04-13
	발 급 번 호	212020⬤		장 해 등 급	13급12호
	예방관리증상	진폐증에 따른 후유증상(70201)			
	유 효 기 간	2013.06.18~2015.06.17			

결 정 사 항

구 분	의료기관코드	의료기관명	소 재 지	전화번호
☐ 최초결정				
☑ 재 결 정	1-014912	근로복지공단 동해산	강원 동해시 평릉동 산재의료관리원동	033-530-⬤
변경 ☐ 전				
☐ 후				
통지사항				

위와 같이 결정하여 통지합니다.

2013 년 06 월 12 일

근로복지공단 **태백** **지역본부(지사)장** (직인생략)

진폐 등급 판정을 인정하는 '합병증 등 예방관리 결정통지서'

안 내주네요. 석공병원(도계주민들은 도계광업소의원을 '석공병원'이라고 부름)에서 종아리를 8바늘이나 꿰맬 정도로 크게 다쳤는데, 공상도 못 내고 고생 많이 했지요. 틴푸라에 다쳐 아파서 쉬고 있는데, 일을 안 나온다고 얼마나 다그치는지요. 공상도 안 주고, 출근하라고 다그치기만 하니 지금 생각해도 욕이 나와요. 그 개새끼요. 지금도 흉터가 크게 남아있는데, 지금도 여전히 아파요. (바지를 걷어 흉터를 보여준다.)

어느 날 하루는 머리가 틴푸라에 끼면서 크게 다쳤어요. 죽을 고비를 두 번이나 넘겼네요. 흥전항 선탄장에서는 한 가다(근무조)[75]에

---

75 갑방·을방·병방 3교대로 나누어진 작업 조(組). 갑방 근무를 '갑방 가다'라고 불렀다. 일본어 가타(かた: 동료·한패·담당을 의미함)에서 나온 듯하다(탄광용어는 정연수, 『노보리와 동발: 탄광민속문화 보고서』, 북코리아, 2017, 313-343쪽 참조).

서 10명이 일했어요. 선탄장 규모에 따라 일하는 사람은 7~10명으로 달랐어요. 내가 일하던 흥전항 선탄장에서는 선탄부가 2명이나 틴푸라(티플러)에 찡겨(끼여서) 죽었어요. 나와 같은 가다(근무조)는 아니고 다른 가다 사람인데, 그 얘기를 듣고 놀라자빠졌지요. 사람은 죽어나가도 그 현장에서 선탄 일은 계속했어요. (김선자)

김선자는 26년을 근무하고 1995년 정년을 맞아 퇴직했는데, 전년도인 1994년 2월 14일 진폐 판정을 받았다. 「산업재해보상보험: 합병증 등 예방관리 결정통지서」에 '장해등급: 13급 12호'라고 기록한 판정문을 받았다. 광부에게 불치의 직업병으로 알려진 진폐재해자가 된 것이다. 그녀는 진폐 판정을 받고도 1년을 더 근무했다. 선탄부로 살 수밖에 없었던 26년 탄광노동자 삶의 끝에 불치병인 진폐증이 무슨 악마를 닮은 복병처럼 기다리고 있었다. 퇴직한 후에는 노후를 즐기는 것이 아니라 병마와 싸워야 하는 것이 산업전사 광부의 운명이었다. 도계에서 김선자와 인터뷰를 마치고 돌아오는 길에 가래 섞인 그녀의 목소리가 귓가에서 계속 떠나질 않는다. 걸을 때마다 숨이 찬다는 그녀의 목소리가 지금도 계속 그렁그렁, 그렁거리고 있다.

진폐증 때문에 가만히 있으면 덜한데, 걸을 때는 숨이 차서 잘 못 걸어요. 가까운 곳도 택시를 타고 다녀요.(김선자)

181

3부

석탄산업전사 예우 특별법 제정의 필요성

1. 죽어서야 나가는 막장, 죽어서도 떠도는 영혼

"에라, 까짓 안 되면 탄광에나 가지!"라고 체념하면서 내뱉던 유행어는 마지막에 선택하는 탄광노동이라는 직종의 열악한 실상을 대변한다. 광부들이 자조하듯 내뱉는 '막장 인생'이라는 말 역시 노동 현실을 반영한다. '막장 인생'이라는 용어는 광부의 작업현장이라는 의미 외에도 삶과 죽음의 경계선에서 채굴하는 열악한 작업환경을 내포하고 있다. 1970년대는 1년에 평균 200명의 광부가 목숨을 잃는 탄광 막장이었다. 갱내에서 사고가 발생하면 같은 막장에서 일하던 광부들이 동시에 생명을 잃기 때문에 '한 막장은 한 제삿날'이라고 불렀다.

연도별 탄광 종사원 및 탄광재해[1]   (단위: 명)

연도	탄광 수	탄광종업원 (관리직 포함)	사망	중상	경상	계
1964			115	419	2,106	2,730
1965		32,584	120	904	3,695	4,719
1967			168	1,696	4,910	6,774
1968			119	1,643	4,620	6,382

---

1   『석탄통계연보』, 동력자원부 석탄산업합리화사업단, 1989, 152, 182쪽; 『석탄통계연보』, 통상산업부 석탄산업합리화사업단, 1995, 192, 216-217쪽; 『2006년도 석탄통계연보』, 산업자원부 광해방지사업단, 2006, 142쪽; 『한국광업백년사』, 한국광업협회, 2012, 598쪽; 『탄광조합20년사』, 대한석탄협동조합, 1985, 103쪽.

연도	탄광 수	탄광종업원 (관리직 포함)	사망	중상	경상	계
1969			161	1,644	4,084	5,889
1970		37,499	189	2,176	3,828	6,193
1971		39,478	174	1,708	4,277	6,159
1972	136	37,408	166	1,518	3,845	5,529
1973	160	34,573	229	1,417	2,755	4.401
1974	189	42,573	223	1,596	3,082	4,901
1975	239	45,642	222	1,759	3,716	5,697
1976	226	46,095	201	1,730	3,283	5,214
1977	191	48,779	183	1,605	3,305	5,093
1978	173	51,631	153	1,817	2,832	4,802
1979	201	53,098	221	2,270	2,873	5,364
1980	196	56,173	158	2,421	3,306	5,885
1981	219	60,302	194	2,599	3,364	6,157
1982	349	62,310	167	2,348	2,898	5,413
1983	346	59,293	164	2,281	2,621	5,066
1984	347	63,618	170	2,344	3,035	5,549
1985	361	67,136	181	2,418	3,326	5,925
1986	361	68,861	167	2,648	3,367	6,182
1987	363	68,491	174	2,583	3,152	5,909
1988	347	62,259	159	2,581	2,956	5,696
1989	332	47,934	111	2,218	2,624	4,953
1990	215	38,101	108	1,878	1,787	3,773
1991	270	32,561	74	1,545	1,224	2,843
1992	115	26,021	74	984	858	1,916
1993	70	19,461	57	557	717	1,331
1994	45	14,925	46	426	314	786

사망사고 비중이 가장 컸던 때는 1973년이며, 탄광노동자 3만 4,573명 중 229명이 사망했다. 경상을 포함하여 재해자 수가 가장 많았던 때는 1967년의 6,774명이다. 탄광 숫자도 제일 많고 광부 수도 제일 많은 1987년에는 탄광 363개소에 6만 8,491명이 종사하고 있었으며 사망자는 174명이다. 국가의 산업발전을 위한 석탄 증산 정책이 무리하게 이어지면서 한국의 탄광은 외국의 탄광 광부들의 20배가 넘는 사망재해율을 보이고 있다. 한국인 파독 광부가 노동하던 서독이나 미국에 비하면 한국의 광부는 40배 넘게 사망한다. 미국에서는 광부의 날이라는 국가기념일을 지정하여 예우하고 있으니, 한국 정부는 미국의 40배 수준으로 한국의 광부를 예우해야 한다는 수치이기도 하다.

주요국의 석탄광 개발 현황[2]

구분		일본 (1983)	서독 (1983)	영국 (1983)	미국 (1983)	한국 (1985)
석탄 부존	매장량 (백만 톤)	8,479	230,300	189,000	695,828	1,635
	탄종	유·무연탄	유·무연탄	유·무연탄	유·무연탄	무연탄
	평균 탄폭(m)	2	3	2.5	3.5	1.3

---

2   한국석탄장학회, 『한국석탄장학회사』, 한국석탄장학회, 1987, 61쪽.

구분		일본 (1983)	서독 (1983)	영국 (1983)	미국 (1983)	한국 (1985)
가행 현황	연 생산 (천 톤)	17,000	89,300	116,200	802,000	22,100
	탄광당 연간 생산(천 톤)	589	2,185	474	123	64
	개갱계수 (m/100톤)	0.8	0.2	0.2	0.4	2.6
	종업원	28.850	110.700	234.900	225.000	61.182
	광산 수	29	41	223	6.500	361
	기계화율(%)	76	99	94	99	32
	생산성(OMS)	3.7	4.1	3.5	16.1	1.2
사망 재해(백만 톤당)		0.9	0.2	0.4	0.2	8.0

위의 도표는 몇 가지 의미심장한 광부의 상황을 말해준다. 다른 나라 탄광보다 탄폭이 절반 이하로 좁은 열악한 공간에서 석탄을 채굴하며, 다른 나라의 광부보다 10~40배 많은 사망재해를 안고 살았다는 것이다. 서독의 광부가 백만 톤당 석탄을 생산할 때 0.2명이 사망했다면, 한국의 광부는 40배에 달하는 8명이 목숨을 잃었다. 그동안 한국의 광부를 두고 온몸으로 석탄을 캔다고 했는데, 실은 온몸이 아니라 목숨으로 석탄을 캤다는 사례를 위의 도표가 증명하고 있다.

탄광 막장은 작업환경이 열악하고, 노동 강도가 높은 까닭에 재해가 잦았다. 1980년대 전체 산업노동자 600만 명 중 탄광노동자의 비율은 1.5% 이하였지만, 사망이재자 비율은 전체 산업 대비 평균 14%에 이르렀다. 이는 탄광재해율이 일반노동자에 비해 10배 가까이 높다는 것을 보여준다. 1960~1980년대에 유행하던 '선생산, 후안전'이라는 탄광 유행어가 반영하듯, 안전시설 확충이나 안전작업보다는 석탄 증산에 더 몰두하고 있었다. 탄광의 사고는 안전시설과 생

188

산에 쫓겨 발생하는 경우가 더 많은 것을 마치 전쟁터에서 전사한 군
인처럼 애국으로 포장하려 들었다. 산업전사의 호칭 뒤에는 증산보
국을 위한 희생제물의 강요가 담겨 있다.

광업 대 전산업 사망이재자 재해 비교[3]   (단위: 명)

연도	광업(괄호 안은 탄광)	전산업	점유율(%)
1980	187(158)	1,273	14.7
1981	226(194)	1,295	17.5
1982	199(167)	1,230	16.2
1983	190(164)	1,452	13.1
1984	193(170)	1,667	11.6
평균	199(170)	1,383	14.4

도계지역에 세운 석탄산업전사 안녕 기원비

---

3   「1985년 광산재해 상황」, 동력자원부.

삼척시 도계읍에는 '석탄산업전사 안녕 기원비'가 세워져 있고, 지역주민이 영등제를 올려 재해예방을 기원하며, 도계광업소 차원에서는 정월 보름 새벽마다 별도의 안전기원제를 지낸다. 광업소 단위의 안전기원제뿐만 아니라 정월 보름 이후에 별도의 날을 잡아서 동덕갱·도계갱·흥전갱·나한갱 등 생산부에서 각각 갱장이 주관하여 갱 단위의 안전기원제를 진행한다. 또한, 대한석탄공사 본사 차원에서도 안전기원제를 지내는데, 장성광업소가 주관하여 1월 중순 태백산 천제단에 올라 '안전기원제'를 지냈다.[4] '석탄공사 본사의 안전기원제-소속 광업소의 안전기원제-갱 단위의 안전기원제'라는 3단계의 안전기원제를 각각 지내야 할 만큼 광부들에게는 많은 재해가 일어난다.

1989년 11월 6일 오후 5시 20분부터 9시 30분까지 함백산 기슭에 있는 사당과 회사 사무실에서 갑·을직 사원이 참석한 가운데 회사의 안전을 비는 고사제가 있었다. 회사 전 가족은 한마음 한뜻이 되어 이날의 행사를 지켜보면서 회사의 안전과 발전을 비는 마음 간절하다.[5]

지난 6월 16일 새벽 6시부터 7시까지 A선탄장 뒤 산신당에서 회사의 발전과 무사안전을 기원하는 당고제를 지냈다.[6]

---

4   2019년은 1월 12일, 2020년은 1월 18일에 대한석탄공사가 태백산에서 안전기원제를 지냈다.
5   『함태소식』 제2호, 함태광업소, 1990. 1, 19쪽.
6   『함태소식』 제8호, 함태광업소, 1991. 8, 14쪽.

산신제와 당고제도 광부의 안전을 기원하는 제례다. 함태광업소의 소식지에는 산신제와 당고제가 주요 동정으로 등장한다. 함태광업소는 가을 산신제와 단오 때 산신당 당고제를 지내 광부의 안전과 회사 발전을 기원했다. 무사안전을 기원하는 제례의식이 많다는 것은 그만큼 탄광사고가 잦다는 것을 의미한다.

　　　* 탄광촌의 금기들

출근하기 전에 여자가 방문하지 않는다

남편의 광업소 출근 전에는 남의 집에 가지 않는다

출근하는 앞길을 여자가 가로지르지 않는다

(출근하려고) 집을 떠날 때는 뒤를 돌아보지 않는다

광부의 통근버스에 여자가 얼씬거리면 재수가 없다

남편이 출근하기 전에는 연탄불을 빌려주지 않는다

(남편이 출근했을 때) 남편의 신발은 방안을 향하여 둔다

출근하기 전에 여자가 그릇(접시)을 깨면 재수가 없다

출근할 때 여자가 울면 재수가 없다

부부싸움 후에 갱내에 들어가지 않는다

새 갱구를 파기 전에는 고사부터 먼저 지내야 한다

갱내에서는 휘파람을 불지 않는다

갱내에서는 노래를 부르지 않는다

갱내에서는 남에게 작업 도구를 빌려주지 않는다

갱내에서는 담배를 피우지 않는다

여자는 탄광 굴속에 들어가지 않는다

갱내에서는 죽음과 관련된 단어를 입 밖으로 꺼내지 않는다

남의 안전모를 타 넘지 않는다

갱내에서는 쥐를 잡지 않는다

도시락 보자기는 파란색과 붉은색 외에는 사용하지 않는다

방송이 나오지 않는 날은 (아이들도) 경거망동하지 않는다

광부가 돼지고기를 먹지 않으면 규폐에 걸린다

새댁이 연탄불을 꺼트리면 집안이 망한다

　　　– 정연수, 「탄광촌 금기어·금기행위 연구」

　　탄광촌에는 여성을 억압하는 금기가 많고, 광부의 심리적 안정을 요구하는 금기도 많았다. 여자가 남자의 앞길을 가로질러 걷지 못하고, 출근한 남편의 신발을 방안을 향해 돌려놓거나, 갱내에서는 휘파람을 불지 않는 등의 금기행위는 탄광촌 공동체를 이루는 속신이기도 하다. 과거 산업화 발달과정에서 다른 도시에서는 금기가 사라지는 추세 속에서도 탄광촌은 새로운 금기와 금기 행위가 만들어지고 공고해졌다. 이는 바깥 사회와 단절된 지리적 폐쇄성과 석탄산업이라는 단일 업종으로 이뤄진 사회공동체의 영향이기도 하다. 탄광촌의 금기는 안전시설이 미비하던 탄광 작업의 문제를 광부 개인의 심리적인 문제로 돌리는 기제로 작동하기도 했다.[7]

　　광부들은 탄광 막장에서 사람이 죽어나가면 꺼림칙하게 여겼다. 사람이 죽었어도 혼은 막장에 머물러 있다고 믿었다. 그래서 사람이 죽어나간 막장을 다시 열 때는 망자의 혼부터 내보내야 한다고 여겼다. 광부들은 사람이 죽은 막장에 처음 들어갈 때는 섬뜩한 기분도 없앨 겸, 죽은 동료 광부의 혼도 달랠 겸하여 진혼의식을 치른다. 망

7　　정연수, 「탄광촌 금기어·금기행위 연구」, 『노보리와 동발』, 북코리아, 2017, 15-79쪽 참조.

자의 영혼을 위로하는 의식이라기보다는 혼이 막장에 머물지 않고
갱구 밖으로 나가도록 유도하는 측면이 더 강한 의식이다. 이러한 진
혼의식은 동료 광부들이 막장까지 노보리를 올라가거나 내려갈 때
행해진다. 작업 장비인 곡괭이로 슈트(캐낸 탄을 광차까지 내려가도
록 만들어놓은 철판. 일명 '도라후')를 두드리면서 「광부 진혼가」를
부르는 것이다. 다음은 각 막장에서 불리던 의식요 「광부 진혼가」다.

① 휘휘/나가라/○○○아/우리는 일해야 한다/나가라/휘휘.
② 휘휘/나가시오/이제 ○○○는 나가시오/우리는 발파를 한다오/나
　가시오/휘휘.
③ ○○○는 나가시오/우리가 일해야 하니 나가시오.
④ ○○○아!/나가자/함께 나가자.
　　– 「광부 진혼가」[8]

위 ①, ②, ③은 막장 노보리를 올라가면서 작업 시작 전에 행하
는 의식이며, ④는 함께 퇴근하는 것처럼 설득하여 데려나가기 위
해 퇴근길에 행하는 의식으로 삼척시 도계읍과 태백시 지역의 광업
소에서 이뤄진 진혼의식이다. 막장마다, 광업소마다 혼을 달래거나
쫓는 풍속이 달랐다. 곡괭이로 슈트를 두드리는 것이 일반적인 의식
이지만, 다이너마이트로 공발파하는 경우도 있다. 태백시 소재 황지
광업소에서는 빈 화약으로 공발파하는 의식이 잦았다. 공발파는 파
괴력 없이 공포탄처럼 소리만 나도록 다이너마이트를 터뜨리는 것
을 말한다. 공발파하면 혼백이 놀라서 막장을 나간다고 믿었다. 슈트

8　정연수, 『노보리와 동발: 탄광민속문화 보고서』, 북코리아, 2017, 146-148쪽.

를 두드릴 때마다 쇠끼리 맞부딪치는 금속성이 막장을 쩌렁쩌렁 울렸는데, 다이너마이트를 터뜨리면 그 소리가 더 커 놀란 혼백이 쉽게 나간다고 여긴 것이다. 사북의 진혼의식도 인근 탄광 지역과 비슷했다.

○○○ 빨리 나가라.

굴 무너진다!

②

굴 무너진다

○○○ 빨리 나가라!

　　　－「광부 진혼가」[9]

위에 인용한 ①과 ②는 사북 동원탄좌 협력업체 광부가 부른 진혼의식이다. 사북지역의 「진혼가」 역시 태백이나 삼척 도계지역과 비슷하다는 것을 확인할 수 있다. 위의 내용을 밝힌 이도현은 굴진부로 일하는 동안 4번 사고를 겪는 도중에 동료 5명이 사망하는 참담한 일을 겪었다. 동료가 죽은 막장에 들어가 처음 일할 때마다 망자를 보내는 의식을 치렀다. 그 의식과정은 발파와 진혼가를 부르는 소리였다. 발파를 3번 하면서 빨리 나가라고 소리를 지른다. 죽은 사람의 이름을 부르면서 "○○○ 빨리 나가라. 굴 무너진다!" 혹은 "굴

9　제보자: 이도현(2019년 면담 기준 64세, 사북7리, 동원탄좌 협력업체에서 반타, 굴진, 보갱 등 18년. 2019년 7월 30일 면담)

무너진다, ○○○ 빨리 나가라!"라는 소리를 세 번 질러대는 것이다. 이름 앞에 죽은 사람을 높여 부르는 '고(故)'라는 어휘도 붙이지 않고, 뒤에도 '씨(氏)'라는 호칭을 붙이지 않는다. 망자를 부르는 의식에서 '고(故) ○○○' 같은 관형사를 붙이지 않고 그냥 큰소리로 이름을 호명하는 것은 광부들이 갱내 노동 자체가 죽음의 작업에 동참하는 '죽은 자와의 동지'라는 의식에서 비롯되었을 것이다.

"○○○ 빨리 나가라. 굴 무너진다!"라고 세 번 소리를 지르는 역할은 화약에 불을 붙이는 사람이 맡는 편이다. 화약에 불붙이는 담당은 정해진 것이 아니어서 선산부가 할 때도 있고 후산부가 할 때도 있다고 이도현은 설명한다. 화약에 불을 붙일 때는 착암기 구멍도 뚫지 않는다. 그 대신 사람이 죽은 자리에 화약을 놓는 원칙을 지킨다고 한다. 소리를 세 번 지르는 것처럼 화약도 세 번 터뜨린다. 약(광부들은 화약을 '약'이라고 부름)을 3개 재워서 세 번 '빵 빵 빵' 소리가 나게 터뜨린다. 심지로 할 때는 1m짜리, 전기발파를 할 때는 20m짜리를 쓴다.

진혼가를 부르는 것은 막장에서 원통하게 죽은 동료 광부의 혼백을 달래는 한편 죽은 동료가 막장에 남긴 혼백 때문에 겪는 섬뜩한 두려움을 막기 위해 혼을 내쫓는 의식이다. 죽은 망령에 대한 두려움은 곧 자신이 언제 이 막장에서 똑같이 죽게 될지 모른다는 공포에서 비롯된다. 광부들은 슈트 두들기는 소리를 내어 망자의 혼을 내쫓는 의식을 통해 공포에서 벗어나고자 했다. 망자의 혼을 내쫓는 의식은 공포를 극복하려는 또 다른 의지인 셈이다.[10]

---

10   정연수, 『노보리와 동발: 탄광민속문화 보고서』, 북코리아, 2017, 148쪽.

2. 순직 광부 추모제와 산업전사 위령탑

탄광촌은 농촌·어촌과 더불어 한국의 가장 대표적인 산업공동체 사회를 상징한다. 남북한을 통틀어 탄광촌 역사는 100년 내외에 불과하지만, 산업근대화에 기여한 공로는 농촌이나 어촌을 앞선다. 한 국가의 산업 시대를 대표하던 탄광촌이 모두 와해한 실정이고 보면 역사교육적 측면에서라도 대표적 지역을 선정하여 성지화하고 기릴 필요가 있다. 남한의 전체 석탄매장량의 75%가 강원도에 존재하는 것처럼 우리나라 대표적 탄광촌 역시 강원도에 집중되어 있다. 그중에서도 대표적인 도시가 태백시다.

대한민국의 발전을 '한강의 기적'이라고 칭하는데, 이는 태백지역과 인연이 깊다. 한강이 태백의 검룡소에서 발원하듯, 한국의 산업발전 원동력 역시 태백의 석탄산업을 통해 가능했다. 태백시의 석탄매장량이나 생산량은 한국 최대 규모였기 때문이다. 1936년 남한지역 최대 규모의 삼척탄광(현재 태백시의 장성광업소와 삼척시의 도계광업소)이 개발되면서 삼척탄전·태백탄전이 한국의 석탄산업을 주도했다. 국내 탄전별 부존 상황을 보면 가장 많은 광량을 보유한 삼척탄전의 가채율이 가장 양호하고 문경탄전·강릉탄전·보은탄전이 뒤를 잇는다. 1970년대 중반 삼척탄전(도계광업소와 장성광업소)의 석탄 총 매장량은 4억 6천만 톤으로 전국의 30.2%, 가채량은 2억

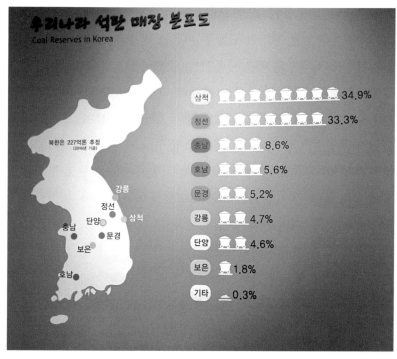

우리나라 석탄 매장 분포도
Coal Reserves in Korea

북한은 227억톤 추정
(2016년 기준)

삼척	34.9%
정선	33.3%
충남	8.6%
호남	5.6%
문경	5.2%
강릉	4.7%
단양	4.6%
보은	1.8%
기타	0.3%

강릉
정선   삼척
단양
충남   문경
보은
호남

문경석탄박물관이 전시한 '우리나라 석탄 매장 분포도'. 삼척탄전에 묶여 있어 '태백'이라는 이름은 언급조차 되지 않는다. 태백의 이름 찾기, 광도 태백의 대표성 찾기 홍보활동도 강화해야 한다.

6,400만 톤으로 전국의 40.5%를 차지할 정도로 독보적이다.[11]

　한국의 대표적인 탄광촌으로 태백시·삼척시·정선군·영월군·문경시·보령시·화순군 등 7개 시·군을 꼽는다. 더하여, 강릉시 강동면과 옥계면도 대표적 탄광촌으로 추가할 수 있다. 그중에서도 태백시는 탄광촌의 대표성과 상징성을 두루 지니고 있다. 다른

11　정연수, 「탄광의 생산활동」, 『탄광촌 사람들의 삶과 문화』, 삼척시립박물관, 2005, 156쪽.

시·군은 몇 개의 읍이나 면으로 일부 지역만 탄광촌을 구성하고 있는데, 태백시는 전 지역이 탄광촌 마을로 구성돼 있다. 장성지역의 장성광업소와 하청업체인 서울건업, 동점·철암지역의 강원탄광과 장성광업소 철암갱, 황지 소도지역의 함태탄광, 화전·추전지역의 황지광업소, 통리지역의 한보광업소 등 대규모 탄광이 도시 전역에 들어서 있다.[12] 그 사이사이에 군소 탄광 수십 개가 자리를 틀고 있다. 광업소의 규모, 석탄 생산량, 광부 숫자 등에서도 다른 탄광도시가 넘볼 수 없는 최다 기록을 지켜온 대표성이 있다.

삼척군(장성읍·황지읍)에서 분리되어 '태백'이라는 새로운 시(市) 직제를 형성하던 1981년은 탄광도시로 기능을 수행하기 위한 시 승격이었다. 탄광촌에서 탄광도시로 변모하는 과정이자, 석탄 증산을 독려하기 위해 탄광도시로 육성하려는 국가의 기획이었다. 산업화가 시작된 이후에 도시 전 지역이 단일산업으로 시 직제를 갖춘 사례는 우리나라 다른 도시에서는 그 유례를 찾아볼 수 없다. 태백시는 승격 당시 "맑고 밝은 광도(鑛都) 새 태백 건설"이라는 슬로건을 공식적으로 내세울 정도로 탄광촌이라는 데 자부심을 가졌다. 당시 인구 11만 4,095명으로 탄광을 통해 급성장한 탄광촌 마을이 시로 승격하면서 태백시는 전국 탄광촌의 대표적 장소로 부각했다.

전국 최대 석탄매장지인 태백시에는 전국 최대 규모의 광업소

---

12   1950년대 태백지역에 등록된 민영 탄광은 강원·함태·삼신탄광(1952), 유창물산·장원·한보·성원탄광(1953), 한성탄광(1954), 태영탄광(1955), 우성탄광(1956), 어룡탄광(1958) 등이다. 황지탄광(유창물산), 어룡탄광(동진물산), 한성탄광 등은 1950년대에 광구를 등록하였으나 광업권자가 빈번하게 바뀌면서 영세하게 운영되다가 본격적인 개발에 들어간 것은 1960년대 초의 일이다(『태백시지』, 태백시, 1998, 1075쪽).

(장성광업소)가 있었고, 전국에서 가장 많은 숫자의 광업소와 광부가 있었다. 석탄이라는 단일산업으로 시 직제를 형성한 상징성 등으로 비춰볼 때 전국의 탄광 순직 광부, 진폐재해순직자 모두의 위패를 태백시에 모셔 기리는 일이 필요하다. 위패를 모실 때는 광업소 단위, 지역 단위, 연도 단위 등으로 체계적인 구분이 필요하다. 순직 광부에 대한 자료는 한국광해광업공단이 관리하고 있다지만, 광부의 생애에 대한 구체적인 자료가 없다. 순직 광부에 대한 자료를 체계적으로 수집·조사·관리·전시하여 예우를 갖춰야 한다. 전국 석탄산업의 중심이던 태백시가 탄광문화의 생산지 역할을 해온 것처럼 순직자를 비롯하여 광부 전체를 예우하고 공적을 기리는 사업을 태백시가 주도적으로 진행하는 중이다. 석탄산업전사 예우 특별법 제정을 통해 광부들의 한을 풀고, 그들의 희생을 영예롭게 기릴 수 있어야 한다.

동원탄좌 하청인 3항에 채탄 선산부로 다니던 남편이 46세 때, 내 나이 43세 때 사고를 당했습니다. 남편이 죽던 그 당시 5남매 중에서 막내는 초등학교 1학년이었고, 큰아이는 고3이었습니다. 갱도붕락으로 남편이 순직하고 나서 태백시에 있는 산업전사 위령탑에서 1년에 두 번 제례를 지내는데, 참석하여 남편을 기리고 있습니다. 음력 7월 15일 백중제와 10월 위령제 두 번 다 꼭 참석하고 있습니다. (장이남)[13]

---

13   정연수, 「사북읍 탄광촌 주민들의 삶과 문화」, 『정선 탄광촌 주민들의 삶과 문화』, 정선문화원, 2019, 171쪽.

위의 내용처럼 정선군 등 타지에 거주하면서도 제례를 위해 해마다 두 번씩 태백을 찾는 이들이 있다. 그동안 산업전사 위령탑은 태백시가 우리나라 석탄산업사의 중심이라는 상징성을 지켜왔으며, 전국 순직 광부를 위한 제례의 중심 공간이라는 전통성을 지켜왔다. 현재 태백의 산업전사 위령탑 일대에서는 1년에 세 번의 제례의식이 진행되고 있다. 8월에는 순직산업전사유가족협의회가 백중절을 맞아 전국의 유가족들을 초청해 봉행제례식을 주관하는 백중제사가, 9월에는 진폐단체가 주관하는 진폐재해순직자를 위한 위령제가, 10월에는 태백제 기간에 태백시가 주관하는 산업전사 위령제가 있다.

장성광업소(2005)에서 무재해와 안전을 기원하는 산신제와 위령제가 거행되었다. 산신제는 단오절인 6월 11일 새벽 4시 본관 뒷산에 위치한 산신당에서 소장을 비롯한 노조위원장, 장성 전 간부 및 노조집행부, 각 생산부를 대표하는 모범직원과 외주용역 사장 등이 참석한 가운데 경건하게 치러졌다. 또한 오전 10시 장명사 명부전에 안치된 장성 순직 사우, 영월·함백에서 순직한 사우들에 대한 위령제가 서른세 번의 범종 타종으로 시작됐다. 장명사 주지스님의 독경을 시작으로 삼귀의례, 축원, 청혼 묵도에 이어 소장의 제문낭독과 위원장의 추도사 등으로 순직 사우들의 넋을 위로하였다.[14]

인용문에서처럼 태백에서는 광업소 단위별 위령제도 진행되고 있었다. 장성광업소는 장명사에서 위령제를 지내는데, 특이한 점은

---

14 『석공』, 대한석탄공사, 2005, 5·6월호, 13쪽.

함태광업소 순직 광부의 영령을 모시던 청원사

장성광업소뿐만 아니라 앞서 폐광한 영월광업소와 함백광업소에서
순직한 광부의 영령까지 함께 위로하고 있다. 장명사의 명부전에는
3개 탄광에서 순직한 위패 1,014위(2019년 말 기준)를 봉안하고 있
다. 소도의 함태광업소는 순직 광부의 위패를 봉안하기 위해 '청원
사'라는 사찰을 세우고 정기적으로 위령제를 지냈다. 또 철암의 강원
탄광도 동점 비석산에 '강원탄광 순직자 위령비'를 세운 1959년 6월
10일부터 1993년 폐광할 때까지 34년간 단오제 때마다 해를 거르지
않고 위령제를 지냈다.[15] 강원탄광 순직자 위령비에는 순직자의 성명,
순직일, 직종, 나이도 함께 기록되어 간략한 생애를 알 수 있다. 강원
탄광 순직자 위령비는 우리나라 최초의 순직자 위령탑이라는 점에
서 귀중한 유산으로 보존할 필요가 있다.

　　광업소 단위의 위령제는 태백시가 아닌 다른 지역에서도 열린

15　　정인욱 전기편찬회, 『선각자 정인욱』, 춘추각, 2000, 237쪽.

경동 상덕광업소의 영령을 모신 도덕정사

다. 삼척의 도계광업소는 단오절에 대계사에서 노사 간부와 순직 유가족이 모여서 순직 사우들에 대한 위령제를 지낸다.[16] 또 경동탄광은 도덕정사에서 위령제를 지낸다. 1983년 경동탄광에서는 황조리에 도덕정사를 건립한 뒤 조계종에 증여한 후 순직 광부의 명단을 모셔놓고 사월초파일에 위령제를 지낸다. 도덕정사에서는 경동탄광에서 순직한 200여 영령의 천도를 기원하는 한편 노동자의 안전을 기원하는 천도재를 매달 음력 18일 지장보살 재일에 맞춰 지내고 있다. 순직자 위패가 너무 많아지자 사찰에서는 '경동탄광 순직자 각 열위 영가' 동참 위패를 크게 만들었다.[17]

　　태백에서는 순직 재해별, 혹은 광업소 단위별 위령제가 각각 다른 것을 두고 통합하여 대규모 위령제로 격상해야 한다는 목소리도

16　『석공』, 대한석탄공사, 2003, 5·6월호, 9쪽.

17　정연수, 「탄광도시 태백시의 단오 세시풍속 연구」, 『노보리와 동발: 탄광민속문화 보고서』, 북코리아, 2017, 271쪽.

태백의 산업전사 위령탑

나오고 있다. 하지만 이런 부분은 급히 해결할 일은 아니다. 순직 재해별, 광업소 단위별, 지역별 광부의 위령제가 전통을 계승하도록 지원하는 것이 더 중요하다. 다만, 단위별 위령제 외에 전체 산업전사를 위한 대규모 위령제를 별도로 진행하는 것이 바람직하다. 이미 폐광한 지 오래된 광업소에서는 위령제의 전통이 사라지는 사례가 나오고 있다. 대규모 위령제로 통합하는 것은 맥이 끊어진 단위별 위령제를 흡수하는 형태로 천천히 진행해야 한다. 한국 사회의 가정 제례 역시 개별 가정의 제례와 문중의 제례가 나뉘어 있으므로 이를 참고하는 것도 한 가지 방안이다.

　태백의 산업전사 위령탑은 한국을 대표하는 상징성을 지녔는데, 언젠가부터 탄광 지역마다 각각의 산업전사 위령탑을 건립하고 추

충남 보령군에 세워진 석탄산업희생자위령탑

모행사를 진행하는 움직임이 활발하다. 영월군은 2009년 강원도 탄
광문화촌에 산업전사 위령탑을 세우고 10월에 열리는 탄광촌문화
제 때 위령제를 지낸다. 영월의 위령탑에는 264명의 이름이 새겨져
있는데, 영월군과 동강시스타 리조트 임직원 등이 새해 첫날 산업전
사 위령탑을 찾아 참배하고 헌화하는 예를 갖추기도 한다. 정선군은
2018년 12월 26일 사북뿌리공원에 석탄산업전사 기념비를 세우고
제막식을 가졌다. 충남 보령시는 1995년 보령석탄박물관을 개관하
면서 '석탄산업희생자위령탑'을 세웠다. 보령의 석탄산업희생자위
령탑에는 희생자의 이름을 기록하지 않았다. 경북 문경시는 1999년
문경석탄박물관을 개관하면서 '석탄산업 희생전사 추모 조형물'을
세웠다. 전남 화순군은 2006년 광부상을 넣은 위령탑과 '석탄산업

종사 재해자 추모공원'을 조성하고 화순광업소 재해자 216명과 진폐 재해자 604명의 순직 영령을 위로하고 있다. 이처럼 태백시 외에도 정선, 영월, 문경, 보령 등을 비롯해 주요 탄광도시에서 산업전사를 추모하는 작은 공간이 마련돼 있다.

2017년에는 정선과 도계지역에서 산업전사 위령탑 건립 움직임 이 있을 때, 태백의 '폐광지역 순직 산업전사 유가족협의회'가 반대 의견을 내면서 언론을 통해 공론이 이뤄지기도 했다. 이러한 점은 태백의 산업전사 위령탑이 추모공간의 대표적 상징성을 확보하지 못한 실상을 반영한 것이기도 하고, 다른 탄광도시에서 탄광문화를 지키려는 새로운 기획이 시도된다는 긍정적인 측면이기도 하다. 또 다른 관점에서는 '광도 태백'에서 위령탑을 세워놓고도 순직 광부를 제대로 예우하지 못한 처사에 대한 반발로도 볼 수 있을 것이다.

태백의 산업전사 위령제는 한동안 강원도 주관으로 강원도지사가 직접 참여하는 등 관심을 보이다가 어느 날부터 태백시 자체의 제례로 격하되었다. 태백제 행사 속에 산업전사 위령제를 제외하면 광부나 그 가족을 기리는 프로그램이 하나도 없다는 사실은 태백시가 산업전사를 어떤 시각으로 바라보는지를 유추하게 한다. '광도 태백' 을 내세우면서 시로 승격한 태백시가 탄광문화를 외면하면서 산업전사에 대한 의미까지 약화하고 말았다. 석탄산업전사 예우 특별법은 '광도 태백'의 정체성을 찾는 데도 도움이 될 것이고, 태백시를 만들어준 광부들의 노고에 대한 보상과정이 될 것이다. 더 나아가서는 대한민국의 산업발전에 석탄에너지를 통해 기여한 대한민국 전체 광부를 위한 예우 방안을 찾고, 이들 산업전사를 영원히 기리는 과정이 될 것이다.

광부의 직업병인 진폐재해로 순직한 희생자를 더하면 기존 탄광순직자의 몇 배를 넘어선다. 탄광이 문을 닫은 후에도 진폐재해자는 계속 발생하고 있다. 탄광촌마다 들어선 산업전사 위령탑과 7개나 되는 진폐재해단체는 산업화 과정을 온몸으로 받아낸 증거이기도 하다.

1989년 시행한 석탄합리화는 오염의 주범이 되는 화석연료인 석탄생산을 줄이고, 국비를 보조하여 운영하는 적자 기업인 탄광의 문을 닫는 경제성을 중시하는 정책이었다. 예고도 없이 갑작스럽게 추진한 합리화 정책으로 국가가 '산업전사 찬양'[18]이라고 추앙하던 광부들을 폐기물 처리하듯 폐기처분하고 말았다. 폐광지역을 회생하기 위해 강원랜드 카지노가 세워졌다지만, 폐기처분된 광부의 삶과는 전혀 관련 없는 사업일 뿐이었다. 석탄산업전사 예우 특별법은 국가 산업 주도로 산업전사가 되었다가 폐기처분된 광부의 상처를 위로하기 위해 반드시 제정되어야 한다.

---

18 광부들을 위한 행사나 사택촌에서 '산업전사 찬양'이라는 문구를 사용하곤 했다.

3. 석탄산업전사 예우를 위한
특별법 제정 활동

한국 현대사에서 민중이 국가로부터 겪은 피해로는 일제강점기의 징용(노동자 징용과 위안부), 해방 이후에는 제주 4·3사건, 광주 5·18민주항쟁, 삼청교육대 등을 대표적으로 꼽고 있다. 탄광촌이 국가 통치권력으로부터 겪은 피해 사례도 있다. 가장 대표적인 사건으로는 제주 4·3사건의 축소판으로 불리는 1946년의 화순탄광노동자 학살사건과 1980년의 사북항쟁을 들 수 있다.

한국 근대사의 아픈 상처로 기록된 미군에 의한 화순탄광노동자 학살사건은 오래도록 감춰져 있었다. 전남 화순의 핵심산업인 화순탄광(현재 석탄공사 화순광업소)은 해방 직후에 노동자들로 구성된 자치위원회에 의해 운영되었다. 그러던 중 1945년 10월 초 "당시 주원료였던 석탄의 생산지를 완벽하게 점령할 절대적 필요성에서 화순을 주목하고 있던 미군정은 전술부대 4~5백 명을 급파한다."[19] 11월 초 미군 대위 율러를 총책임자로 하여 화순탄광을 접수한 미군정은 자치위원회를 해체한다. 이에 노동조합원을 중심으로 한 노동자들은 미군정에 대항하였지만, 1946년 8월 15일과 11월 4일, 너릿재와 흑토재에서 화순탄광노동자들은 폭도와 좌익으로 몰려 미군의 총칼에 죽어갔다.[20]

---

19 오연호, 「미군의 화순 탄광노동자 학살」, 『말』 31, 월간말, 1989. 1, 101-102쪽.
20 위의 글, 101쪽.

화순탄광투쟁을 소재로 만든 「1946 화순」(2015~2016년 서울과
광주에서 공연)

탄광노동자는 일제 강점기에는 식민자원의 수탈 속에, 해방 직후
에는 좌우이데올로기와 미군정의 탄압 속에, 분단 이후부터 1990년
대까지는 반공이념과 군사독재정권의 야욕에 의해 희생되어야 했
다.(정연수, 「탄광시의 현실인식과 미학적 특성 연구」)

인용한 대로 탄광문학을 연구하던 논문에서 화순탄광노동자 학
살사건을 함께 다룬 적이 있다. 화순탄광노동자 학살사건은 문학이
나 뮤지컬 등 다양한 장르에서 접근하며 조명하고 있다. 하지만 미군
정 체제에서 통치권력이 자행한 화순탄광 학살의 실체는 아직도 온
전히 드러나지 않았다. 수십 명 사망에 수백 명 부상자를 기록한 화
순탄광의 비극적인 사건은 "즉사한 수가 30여 명, 부상자가 500여

명"[21]으로 알려지긴 해도 사망자의 숫자도 기록마다 달라 정확한 통계가 없을 정도다. 다행스러운 것은 화순탄광노동자의 투쟁이 뿌린 씨앗은 계속 자라고 있다는 점이다. 이 사건을 다룬 스탠딩 뮤지컬 「1946 화순」은 2015년 공연되어 인기를 끌면서 2016년에도 서울과 광주에서 순회 공연했다. 또 2018년에는 제주 4·3 70주년 기념사업위원회가 뮤지컬 「화순 1946」을 초청한 바 있으니, 화순탄광노동자 학살사건에 대한 조명은 현재의 역사 속에 살아있다.

화순탄광노동자 학살사건이 미군정체제 때 발생한 일이었다면, 1980년의 사북항쟁은 대한민국 정부가 수립되고도 32년이나 지나서 생긴 일이다. 사북항쟁 때는 경찰과 군부까지 가세하여 고문을 자행했다. 사북항쟁에 대한 자료조사는 증언, 진실·화해를위한과거사정리위원회의 조사보고서, 학술 연구, 다큐멘터리 제작 등 다양한 영역에서 활발하게 다뤄졌다. 사북항쟁의 주역들은 '사북민주항쟁동지회'를 구성했으며, 해마다 4월에 기념식을 열고 있는 점도 과거의 역사를 현재진행으로 끌어가는 원동력이다. '사북폭동'의 폭도로도 불리던 이들은 2005년을 지나면서 노동민주화 운동가로 인정받아 명예를 회복했다. 문학권에서는 사북민주항쟁동지회와 함께 사북항쟁 40주년 기념시집으로 탄광시를 엮은 『광부들은 힘이 세다』(2020)를 발간했으며, 한국의 노동운동에 깊은 애정을 지닌 맹문재 시인은 40주년 기념시집으로 『사북 골목에서』를 발간하는 등 사북항쟁의 뜻을 문화적으로 계승하고 있다.

지난날의 항쟁을 지도 삼아

---

21 『오마이뉴스』, 2003년 8월 14일자.

길을 알려주는 토민(土民)을 만나기도 하지만
작업복을 입은 아버지가 없기에
골목은 추상적이다

폭죽처럼 터지는 카지노의 불빛도
골목을 밝혀주지 못한다

폴짝폴짝 탄 먼지를 일으키며 걸어가던 아이들
사택 문을 열고 나오던 해진 옷 같은 아이들

나는 그 골목에서 아버지가 끓여주는 김치찌개를 먹으며
입갱하는 광차를
석탄이 달라붙은 도랑물을
"우리는 산업역군 보람에 산다"는 표어를
낯설게 바라보았다

마지막 방문이라고 다짐하고
골목 끝에서 뒤돌아보았을 때
아버지는 개집처럼 서 있었다
　　　　　－ 맹문재, 「사북 골목에서」 전문[22]

탄 먼지 날던 탄광 호황기의 사북, 산업역군으로 살았으나 부당
한 사회적 모순에 들고 일어난 사북항쟁, 그리고 카지노 불빛이 있

22　맹문재, 『사북 골목에서』, 푸른사상, 2020, 16-17쪽.

맹문재의 사북항쟁 40주년 기념시집 『사북
골목에서』(2021년 제12회 김만중문학상
수상작)

사북민주항쟁동지회가 항쟁 40주년 기념으
로 엮은 탄광시집 『광부들은 힘이 세다』(푸
른사상, 2020)

는 현재의 시점에 이르기까지 사북의 역사를 압축적으로 담아낸 작
품이다. 맹문재 시인의 40주년 기념시집 기획에서 확인하듯, 사북의
탄광은 모두 문을 닫았어도 탄광문화를 계승하려는 시도는 계속되
고 있다. 사북항쟁은 사북지역의 현재와 끊임없이 교섭하고 있다. 대
규모 폐광에 대한 대안을 촉구한 주민운동 끝에 사북 주민은 「폐광
지역 개발에 관한 특별법」 제정과 국내 유일의 내국인 출입 카지노
를 설립할 수 있었다. "폭죽처럼 터지는 카지노의 불빛도/골목을 밝
혀주지 못한다"는 모순은 오늘날의 사북이 새롭게 극복해야 할 과제
이기도 하다.

한국의 산업화 과정에서 광부들이 겪은 고통은 대부분 개인의
불운으로 방치되어왔다. '산업전사'라는 이름 뒤에 당연한 희생으로

치부되었을 뿐 광부가 겪은 피해를 조사하거나 정당한 평가 역시 없었다. 수천 명에 이르는 순직 광부, 수만 명에 이르는 진폐재해 순직 광부의 상처는 위령탑과 위령각의 숫자로만 기록될 뿐이다. 산업전사로 불리던 광부의 삶에 가해진 모든 고통을 규명해야 하며, 당장은 탄광사고 순직자와 탄광 직업병 재해순직자에 대한 조치만이라도 서둘러야 한다.

국가폭력에 의한 과거사 청산의 의의는 국가 범죄의 재발과 복수의 반복을 막기 위한 것일 뿐 아니라 국가 내 혹은 국가 간 갈등의 극복, 즉 평화체제의 항구적 구축을 위한 것이다. 국가 범죄를 단죄하는 것은 중요한 공동체 유지 활동이며, 최상의 교육활동이다. 통치 혹은 안보의 이름 아래 국가폭력에 면죄부가 주어진다면 사회 구성원들은 더 이상 책임 있는 주체로 행동하지 않을 것이다. 그것은 정치의 파괴, 사회의 파괴이며 아렌트가 말하는 판단력의 마비상태이다. 과거사 청산은 일차적으로는 정의의 수립, 인권의 보장을 위해 필요하지만 심층적으로 보면 사회에 만연해 있는 편법, 부정, 부패, 편의주의, 목적지상주의 등의 사회정치적 질병을 치료하는 가장 중요한 길이다.[23]

국가권력에 의한 폭력과 인권유린의 재발 방지를 위해서라도 과거사 청산작업이 필요하다. 일제강점기부터 시작한 탄광 광부에 대한 징용은 해방 이후에는 경제적으로 소외된 이들의 무덤으로 만

23   차성환, 「한국의 과거사 청산과 부마항쟁」, 『(워크숍 자료집) 한국의 과거사 청산과 민주화』, 제주4·3연구소, 2010, 39쪽.

들었다. 가난하여 광부가 될 수밖에 없는 현실 역시 광부 개인의 잘못이라기보다 사회의 구조적인 문제가 더 많았을 것이다. '막장 인생'으로 통칭되는 광부의 삶 속에는 대다수가 선택하지 않는 직업이라는 한(恨)이 있다. 다수가 선택하지 않는 광부의 길로 끌어들이고, 그 광부의 자녀와 아내까지 광부로 만든 구조적 불합리성에 대한 책임은 국가에 있다.

국가권력에 의한 탄압과 피해문제를 추진하는 과거사 청산 과정을 보면 진상규명, 명예회복, 책임자 처벌, 보상·배상, 기념사업 등 핵심 사안별로 각각 대응이 이뤄져왔다. 산업전사 예우에 관한 특별법을 추진하는 방식 역시 ① 산업전사의 피해에 대한 진상규명(광부 및 탄광촌 피해 사례) ② 산업전사의 명예회복(순직산업전사 및 진폐재해순직산업전사 예우 및 성역화 사업) ③ 국가의 책임 규명 ④ 산업전사에 대한 보상·배상(순직산업전사 및 진폐재해순직산업전사 추모사업의 국가 주관) ⑤ 기념사업(산업전사 영웅전 편찬, 생애 영상 기록화, 예술로 승화) 등을 각 사안별로 진행해야 한다.[24]

과거사 청산 법률 제정 목록[24]

청산목표	진상규명	명예회복	책임자 처벌	보상·배상	기념사업
전근대 시기		동학농민혁명 참여자 등의 명예회복에 관한 특별법 (2004. 3. 5)			

24   안종철, 「5·18광주민주화 운동과 한국의 민주화: 과거청산 사례를 중심으로」, 『(워크숍 자료집) 한국의 과거사 청산과 민주화』, 제주4·3연구소, 2010, 76쪽.

청산목표	진상규명	명예회복	책임자 처벌	보상·배상	기념사업
일제강점기	- 일제강점하 강제동원 피해 진상 규명 등에 관한 특별법 (2004. 3. 5) - 일제강점하 친일반민족행위 진상 규명에 관한 특별법 (2004. 3. 22)		친일반민족 행위자 재산의 국가귀속에 관한 특별법 (2005. 12. 29)	- 일제하 일본 군 위안부에 대한 생활안정 지원 및 기념사 업 등에 관한 법률 (2002. 12. 11) - 태평양전쟁 전후 국외 강제 동원 희생자 등 지원에 관한 법률(2007. 12. 10)	일제하 일본군 위안부에 대한 생활 안정 지원 및 기념사업 등에 관한 법률 (2002. 12. 11)
한국전쟁 전·후기	제주 4·3 사건 진상규명 및 희생자 명예 회복에 관한 특별법(2000. 1. 12)	- 거창사건 등 관련자의 명예회복에 관한 특별조치 법(1996. 1. 5) - 제주 4·3사건 진상규명 및 희생자 명예 회복에 관한 특별법(2000. 1. 12) - 노근리사건 희생자 심사 및 명예회복에 관한 특별법 (2004. 3. 5)			

214

청산목표	진상규명	명예회복	책임자 처벌	보상·배상	기념사업
권위주의기	- 의문사 진상 규명에 관한 특별법(2000. 1. 15) - 군 의문사 진상 규명 등에 관한 특별법(2005. 6. 29) - 진실·화해를 위한 과거사 정리 기본법 (2005. 5. 31)	- 민주화운동 관련자 명예 회복 및 보상 등에 관한 법률 (2000. 1. 12) - 삼청교육 피해자의 명예 회복 및 보상에 관한 법률(2004. 1. 29) - 진실·화해를 위한 과거사 정리 기본법 (2005. 5. 31)	- 헌정질서 파괴범죄의 공소시효 등에 관한 특례법(1995. 12. 21) - 5·18민주화 운동 등에 관한 특별법(1995. 12. 21)	- 광주민주화 운동 관련자 보상 등에 관한 법률(1990. 8. 6) - 민주화운동 관련자 명예회복 및 보상 등에 관한 법률(2000. 1. 12) - 광주 민주 유공자 예우에 관한 법률 (2002. 1. 26) - 삼청교육 피해자의 명예 회복 및 보상에 관한 법률 (2004. 1. 29) - 특수임무 수행자 보상에 관한 법률 (2004. 1. 29) - 특수임무 수행자 지원에 관한 법률 (2004. 1. 29)	민주화 운동 기념 사업회법 (2001. 7. 24)

그동안 탄광지역에서는 2020년에 사단법인 석탄산업전사추모 및성역화추진위원회(회장 황상덕)를 출범하고 태백현안대책위와 더불어 '석탄산업전사 예우에 관한 특별법' 제정을 촉구하면서 활발한 활동을 펼쳐왔다.[25] 태백시현안대책위원회가 주체적으로 지원하는

---

25 '석탄산업전사추모및성역화추진위원회' 발기인 대회 및 창립총회가 2020년 5월 25일 태백시청 소회의실과 9월 7일 태백시현안대책위원회 사무실에서 연이어 열렸다.

석탄산업전사추모및성역화추진위원회는 2021년부터 2022년까지 네 차례 포럼을 열고 석탄산업전사 예우를 위한 특별법 제정의 필요성을 역설했다.[26] 추진위 측에서는 특별법 제정이 실효를 거둘 때까지 사업을 지속하여 추진하겠다는 의지를 드러냈다. 국가 산업발전을 위해 석탄을 생산하다가 희생한 광부의 공적을 국가가 특별법 제정을 통해 기려줄 것을 주문하고 나선 것이다.

추진위는 석탄생산 과정에서 순직한 탄광노동자들이 국가유공자로서 예우 받을 수 있도록 가칭 '광산 순직자 예우에 관한 법률' 제정 및 성역화 사업 법안의 발안에 공을 들이고 있다. 추진위가 구상하고 있는 성역화 계획은 ▲순직 광부 및 가족 관련 시설에 대한 예우 법제화 ▲국가기념일 선포 ▲산업전사 위령제 국가단위 행사 격상 ▲순직 광부의 국가 유공자 인정 ▲산업전사 위령탑의 국가주도 관리시설, 국립공원 묘지 조성 등이다.[27]

황상덕 위원장은 "위령탑에는 현재 순직산업전사 4,108명, 위령

---

26   제1회 포럼에 앞서 사전 회의가 2021년 9월 1일 현안대책위 사무실에서 열렸다. 참석자는 박대근·김태수·정연수·박용일·장한결·허준석·임영란 등. 제1회 석탄산업전사 추모 및 특별법 제정을 위한 포럼은 2021년 10월 1일 태백문화예술회관에서 "한국 경제 발전의 주역, 광부와 석탄문화 유산의 가치"라는 주제로 열렸다. 제2회 석탄산업전사의 정당한 권리를 찾기 위한 특별법 제정 포럼은 2021년 12월 9일 정선군 하이원 그랜드호텔에서 "특별법, 이래서 필요하다"라는 주제로 열렸다. 제3회 석탄산업전사의 명예회복 등을 위한 특별법 제정 포럼은 2022년 8월 11일 태백문화예술회관에서 "대한민국 산업화를 일군 석탄산업전사의 예우를 위한 특별법 필요성"이라는 주제로 열렸다. 제4회 포럼(입법토론회)은 2022년 11월 8일 국회의사당에서 "대한민국 경제 대국의 밑거름은 석탄산업 그리고 광부였다"라는 주제로 열렸다.

27   홍춘봉, 『프레시안』, 2020년 9월 4일자.

2021년 10월 1일 태백문화예술회관에서 열린 제1회 포럼에서 산업전사 예우 특별법 제정을 촉구하는 피켓을 들고 있다(출처: 오형상).

각에는 9,680명의 위패를 모시고 있다"면서 "정부의 강력한 석탄 생산 정책으로 희생된 분들에 대한 반성, 그리고 대한민국 정체성 확립을 위해 폐광지역이 아닌 산업 성지화를 위한 관련 법률 제정 등 구체적 실행 의지를 보여줘야 한다"[28]고 주문한 바 있다.

　　포럼 행사 때마다 광부 복장을 한 수백 명의 진폐재해자들이 참석했으며, 산업전사 예우 특별법 제정 피켓을 든 포럼 행사장은 막장의 채탄 작업장만큼이나 열기가 뜨거웠다. 관계 부처에 보내는 건의문의 일부를 보면 다음과 같다.

28　　황상덕, 「산업전사, 성지화 그리고 정부」, 『강원도민일보』, 2020년 11월 13일자.

석탄산업전사 예우를 위한 특별법 제정 관련 건의문

"순직산업전사"라는 칭호는 1973년 대통령령으로 추서되어 사용되고 있으며 태백시에 건립된 산업전사 위령탑(4,108분), 진폐재해순직자 위령각(9,680분)에는 총 13,788분의 위패가 모셔져 있다. 이것은 광산근로자로 일하시다가 현장 또는 후유증으로 돌아가신 분들이라는 것이다.

하나, 정부 주도하에 관련법 제정(예우, 광부의 날 제정, 문화재 등록, 아카이브 구축, 유네스코 등재 등 총망라)

하나, 민간단체와 태백시가 중심으로 지속적으로 오늘 같은 행사(학술적 발표 등)를 개최하여 정부와 국민들로부터 공감대 형성 필요

하나, 산업전사 위령제를 국가 단위 행사로 격상하고 산업전사 위령탑 및 위령각을 국가주도 관리시설로 조성

하나, 상기 사항을 체계적으로 진행하려면 민간단체의 한계로 매우 어려움. 이에 태백시청에 관련 전문부서 신설 필요 등

2021년 10월 18일

(사)석탄산업전사추모및성역화추진위원회 황상덕

7개 탄광도시의 중심이며, 산업전사 위령탑이 소재한 태백지역에서 '석탄산업전사 예우에 관한 특별법 제정' 운동은 탄광지역의 변화까지 함께 모색하고 있다. 그 논의의 출발은 추진 단체명인 '석탄

진폐재해순직자 위령비와 위패를 모신 위령각

제1회 특별법 제정을 위한 포럼

산업전사추모및성역화추진위원회'에 등장하듯, 산업전사를 예우하는 추모사업이었다. 추모사업의 역동성을 위해서는 탄광촌이 석탄산업유산을 승계하는 활동을 병행해야 한다는 공감대도 확산되고 있다. 추모의 대상인 산업전사 범주에는 탄광사고 순직자와 진폐재해순직자가 당연히 들어가야 하지만, 더 나아가 산업전사로 불리던 모든 광부의 노고를 기리는 석탄산업유산을 지킬 때 순직 석탄산업전사의 공적이 확대 계승될 것이기 때문이다. 제2회 포럼을 앞두고 열린 추진위 자문위원 위촉식[29]과 포럼 준비회의[30]에서부터 다양한 안건이 쏟아졌다. 성역화추진위의 뜨거운 열기를 반영한 것이자, 정부가 석탄산업전사를 냉대한 것에 대한 분노의 표출이기도 하다. 사전 회의에서 거론된 주요 내용은 다음과 같다.

- ▲ 산업전사 예우에 관한 특별법 제정 강력 추진
- ▲ 산업전사 예우 범주에 탄광 순직자 외에도 직업병(진폐, 폐쇄성 질환 등)으로 인한 질병재해순직자 포함 촉구
- ▲ 산업전사 위령탑과 진폐재해순직산업전사 위령각에 대한 국가 주관 추모사업
- ▲ 7개 탄광 지역의 산업전사 위령제 통합 방안

---

29 2021년 11월 10일 태백현안대책위원회 회의실에서 석탄산업전사추모및성역화추진위원회 자문위원 위촉식이 있었다.

주최 측 참석자: (사)석탄산업전사추모및성역화추진위원회 황상덕 회장, 남해득 수석부위원장, 김경수 부위원장, 태백현안대책위원회 박대근 사무처장, 홍경희 추진 담당

자문위원 참석자: 김태수 삼척폐광활성화센터 학술연구소장, 류상옥 황지중고총동문회장, 송계호 사북신협 이사장, 이재복 폐광 및 퇴직근로자협의회 삼척지회장, 정성영 폐광 및 퇴직근로자협의회 삼척지회장, 정연수 탄전문화연구소장

30 2021년 11월 19일 태백현안대책위원회 회의실에서 제2회 포럼 발표 및 토론자 준비회의가 있었다.

참석자: 황상덕, 남해득, 김경수, 박대근, 홍경희, 김태수, 최완식, 원응호, 정연수

▲ 태백시에 전담기구 설치(탄광문화유산과 혹은 담당계 신설)

▲ 석탄산업유산 유네스코 등재 추진

▲ 탄광의 유물보존 및 자료 수집 활동 체계화

▲ 산업전사 예우 및 탄광문화유산 계승을 위한 재단 설립

▲ 폐광지역 경제 회생을 위해 설립한 강원랜드 창립 이념에
따른 지역민 고용

▲ 대선 및 지방선거 공약에 폐광지역 학교 출신 강원랜드 입
사 쿼터제 도입

▲ 광업소 경영자 등 각계 인사를 포함한 자문위원 확대

장성광업소의 폐광이 임박하다는 위기설이 돌면서 탄광의 유물
보존 및 자료 수집 활동 체계화, 석탄산업유산 유네스코 등재 추진
사업은 더욱 중요해졌다. 장성광업소는 대한석탄공사에서도 가장
규모가 큰 광업소로 역할을 다해왔으며, 태백시의 마지막 광업소이
기도 하다. 마땅한 대체산업을 찾지 못한 터에 장성광업소의 폐광설
은 대안 마련이 시급하다는 신호다. 장성광업소가 지닌 다양한 시설
들에 의미와 가치를 부여하면서 국가등록문화재로 지정하고, 나중
에 이 시설은 인근 탄광지역과 연대하여 유네스코 세계유산에 등재
해야 한다. 탄광시설이 모두 사라진다면 산업전사 위령탑을 중심으
로 한 성역화 공간은 쓸쓸한 무덤으로 전락할 것이다. 탄광시설을 유
네스코 세계유산으로 등재할 때 탄광문화를 이룩한 산업전사의 공
적이 영구적으로 지켜질 것이며, 위령탑은 덩달아 중요한 방문 장소
로 예우를 받을 것이다.

석탄산업전사 예우에 관한 특별법 논의과정에서는 강원랜드의
폐광지역 주민 푸대접에 대한 성토의 목소리가 컸다. 석탄산업전사

221

강원랜드는 화려한 불빛을 내도 진폐증을 앓는 광부들은 여전히 빈곤에 시달리는 상황을 호소하는 단식투쟁

예우에 관한 특별법과 결이 다른 듯하지만, 실제로는 밀접한 연관이 있기 때문이다. 그동안 순직 석탄산업전사에 대한 국가의 예우가 부족했듯, 강원랜드조차 산업전사로 살아오다 실직한 광부와 그 가족을 예우하지 않았다는 점에서 분노하는 것이다. 폐광지역을 위해 설립한 강원랜드가 광부의 가족과 탄광촌 주민에게 크게 기여한 것이 없다는 불만의 목소리는 강원랜드가 설립된 1998년부터 지금까지 계속 이어지고 있다. 석탄산업전사들이 예우를 해달라고 그렇게 요구하는데도 강원랜드는 참으로 꿋꿋하고, 그걸 25년 가까이 견딘 폐광지역 주민은 참 무던한 셈이다.

　"석탄산업 사양화에 따른 폐광지역 경제 회생을 위해 관광산업을 육성할 목적"으로 설립한 강원랜드가 '그들만의 기업'으로 변질

한 지 오래되었다. 산업전사로 국가 산업발전에 기여하고도 국가의 폐광정책(석탄합리화)에 의해 실직자가 된 광부의 삶은 갈수록 피폐해지고 있다. 그런데도 광부와 그 자녀를 위해 강원랜드가 기여한 것이 없다는 원성은 갈수록 높아진다. 탄광촌 주민은 강원랜드가 직원 선발에 있어서 광부 자녀, 폐광지역 학교 출신자, 폐광지역 주민에 대한 쿼터제를 도입해줄 것을 주문하고 있다. 하여, 2022년 대선과 지방선거 공약에 쿼터제를 도입하는 후보자를 지원하겠다는 제안까지 등장했다.

　강원랜드의 경영 성공이 누리는 잭팟은 '당신들의 천국'일 뿐 태백·삼척 등 폐광지역 주민들과는 괴리감이 크다. 강원랜드가 위치한 고한과 사북지역 주민들 사이에서도 그런 목소리는 오래전부터 존재했다. 도박산업[31]의 폐해를 감수하고도 폐광지역의 경제 회생 하나를 위해 내국인 출입 카지노라는 강원랜드를 선택한 것인데, 기업은 성장해도 지역주민의 빈곤은 해결 기미를 보이지 않는다. 강원랜드의 외적 성장과 화려한 시설에 비춰보면 폐광지역 주민의 삶은 '벼락거지'의 박탈감까지 더하여 도박중독자의 우울증보다 더 심각한 지경이다. "재주는 곰이 부리고 돈은 되놈이 가져간다"는 속담이 있더니, 지역주민들이 죽자 사자 투쟁하여 강원랜드를 세워놓고도

31　통용되는 명칭은 '사행산업(射倖産業)'이나 사전의 풀이로는 그 원뜻이 와 닿지 않아 '도박산업'으로 쓰고자 한다. 사전에서 사행산업은 "이용자로부터 금품을 모아 우연의 결과에 의하여 특정인에게 재산상의 이익을 제공하고 다른 참가자에게 손실을 주는 산업. 카지노업, 경마, 경륜, 경정, 복권 따위"라고 설명한다. 사전에서 도박이란 "돈이나 재물 따위를 걸고 주사위, 골패, 마작, 화투, 트럼프 따위를 써서 서로 내기를 하는 일. =노름"이라고 정의한다. 사행과 도박은 '요행을 바란다'는 측면에서는 의미가 같으나 사전적 설명도 다르거니와 대중이 받아들이는 의미는 더욱 다르다. 그 차이는 '노름산업'으로 바꿔 읽으면 선명하게 느낄 수 있다.

돈과 권력은 산업통상자원부와 광업광해관리공단이 다 움켜쥐었다. 폐광지역 주민들은 그동안 '폐특법 연장'에 수차례 대정부 투쟁을 전개했는데, 그 힘으로 강원랜드 경영권 찾기 운동을 전개하는 것이 옳았다.

'석탄산업전사 예우에 관한 특별법' 제정은 갈 길이 멀다. 제주 4·3사건이나 광주 5·18민주항쟁의 사례에서 보듯 오랜 시간을 가지고 투쟁에 나서야 한다. 주민의 연대와 국민적 공감대 그리고 법을 제정하는 권한을 가진 중앙부처와 국회의 문턱을 넘기 위해서는 투쟁을 각오해야 한다. 진행 방식은 단기와 장기 방안으로 나눠야 한다. 단기 해결책으로는 「폐광지역 개발 지원에 관한 특별법」 내에 산업전사 예우에 관한 조항을 다음과 같이 명시하는 것이다.

▲ 탄광노동으로 발생한 순직산업전사 및 탄광 직업병으로 인한 질병재해순직산업전사에 대한 예우 조항을 신설한다.

▲ 산업전사 예우를 위한 산업전사 위령탑 및 위령각 조성, 위령제, 순직산업전사(질병재해순직산업전사 포함)의 현황 조사 및 기념사업에 대한 경비를 지원한다.

▲ 탄광노동으로 발생한 순직산업전사 및 탄광 직업병으로 인한 질병재해순직산업전사 예우를 위한 직계가족의 강원랜드 입사 가산점을 부여한다.

'산업전사 예우에 관한 특별법' 제정을 위해 산업전사 성역화추진위와 태백현안대책위가 활동에 들어가면서 강원도에서 반가운 조례가 제정되었다. 2020년에 「강원도 탄광 순직산업전사 예우에 관한

1950년 중·후반 강원탄광의 티플러 작업(출처: 강원탄광 앨범)

조례」[32]를 제정하면서 태백지역 중심의 목소리를 강원도로 확대하는 성과를 거두었다. 제1조 목적에서 "대한민국 경제발전의 원동력과 산업근대화의 근간을 마련하기 위해 열악한 환경 속에서 근무하다 순직한 산업전사들의 존엄한 위상 제고와 이들의 예우를 높이고자 함을 목적으로 한다"라고 그 의미를 밝힌 자체도 큰 성과다. 제

---

32   2020년 12월 제296회 강원도의회에서 강원도 조례 제4646호로 제정

3조 도지사의 책무에서 "순직산업전사의 위상 제고와 예우를 높이고자 하는 시책 사업을 추진할 수 있다"는 내용이나 제4조 지원에서 "순직산업전사 추모 또는 기념사업, 순직산업전사 유가족 복지·휴양 사업, 그 밖에 순직산업전사 명예를 선양하기 위하여 필요하다고 인정하는 사업" 등도 적절했다.

다만, 제2조 정의에서 "조례에서 사용하는 용어의 뜻"이라고 밝힌 '순직산업전사'의 범위는 동의하기 어렵다. "순직산업전사란 강원도에서 탄광노동자로 근무하던 중 현장에서 매몰사고로 순직한 자를 말한다"고 명시되어 있기 때문이다. 이 조례가 정한 정의는 유권해석에 있어 문제가 생길 수 있으므로 서둘러 개정하는 작업이 필요하다. 강원도 조례는 순직산업전사를 "현장에서 매몰사고로 순직한 자"로 국한하고 있어 조례 시행에 논란을 부를 수도 있기 때문이다. 그 경우에는 화약사고, 낙반사고, 질식사고, 광차사고, 티플러 사고를 비롯하여 매몰 자체가 생기지 않는 갱외의 숱한 사고는 순직산업전사의 예우에서 제외되기 때문이다.

강원도 탄광 순직산업전사 예우에 관한 조례

제1조(목적) 이 조례는 대한민국 경제발전의 원동력과 산업 근대화의 근간을 마련하기 위해 열악한 환경 속에서 근무하다 순직한 산업전사들의 존엄한 위상 제고와 이들의 예우를 높이고자 함을 목적으로 한다.

제2조(정의) 이 조례에서 사용하는 용어의 뜻은 다음과 같다.

1. "순직산업전사"란 강원도에서 탄광노동자로 근무하던 중 현장

에서 매몰 사고로 순직한 자를 말한다.

2. "순직산업전사 유가족"이란 강원도 내에 주민등록을 두고 있는 순직산업전사의 배우자 및 직계 존·비속을 말한다.

제3조(도지사의 책무) 강원도지사(이하 "도지사"라 한다)는 순직산업전사의 위상 제고와 예우를 높이고자 하는 시책 사업을 추진할 수 있다.

제4조(지원) ① 도지사는 석탄산업 및 순직산업전사의 위상을 높이기 위해 예산의 범위에서 다음 각 호의 사업을 지원할 수 있다.

1. 순직산업전사 추모 또는 기념 사업

2. 순직산업전사 유가족 복지·휴양 사업

3. 그 밖에 순직산업전사 명예를 선양하기 위하여 필요하다고 인정하는 사업

② 제1항에 따른 사업은 시·군 또는 공공기관에 보조하여 시행할 수 있다.

제5조(중복지원 금지) 다른 법령이나 조례 등에 따라 예우나 지원을 받는 경우에는 이 조례에서 정한 예우나 지원을 하지 않을 수 있다.

제6조(시행규칙) 이 조례의 시행에 필요한 사항은 규칙으로 정한다.

시의원·도의원·국회의원의 입장에서는 조례(법)를 제정하기 위해 기획하고, 행정공무원과 타협하고, 동료 의원을 설득하기까지 많은 노고가 뒤따랐을 것이다. 그런 점에서는 「강원도 탄광 순직산업전사 예우에 관한 조례」 제정에 고마움을 표한다. 하지만 조례(법)는 시행을 위한 것이므로 완전해야 한다는 점을 간과해서는 안 된다.

더군다나 "매몰사고로 순직한 자"라는 구절보다 더 중요한 내용도 있기 때문에 개정을 서둘러야 한다. 국가와 언론 그리고 탄광과 탄광촌에서는 '산업전사'라는 용어를 순직하지 않은 모든 광부의 호칭으로 두루 사용했다. 하여, 순직산업전사에게 제한하여 적용하고자 할 때는 탄광사고뿐만 아니라 탄광노동으로 인해 얻은 직업병에 대해서도 동일한 예우가 적용되어야 한다. 한국의 모든 공직자는 사고 순직뿐만 아니라 공무상 질병까지 순직으로 인정받고 있다. 광부의 대표적인 직업병인 진폐증은 국가와 의료계도 공인한 질병이며, 산재병원에서 취급하듯 '산업재해'로 공인받고 있다. 따라서 「강원도 탄광 순직산업전사 예우에 관한 조례」는 다음과 같이 개정되어야 마땅하다.

신·구 조문 대비표

현행	개정안
제2조(정의) 이 조례에서 사용하는 용어의 뜻은 다음과 같다. 　1. "순직산업전사"란 강원도에서 탄광노동자로 근무하던 중 현장에서 매몰사고로 순직한 자를 말한다.	제2조(정의) 이 조례에서 사용하는 용어의 뜻은 다음과 같다. 　1. "순직산업전사"란 강원도에서 탄광노동자로 근무하던 중 순직한 사람(직업병으로 사망한 사람을 포함한다)을 말한다.

한편, 장기 해결책으로는 정부부처와 국회의원을 설득하여 '석탄산업전사 예우에 관한 특별법'을 신설해야 한다. 산업전사를 유공자로 대우하는 특별법 제정까지 나아가야 한다. 이는 광부의 진상을 알리고, 산업화 속에 피해를 당한 광부의 삶을 법적으로 '산업전사'라 보증하는 중요한 과정이다. 국가권력이 석탄 증산에 광부들을 몰아붙이는 사이에 안전시설을 확보하지 못한 탄광에서는 순직자가

증가할 수밖에 없었다. 진폐증 발생을 예측하면서도 방진 대책이 온전하지 못한 일 역시 감독기관인 국가가 책임을 져야 한다. 노동부, 광산보안사무소 등 탄광의 감독기관은 모두 국가기관이었는데도 안전시설 미확보는 눈을 감고 석탄 증산만 독려하는 데 동조했다.

추진위에서는 광부와 그 가족이 국가로부터 겪은 피해에 대한 객관적인 자료조사에 적극적으로 나서야 한다. 피해에 대한 책임이 국가에 있다는 것을 입증하는 자료 확보와 더불어 산업전사의 역할에 대한 대국민 홍보 활동도 함께 진행해야 한다. 대중적 공감대를 확산하기 위해서는 광부 생애 구술사, 수기와 자서전 공모, 기록 녹음 및 영상녹화, 광부의 삶에 관한 예술 장르 접목(문학·음악·연극·다큐멘터리·영화 등), 전문연구자를 통한 학술논문 발표, 정기적 세미나 및 자료집 발간과 배포 등의 사업을 진행해야 한다. 순직, 진폐재해, 진폐의증, COPD 등의 재해대상자와 미포함자들도 장기근속 등에 따른 유형별 산업전사 현황에 대한 통계를 만들어야 한다. 제주 4·3사건이나 광주 5·18민주항쟁을 규명한 단체가 제주4·3연구소, 5·18연구소, 5·18기념재단연구소에 조사관과 전문연구원을 두고 지속적으로 활동했다는 것을 유념해야 한다.

5·18 관련 정책의 전개과정[33]

구분	연도	주요 정치 변수	행위 주체	지향점
개시 단계	1980~1983	5공의 유화조치 전까지	5·18피해 당사자	5·18희생자 추모와 진실 알리기
구체화 단계	1984~1987	6월 항쟁까지	5·18피해 당사자, 청년·학생	5·18진상규명의 인식전환

33   김재균, 『5·18과 한국정치』, 에코미디어, 2010, 88쪽.

구분	연도	주요 정치 변수	행위 주체	지향점
확산 단계	1988~1990	민화위부터 보상법 이전까지	5·18피해 당사자, 범민주세력	5·18정당성 확보
입장 단계	1990~1995	광주보상법부터 5·18 특별법 제정까지	5·18피해 당사자, 범민주세력, 제도 정치권	5·18의 제도적 정당성 확보

　　태백지역의 추진위가 진행하는 '석탄산업전사 예우에 관한 특별법'은 코브와 엘더(Roger Cobb & Charles Elder)가 제시한 대중주도의 정책형성 4단계에 닿아있다. 첫 번째, 정책의 개시 단계(문제점으로 제기하는 단계)에서는 산업전사 예우를 위한 특별법 제정의 필요성을 드러낸다. 두 번째, 문제점의 구체화 단계에서는 산업전사의 범위와 예우방안 등의 구체성을 명료화한다. 세 번째, 의제의 확산 단계(정책형성 과정에서 가장 중요한 단계)는 산업전사 예우가 지닌 "의의와 정당성에 대한 국민적 합의와 인식의 공감대 형성에 기인"[34] 할 수 있도록 포럼, SNS, 가두시위, 대정부 투쟁 등을 통해 대중의 지지와 동의를 얻을 수 있는 확산운동을 전개해야 한다. 이 과정에서 의제 확산을 반대하는 '확산 봉쇄' 집단(5·18의 경우에는 신군부와 지배세력 같은)도 만나는데, 이들의 반대를 넘어설 수 있어야 한다. 네 번째, 의제가 채택되는 입장(entrance) 단계는 산업전사 예우에 관한 특별법 의제가 정책수립가(적극적 국회의원과 정당)에게 채택된 단계다.[35]

　　3단계인 의제의 확산 단계에서는 반대하는 '확산 봉쇄' 측을 만나기도 하는데, 석탄산업전사 특별법 제정 과정에서 역시 그런 난제

34　위의 책, 60쪽.
35　정책형성 4단계는 위의 책, 59-61쪽 참조.

를 겪기도 한다. "석탄 광부만 산업전사로 볼 수 없고, 전 영역의 산업체 노동자도 산업전사로 보아야 한다"라는 억지를 내세우는 반대세력이 정부기관에서 공무원이라는 얼굴로 재직하는 것이다. 국립국어원의 표준국어대사전에 보면 산업전사를 "농업·목축업·임업·광업·공업·운수업·서비스업 따위의 산업현장에서 힘껏 일하는 사람을 비유적으로 이르는 말"이라고 명시하고 있다. 참 어이없는 일이다. 언제 농업·목축업·임업에 종사하는 사람을 산업전사라고 불렀단 말인가. 언제 운수업·서비스업 따위에 종사하는 사람을 산업전사라고 불렀단 말인가.

교사 노조까지 생긴 세상이라 공무원도 노동자로 부른다지만, 농업·목축업·임업·운수업·서비스업을 산업전사 영역에 넣고 있다니 참으로 해괴망측한 일이다. 종사자 스스로도 산업전사라고 생각해본 적 없을 테고, 다른 이들 역시 한 번도 산업전사라고 불러본 적 없는 농업·목축업·임업·운수업·서비스업 종사자를 산업전사라고 하다니 말이다. 어업은 왜 빠졌는지 모르겠다. 차라리 외항선을 타는 어부를 산업전사라고 부른다면 고개라도 끄덕일 수 있을 텐데 말이다. 실제로 광부와 어부의 삶이 마지막 선택하는 직업으로 함께 불리고 있으며, 어부의 금기와 광부의 금기가 비슷한 측면도 많다. 같은 배를 탄 어부들의 제삿날도 한 날이고, 한 막장 속의 광부들의 제삿날도 한 날이니 말이다.

국립국어원 표준국어대사전에 이렇게 정의를 내린 국어학자와 이 정의를 허용한 국립국어원 종사자들이야말로 죽어 마땅한 산업전사들이 아닐까? 이런 터무니없는 정의가 확산되는 동안 진짜 산업전사였던 광부가 정작 정부로부터 보상과 예우를 받아야 할 과정에서 소외되는 것이다. "농부도 산업전사요, 은행 직원도 산업전사요,

택시와 버스 기사도 산업전사요, 관광안내센터 해설사도 산업전사이니 이들도 모두 광부처럼 예우해야 한단 말인가요?" 하면서 따지는 것이다. "광부만 특별법으로 예우하면 다른 농부와 택시 기사는 형평성에 어긋나잖아요?" 하는 말 같지도 않은 소리 때문에 광부들은 또다시 막장 속으로 무너져 내리고 마는 것이다.

하여, 정책형성 1단계와 2단계를 오가고 있는 '석탄산업전사 예우에 관한 특별법' 추진은 장기적 관점을 지니고 공감대 확보를 위한 행동에 나서야 한다. 국회에서 입법을 가능하게 하려면 "국회라는 제도의 경계선 밖의 활동자와 깊은 관련성이 있기 때문에 국회의원과 유권자의 상호작용뿐만 아니라 행정부·관료·정당·여론·압력단체·지방적인 작용 등과의 상호작용도 보아야 한다"[36]는 지적을 새겨들어야 한다. 순직유가족협회, 7개 진폐재해단체를 비롯하여 탄광노동자와 가족 전체를 아우를 수 있는 전국의 세력을 규합하고, 7개 탄광촌 전체의 공감대도 함께 끌어내야 한다.

'석탄산업전사 예우에 관한 특별법'에 앞서 파독 광부에 대한 법률은 이미 제정되어 있다. 「파독 광부·간호사·간호조무사에 대한 지원 및 기념사업에 관한 법률」(약칭: 파독광부간호사법)이 2020년에 제정[37]되었고, 시행령은 대통령령으로 2021년 제정[38]되었다. 그 주요 내용은 다음과 같다.

---

36 위의 책, 65쪽.

37 법률 제17436호, 2020년 6월 9일 제정, 2021년 6월 10일 시행.

38 대통령령 제31694호, 2021년 5월 18일 제정, 2021년 6월 10일 시행.

파독 광부·간호사·간호조무사에 대한 지원 및 기념사업에 관한 법률

제1조(목적) 이 법은 대한민국 정부 및 독일연방공화국 정부 간 경제 및 기술협조 등의 일환으로 독일에 진출하여 근로한 광부·간호사·간호조무사의 노고와 희생을 기념하고 국가경제 발전에 기여한 이들의 공로에 걸맞은 기념사업 및 지원에 필요한 사항을 규정함을 목적으로 한다.

제2조(지원대상) 이 법에서 적용받는 지원대상은 다음과 같다.

1. 1961년에 체결된 「대한민국 정부와 독일연방공화국간의 경제 및 기술원조에 관한 의정서」, 1963년 12월 체결된 「한국 광부의 임시 고용계획에 관한 협정」에 따라 1963년 12월 21일부터 1977년 12월 31일까지 독일에 진출하여 임금을 목적으로 근로를 제공한 광부

2. 1966년 1월 29일부터 한국해외개발공사를 통한 알선과 1969년 8월 체결된 「한국해외개발공사와 독일 병원협회 간 협정」에 따라 1976년 12월 31일까지 독일에 진출하여 임금을 목적으로 근로를 제공한 간호사 및 간호조무사

제3조(지원대상자에 대한 지원) ① 국가는 지원대상자에게 다음 각 호의 지원을 할 수 있다.

1. 대한민국 또는 거주 중인 국가에서의 생활에 필요한 사회서비스 안내 등 기본정보의 제공

2. 대한민국 정착에 필요한 교육 또는 상담

3. 파독 광부·간호사·간호조무사 관련 기관 및 단체와의 연계

② 그 밖에 제1항 각 호에 따른 지원의 범위, 방법 등에 관하여 필요

한 사항은 대통령령으로 정한다.

제4조(기념사업 등) ① 국가는 파독 광부·간호사·간호조무사와 관련된 다음 각 호의 사업을 할 수 있다.

1. 기념관 건립 등 기념사업

2. 역사적 자료의 수집·보존·관리·전시 및 조사·연구

3. 교육·홍보 및 학술활동

4. 국제교류, 공동조사 등 국내외 활동

5. 그 밖에 제1호부터 제4호까지의 사업에 부수되는 사업

② 제1항에 따른 사업을 수행하기 위하여 필요한 사항은 대통령령으로 정한다.

제5조(경비의 보조) 국가는 대통령령으로 정하는 요건을 갖춘 법인 또는 단체가 제4조 제1항 각 호의 사업을 수행하는 경우 예산의 범위에서 사업에 필요한 비용의 전부 또는 일부를 보조할 수 있다.

제6조(업무의 위탁」) 이 법에 따른 고용노동부장관의 업무는 그 일부를 대통령령으로 정하는 바에 따라 관련 법인 또는 단체에 위탁할 수 있다.

파독 광부·간호사·간호조무사에 대한 지원 및 기념사업에 관한 법률 시행령

제1조(목적) 이 영은 「파독 광부·간호사·간호조무사에 대한 지원 및 기념사업에 관한 법률」에서 위임된 사항과 그 시행에 필요한 사항을 규정함을 목적으로 한다.

제2조(지원대상자에 대한 지원) 고용노동부장관은 「파독 광부·간호사·간호조무사에 대한 지원 및 기념사업에 관한 법률」(이하 "법"이라 한다) 제2조에 따른 지원대상자(이하 "지원대상자"라 한다)에게 법 제3조제1항에 따라 인터넷 홈페이지 등을 통해 사회서비스 정보, 생활법령 정보 및 교육 자료의 제공 등의 지원을 할 수 있다.

제3조(기념사업 등 사업에 대한 의견청취) 고용노동부장관은 법 제4조제1항 각 호의 사업을 효율적으로 추진하기 위해 필요한 경우 지원대상자와 관련된 기관·단체 또는 관계 전문가 등의 의견을 들을 수 있다.

제4조(경비의 보조) 법 제5조에서 "대통령령으로 정하는 요건을 갖춘 법인 또는 단체"란 다음 각 호의 요건을 모두 갖춘 법인 또는 단체를 말한다.

1. 법 제4조 제1항 제1호부터 제4호까지에서 규정한 사업 수행을 설립목적으로 하거나 이를 주된 사업으로 하는 법인 또는 단체나 그와 관련된 사업 수행실적이 있는 법인 또는 단체일 것

2. 다음 각 목의 법인 또는 단체일 것

    가. 「공공기관의 운영에 관한 법률」 제4조에 따른 공공기관

    나. 「공익법인의 설립·운영에 관한 법률」 제2조에 따른 공익법인

    다. 「민법」 제32조에 따른 비영리법인

    라. 「비영리민간단체 지원법」 제2조에 따른 비영리민간단체

제5조(관계 기관의 협조) 고용노동부장관은 법 제3조부터 제5조까지의 규정에 따른 업무를 수행하기 위해 필요할 때에는 관계 중앙행정기관의 장에게 필요한 협조를 요청할 수 있다. 이 경우 협조 요청을 받은 관계 중앙행정기관의 장은 정당한 사유가 없으

면 그 요청에 따라야 한다.

제6조(업무의 위탁) 고용노동부장관은 법 제6조에 따라 다음 각 호의 업무를 「한국산업인력공단법」에 따른 한국산업인력공단에 위탁한다.

1. 법 제3조에 따른 지원대상자에 대한 지원 업무
2. 법 제4조에 따른 기념사업 등 사업의 수행

제7조(고유식별정보의 처리) 고용노동부장관(법 제6조에 따라 고용노동부장관의 업무를 위탁받은 자를 포함한다)은 다음 각 호의 사무를 수행하기 위해 불가피한 경우 「개인정보 보호법 시행령」 제19조 제1호, 제2호 또는 제4호에 따른 주민등록번호, 여권번호 또는 외국인등록번호가 포함된 자료를 처리할 수 있다.

1. 법 제3조에 따른 지원대상자의 지원에 관한 사무
2. 법 제4조에 따른 기념사업 등 사업의 수행에 관한 사무
3. 법 제5조에 따른 경비의 보조에 관한 사무

파독 광부에 대한 법률은 제정되었으나, 아직도 일제징용광부나 한국의 석탄산업전사를 지원하는 법률은 따로 제정되지 못했다. '석탄산업전사 예우 특별법'은 석탄산업 전체를 조망하는 데서 출발해야 한다. 1989년 시행된 석탄산업합리화 사업으로 전국의 탄광촌이 폐허가 되고, 광부들은 생업을 잃었다. 석탄합리화 시행 33년이 지난 2022년 11월 현재, 우리나라에는 4개의 탄광(태백의 장성광업소, 삼척의 도계광업소와 경동 상덕광업소, 화순의 화순광업소)만 남기고 모두 문을 닫았다. 2023년 말에는 전남 화순군의 화순광업소가 폐광하고, 2024년 말에는 강원도 태백시의 장성광업소가, 2025년

말에는 삼척시의 도계광업소가 폐광하기로 노사회의에서 결정했다. 모든 탄광이 문을 닫은 폐광의 길에서 석탄산업전사 예우 사업은 석탄산업사 전반을 돌아보면서 국가에 의해 희생된 광부와 탄광촌의 희생을 짚으면서 나아가야 한다.

산업전사 위령탑을 중심으로 한 추모사업은 순직자 유가족협회와 진폐단체가 광부 관련 핵심 단체였다. 하지만 앞으로 추진되는 성역화 사업과 산업전사 예우 사업은 순직 광부와 순직 진폐재해자뿐만 아니라 모든 광부를 포함하는 형태로 추진해야 한다. 나아가 퇴직 광부 단체까지 아우를 수 있어야 한다. 이미 태백·삼척·정선지역에서는 폐광근로자협의회, 퇴직근로자협의회 등의 퇴직 광부 단체가 결성되어 있다. 또 경기도 지역에는 향우회 성격을 지닌 함우회(함태광업소 출신 친목회)나 강우회(강원탄광 출신) 같은 단체도 있다. 광부는 순직하든 않든 간에 '산업전사'라는 호칭으로 예우되었다는 것을 기억해야 한다.

'석탄산업전사의 예우를 위한 특별법 개정 관련 건의문'

석탄은 대한민국 경제성장의 상징입니다. 국민들이 등 따시게 기본생활을 유지할 수 있었고 벌거벗은 산하를 푸르게 만든 것은 바로 우리나라 유일의 에너지 자원인 석탄이었다는 것은 누구도 부인하지 못하는 역사적 사실입니다.

유일의 에너지 자원이었던 검은 황금을 찾아 전국에서 모여들었던 광부들은 정부의 대책 없는 석탄산업합리화 정책 시행으로 일자리를 잃고 타 도시로 떠나면서 급격한 감소와 탄광지역의 경제 피폐화를 몰고 왔습니다. 이를 해소하고자 만든 「폐광지역 개발 지원에 관한 특별법」과 이를 근거로 만든 강원랜드는 20여 년이 지난 현 시점에서 그 목적을 달성하지 못하고 정부의 곳간을 채우는 역할을 했다는 각종 지표와 보고서가 이를 증명하고 있습니다.

과거 정부의 무리한 채탄 목표 설정으로 광부는 부득이 열악한 작업환경인 땅속 깊은 어둠 속 채탄 막장으로 내몰렸고 목숨을 담보로 현재의 시각으로 본다면 이해할 수 없는 노동 강도를 이겨내야 했습니다. 그렇기 때문에 석탄산업을 이끌며 대한민국 경제발전의 주역이었던 석탄산업 영웅들의 숭고한 모습을 결코 잊어서는 안 될 것입니다.

단일 업종에서 가장 많은 순직자가 발생했고 산재법이 시행되기 이전의 희생자에게 배상은커녕 희생자 규모조차 파악되지 못하고 있습니다. 산업전사 위령탑(4,114분), 진폐재해순직자 위령각(9,923분)에는 총 14,037분의 위패가 모셔져 있습니다. 이 작은 지역 태백 위령탑, 위령각에서만의 숫자입니다. 또한, 진폐증으로 태백근로복지공단에 등록된 분들이 무려 3,285명입니다. 여러 사유로 통계에 잡히지 않은 분들을 포함한다면 진폐를 앓고 계신 분들은 상상 이상일 것입니다.

석탄산업을 근간으로 대한민국 발전을 이끈 석탄산업전사 및 진폐재해자의 권리를 찾기 위하여 2020년 (사)석탄산업전사추모및성역화추진위원회(위원장 황상덕)를 발족하였고 이전부터 진폐환자 권익 보호 등 진폐 관련 여러 단체가 활동을 하고 있습니다. 이를 대표하여 황상덕 위원장은 석탄산업전사 관련 특별법 제정의 필요성에 대하여 2021년 두 차례 그리고 지난 8월에 관련 포럼을 개최하며 작지만 큰 걸음을 내디뎠습니다. 많은 전문가들이 접근 방법은 다르지만 공통된 의견이 있었습니다.

하나, 석탄산업에 대한 전반적인 재평가

하나, 전국에 흩어져 있는 석탄산업전사 및 진폐 후유증에 의한
　　　사망자 파악

하나, 현재 숨을 헐떡이며 죽음을 기다리시는 분들에 대하여 헌
　　　법에 명시된 최소한의 행복 추구권 보장

하나, 광부의 날 제정을 비롯하여 위령제(추모제)의 정부 주관

하나, 체계적인 관리와 집행을 위한 전담부서(도와 시·군) 설치 등

이러한 의견을 수렴하고 시행하기 위해서는 반드시 이에 관한 '법'이 있어야 합니다. 현재 이철규 국회의원이 제안한 폐특법 개정안이 계류 중인 것으로 알고 있습니다. 폐광지역과 이해 당사자분들의 의견을 충분히 수렴하여 이번 정기국회에는 반드시 통과되어야만 합니다. 우리나라 국가경제발전의 일등공신 석탄산업을 이끌었던 광부들의 헌신이 개인의 불행한 역사가 아닌 국가 산업의 역사임을 잊지 않고 숭고한 희생의 명예가 헛되지 않아야 합니다.

존경하옵는 김진표 국회의장님!

그리고 대한민국 국회의원 여러분!

과거를 잊은 국민은 미래를 설계할 수 없다는 말은 평범하지만 우리가 꼭 새겨야만 한다고 생각합니다. 석탄산업전사 그리고 진폐재해 환자분들의 마음을 헤아려주시기를 간곡하고 간절하게 건의드립니다. 2022년 정기국회는 석탄산업전사, 그 유가족, 진폐환자 그리고 폐광지역에 대하여 배상은 아니더라도 정부의 보상적 차원에서 정책적 배려를 위해 「폐광지역 개발 지원에 관한 특별법」 개정

(안)을 반드시 통과시켜주실 것을 폐광지역 주민을 대표하여 간곡히 건의드립니다.

2022년 9월 30일

진폐단체연합회
(사)석탄산업전사추모및성역화추진위원회위원장 황상덕
(사)한국진폐재해재가환자협회장 황상덕
(사)한국진폐재해자협회장 김경수
(사)광산진폐권익연대회장 구세진
(사)대한진폐재해자보호협회장 김상기
(사)중앙진폐재활협회장 이희탁
(사)태백시폐광퇴직근로자협의회장 남해득
(사)정선군 폐광근로자협의회장 정성영

　　광부의 희생을 기리고 예우하며 예산지원을 할 수 있는 법적 근거를 위한 「폐광지역 개발 지원에 관한 특별법」 개정안이 국회 상임위를 통과했다. 국회 산업통상자원중소벤처기업위원회는 2022년 9월 22일 특별법 개정안을 수정 의결했다. 이 개정안을 통해 국가와 지방자치단체가 석탄산업전사를 추모하고 희생을 기리는 위령제와 위령탑을 중심으로 한 추모 공간을 조성할 수 있는 지원 근거를 마련했다. 또한, 산업전사 예우와 관련한 자료의 수집·조사·관리·전시 등의 기념사업도 함께 수행하는 예산을 지원할 수 있는 내용을 개정안에 담았다. 개정안이 상임위를 통과한 만큼 탄광촌 주민들과 광부 및 그 가족들은 본회의 통과를 기대하고 있다. 폐특법 내의 개정안은

첫 발걸음을 내딛는 작업이다. 더 나아가서 독자적인 석탄산업전사
예우 특별법이 제정될 수 있어야 한다.

　　장기적 활동을 위해서는 석탄산업전사의 역할을 규명하는 연구
소 개설과 전문연구위원 위촉에 나서야 한다. 이를 통해 일회성 행
사의 포럼이 아닌 지속적인 사업을 시행해야 한다. 자료를 조사하고,
아이디어를 모으고, 사업 방향을 기획하고 재조정하면서 역량을 축
적해야 한다. 이러한 사업이 원활하게 작동하기 위해서는 '산업전사
성역화추진위'와 '태백현안대책위'라는 민간기구 외에도 태백시의
공적 직제가 편성되어 함께 호흡해야 한다. 태백시는 석탄산업전사
예우 특별법 제정을 '위령탑과 위령각의 공간 확대와 순직 광부 추
모 사업' 정도로 인식해서는 안 된다. 장성광업소 폐광 이후에 전개
될 '탄광문화유산을 활용한 유네스코 세계유산 등재'를 통해 새로운
도약을 준비해야 하기 때문이다. 폐탄광 시설에 혼을 불어넣어 유네
스코 세계유산으로 가는 길은 산업전사의 공적을 영구히 기리는 단
초가 될 것이다. 카지노의 위성도시로 전락한 태백시와 삼척시 도계
읍이 생존할 수 있는 최적의 대안은 유네스코 세계유산 등재에 있다.
이를 위해서라도 시 직제 내에 탄광문화유산과를 신설하여 민간기
구와 지혜를 모아야 한다.

4. 광부의 날 제정

　　김선자[39]의 할아버지는 도계 홍전 상사택(홍전초등학교 앞의 밭을 사택으로 만든, 2021년 현재 새마을사택 5층 건물이 들어선 자리) 자리에서 조를 비롯한 몇 가지 곡식 농사를 지으면서 사는 농부였다. 도계지역 탄광이 개발되면서 김선자 씨의 아버지는 농부가 아닌 광부가 되었다. 대한석탄공사 도계광업소 홍전갱에서 근무한 김선자의 아버지, 그리고 1940년생인 김선자 역시 광부의 길을 걷는다. 아버지의 뒤를 이어서라기보다는 남편의 뒤를 이어 탄광노동자가 된 것이다.

　　김선자의 남편 역시 도계광업소에서 근무했으니, 아버지를 비롯해 한 집안에 3명이 광부로 일한 독특한 가족사를 지니고 있다. 그뿐만이 아니다. 사위까지 광부로 맞았으니, 아버지와 김선자 부부, 그리고 사위까지 한 집안 3대 구성원 4명이 광부가 되었다. 대를 이어서 근무하는 집안이 많은 탄광촌이라지만, 3대 4명은 흔하지 않을 것이다.

　　종종 언론에서는 한 집안에 같은 일을 하는 가족이 많을 때는 판·검사 법조계 집안이니, 교육자 집안이니, 군인 집안이니 하면서 자랑스럽게 가족의 삶을 다뤄주기도 한다. 법조계 집안은 4월 25일 법의 날을 전후하여, 교육자들은 5월 15일 스승의 날을 전후하여, 군

39　　김선자(선탄부), 2021년 7월 22일, 중앙진폐재활협회 사무실에서 면담

인 집안은 10월 1일 국군의 날을 전후하여 신문마다 방송마다 인물 특집을 다룬다. 개인사적으로든, 사회적으로든 자랑스럽다는 듯이 다룬다. 그런데 국가를 위해 영웅적 희생을 하는 산업전사는 더 자랑스러운 일을 했음에도 그런 광부 가족을 다룬 사례가 없다. 1990년 초까지 우리는 군사독재, 문민독재를 살던 시기이니 언론은 곧 정부의 이념을 전달하는 창구라고 해도 과언이 아니다. 하여, 언론의 의도는 정부의 의도와 동일시할 수 있다. 광부들이 우리 사회의 자랑스러운 인물이 아니어서 언론과 정부에서 기피한 것이라고는 믿고 싶지 않다. 어쩌면 광부 가족을 다룰 광부의 날이 없어서일 수도 있을 것이라고 스스로를 위로해본다.

'각종 기념일 등에 관한 규정'에 따른 국가기념일 중에는 상공의 날(3월 셋째 수요일)이 있고, 국군의 날이 있는데도 예비군의 날(4월 첫째 금요일)이 있다. 보건의 날(4월 7일), 과학의 날(4월 21일), 철도의 날(6월 28일), 세계 한인의 날(10월 5일), 문화의 날(10월 셋째 토요일), 경찰의 날(10월 21일), 교정의 날(10월 28일), 금융의 날(10월 마지막 화요일), 농업인의 날(11월 11일), 소비자의 날(12월 3일), 무역의 날(12월 5일) 등 별의별 날이 다 있다. 그런데 광부의 날은 없다.

북한에는 '광부절'이라는 광부의 날과 '탄부절'이라는 탄광부의 날이 각각 있는데, 한국에는 아무것도 없다. 북한은 광부들을 '산업전사'라 칭하지도 않았으나 탄부절을 통해 광부들을 예우했다. 우리는 북한의 탄광을 두고 '지옥 같은 아오지탄광'이라고 비하했으나, 실제 북한에서는 탄부절을 두고 그들의 노동을 귀하게 여겼다. 남한이든 북한이든 다 같은 탄광 막장에서 일하는 광부였으니, 어느 곳이 더 지독한 푸대접을 받고 있는 것인가? 북한은 탄을 캐는 광부를 일컬어 '영웅'이라고 칭한다. 북한의 탄광시에도 영웅으로 등장하고,

북한의 신문에도 영웅으로 등장한다. 목숨을 바쳐가면서 일하는 광부, 신체의 손상을 입어가면서 일하는 광부 직업을 알기에 북한은 광부들을 국가의 영웅이라고 부른다.

그런데 남한의 광부는 '산업역군'이니, '산업전사'니, '증산보국'이니 하는 수사만 화려했을 뿐 정작 '광부의 날' 같은 보상책은 하나도 없었다. 남한사람들은 이제 지옥 같은 삶을, 지옥 같은 작업현장을 '아오지탄광'이라고 불러서는 안 될 것이다. 지옥 같은 삶이란, 지옥 같은 현장이란 '남한의 탄광'이라고 불러야 할 것이다. 도계광업소가 그런 지옥이고, 장성광업소가 그런 지옥이며, 함태탄광·강원탄광·황지광업소·사북광업소·정암광업소·함백광업소가 그런 지옥이었다. 문경광업소·화순광업소·성주광업소가 그런 지옥이었다. 국가의 영웅으로 대접받는 아오지탄광의 광부를, 북한의 광부를 지옥 같은 삶이라고 표현해서는 안 된다. 탄부절이라는 명절까지 보내며 영웅 대접받는 아오지탄광의 광부를, 북한 탄광의 광부를 지옥에서 사는 광부들이라고 표현해서는 안 된다. 석탄 증산이 필요할 땐 말로만 '산업전사'라고 빈말을 던졌다가, 유공자 대우를 요구하면 "모든 산업영역의 일꾼이 다 산업전사 아닌가?"라고 되받아치는 남한사람들은 아오지탄광을 들먹일 자격이 없다.

북한을 비롯해 전 세계적으로 다 있는 노동절을 생각하여 남한 정부가 '퉁'치려 들지도 모르겠다. 노동절 하나로 광부들의 노동 대가를 다 담으려고 했다면, 국민을 위한 정부라고 할 수 없다. 광부를 '다 같은 노동자'라고 보는 시각이라면, 국군의 날과 예비군의 날이 따로 있을 필요가 있겠는가? 또 법의 날이 있는데 굳이 경찰의 날이나 교정의 날까지 따로 둘 필요가 있는가? 같은 노동자의 날에 광부까지 다 넣을 심산이라면 농민의 날은 무엇인가? 은행이며, 보험사며,

증권사까지 노동절에 다 문을 닫고 노동자처럼 쉬고 있는데 금융의 날은 또 무엇인가?

저마다 업종별 국가기념일을 두고 있는 금융·상공·보건·과학계 종사자들을 산업전사라고 칭한 적이 있었던가? 국가기념일로 지정한 직무별 업계를 나열하다 보니 묘한 공통점이 있다. 국가에 대한 공로나 헌신이 아니라 우리 사회의 기득권 집단에 해당한다는 점이다. 사회적으로 특별한 대우를 받아왔고, 수입도 탄광노동자들보다 많았으며, 광부들이 탄광 막장에서 죽어갈 때 전혀 위험성이 없는 공간에서 일한 사람들의 집단이었다. 광부들의 실제적인 삶은 '산업전사'로서 보냈는데, 산업전사 예우해달라며 진폐증으로 병든 몸 이끌고 나서보니 모두 고개를 돌린다. 기득권 세력 중심의 국가기념일을 반성할 시기가 온 것이다. 동시에 산업화 과정에 희생된 광부들을 잊고 살던 세월도 함께 반성하고자 한다. 금융·상공·보건·과학계 종사자들은 사회적·경제적 여건도 광부보다 나은 처지에 국가기념일까지 차지하고 있으니 차별이 심하다. 금융·상공·보건·과학계 종사자들은 탄광 막장의 재해순직이나 진폐증 같은 직업병도 없는데, 국가기념일까지 차지하고 있으니 차별이 심하다.

북한, 러시아, 벨로루시, 카자흐스탄, 우크라이나, 에스토니아, 폴란드 등에서는 광부의 날을 지내고 있다. 미국도 해마다 12월 6일을 국가가 기념하는 광부의 날(National Miner's Day)로 기념하고 있다. 2021년 광부의 날을 맞아 '광산 안전 및 건강 노동부 차관보'인 지네트 갈라니스(Jeannette Galanis)가 노동부 사이트에 올린 "광부를 존중하는 가장 좋은 방법"이라는 글을 보면 광부를 대하는 국가의 자세를 읽을 수 있다.

114년 전 오늘 미국 역사상 최악의 광산재해가 웨스트버지니아 주 모논가(Mononga)에서 일어났습니다. 1907년 12월 6일 아침 페어몬트 석탄회사(Fairmont Coal Co.)의 6호 광산과 8호 광산에서 폭발로 인해 아버지와 함께 광산에 들어간 자녀를 포함해 362명이 사망했습니다.

그래서 우리는 이날을 전국 광부의 날로 지정합니다. 우리는 모논가와 미국의 광산 역사를 통해 잃어버린 삶을 기억합니다. 그러나 마찬가지로 중요한 것은 오늘날 광부들이 수행하는 중요한 작업, 우리 모두가 일상생활에서 사용하는 중요한 재료를 제공하는 작업을 인식하고 직장에서 안전과 건강을 개선하기 위해 다시 노력하는 날입니다.

지난 한 해 동안 우리는 광산 사망자, 특히 동력 운반 장비 및 차량 전복으로 인한 사망자가 급증하는 것을 보았습니다. 이것은 사랑하는 사람을 잃은 가족에게 치명적인 영향을 미치는 혼란스러운 추세입니다.

우리는 안전 모범 사례에 대한 정보와 모든 광부를 위한 교육의 중요성에 대한 정보를 얻는 데 자원을 집중하고 있습니다. 우리는 7월에 첫 번째 국가 안전의 날(Stand Down for Safety Day)을 개최했으며, 전국의 광산을 방문하여 중요한 교육을 실시하고 안전 전단지, 스티커 등을 인명 구조 정보와 공유했습니다. 또한, 우리는 최근 몇 년 동안 부상과 사망자 증가와 관련된 표면 모바일 장비 근처 또는 작동 작업과 관련된 위험을 해결하기 위한 새로운 규칙을 제안했습니다.

MSHA(광산 안전 보건국)는 수천 명의 광부와 계약자에게 필요한 안전 및 건강 교육을 제공하고 있습니다. 올 가을 주 보조금 프로그램을 통해 1천만 달러를 전달했으며, 브룩우드-사고(Brook-

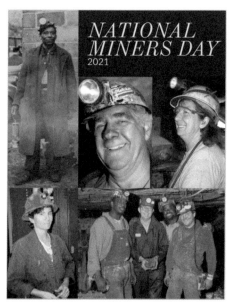

미국 광부의 날 포스터

wood-Sago) 보조금으로 100만 달러를 확보하여 전국 광산의 안전하
지 않은 노동 조건을 피하고 예방하는 데 도움이 되는 교육 및 훈련을
지원합니다. 마지막으로, 우리는 광산에서 코로나바이러스 확산을 막
기 위한 조치와 광부들을 안전하게 지키기 위한 예방접종의 중요성에
대해 알리고 있습니다.

　　MSHA에서는 광부가 우리의 가장 소중한 광산 자원이라고 믿습
니다. 그리고 우리의 임무는 모든 광부의 교대가 끝날 때마다 안전하
고 건강하게 집에 돌아오도록 하는 것입니다. 미국의 1만 3천 개 이상
의 광산에서 일하는 수십만 명의 노력, 희생 및 헌신에 경의를 표하는
전국 광부의 날에 동참해주십시오.

미국은 최악의 광산 사고일에 맞춰 광부의 날을 기념하면서 순직 광부들을 추모하는 한편, 더 안전한 작업장을 위해 노력한다. 순직자가 미국 탄광재해의 40배에 달하는 한국에서는 아직도 '광부의 날' 제정 움직임조차 없다. 산업전사라 칭하지도 않은 미국이지만 광부의 날이 있는데, 산업전사니 증산보국이니 하는 강압적 구호가 난무하던 한국에선 광부의 날 제정에 관심도 없다.

이번에는 진짜 국가의 전사와 비교해보자. 군인과 광부 어느 쪽이 더 많이 죽어나갔는지를 살펴보자. 그 희생을 비교해보면 광부가 왜 산업전사로 불렸는지를 이해할 수 있을 것이다.

군인의 연도별 사망 현황(괄호 안은 자살 장병 수)[40]

연도	사망 군인	연도	사망 군인
1993	343(129)	2007	121(80)
1994	416(155)	2008	134(75)
1995	330(100)	2009	113(81)
1996	359(103)	2010	129(82)
1997	273(92)	2011	143(97)
1998	248(102)	2012	111(72)
1999	230(101)	2013	117(79)
2000	182(82)	2014	101(67)
2001	164(66)	2015	93(57)
2002	158(79)	2016	81(54)
2003	150(69)	2017	75(52)
2004	135(67)	2018	86(56)
2005	124(64)	2019	86(62)

40 국방부 '내부행정자료' 참조.

연도	사망 군인	연도	사망 군인
2006	121(77)	2020	55(42)

국가가 석탄 증산을 요구하던 시기에 탄광사고에 따른 광부 사망자는 1973년 229명, 1974년 223명, 1975년 222명, 1976년 201명 등 해마다 200명이 넘는다. 군인의 연도별 사망자 수보다 광부의 사망자 수가 훨씬 더 많다는 것을 알 수 있다. 군 특성상 자살 숫자까지 순직으로 포함하는데, 광부의 특성상 직업병인 진폐재해순직까지 포함하면 군인의 숫자를 훨씬 초월한다. 더구나 60만 명에 이르는 군인 수와 6만 명에 이르는 광부 수를 고려한 인원 대비 사망률을 비교하면 광부의 희생은 군인의 열 배를 넘는다. 진폐재해자를 포함하면 군인의 스무 배보다 더 많이 희생한다. 이런 사망통계를 비교하면 광부를 왜 산업전사라고 불렀는지, 왜 광부만을 산업전사라고 부를 수밖에 없었는지 이해할 수 있다. 군인과 비교한 광부의 사망통계를 놓고 보면, 진짜 나라를 지킨 사람은 광부였다는 것이 실감 난다. 전쟁이 나면 군인은 죽을 것을 알면서 전쟁터로 나가는 의연함이 있듯, 광부 역시 막장에서 죽을 것을 알면서 의연하게 채굴현장으로 향한다. 오래 근무하면 진폐증에 걸릴 것을 알면서도 막장의 탄가루를 계속 흡입하고 살았다. 증산보국을 구호로 내세운 국가의 부름에 응답하겠다는 책임감 하나로 막장의 무너져가는 동발을 지탱하며 석탄을 캤다. 어디 탄가루뿐이랴. 막장 속의 35℃ 내외를 오르내리는 지열이라든가, 습도 80%를 넘어서는 막장 공간을 견뎠다. "숨 쉬는 것도 노동"이라는 광부의 유행어가 있듯, 가만히 있어도 숨이 막히고 땀이 흐르는 막장에서 오직 석탄 증산에만 몰두한 광부들이다.

우리 정부는 경찰의 질병 사망까지 순직으로 포함하여 예우를 다하고 있다. 나라를 지키고, 국민을 지키던 경찰관이기에 당연히 그런 보상과 예우가 뒤따라야 한다. 광부 역시 일반 산업과 달리 국책 사업에 종사하던 이들이다. 광부들은 국군이나 경찰의 책무에 못지 않게 그 역할을 다했다. 한국전쟁 발발 중에 국영기업인 대한석탄공사를 설립할 만큼 석탄생산은 국가적으로 시급하고도 중대한 일이었다. 2022년 현재까지 대한석탄공사 체제를 유지해야 할 만큼 석탄은 국가의 기간산업이었다. 오늘날 한국이 경제선진국을 자랑하는 성과를 거두기까지 석탄생산 없이는 불가능한 일이었다. 한국의 광부는 국가의 산업을 위해, 국민의 난방 연료인 연탄을 생산하기 위해 지하 막장에서 노동하다가 순직한 이들이다. 그리고 퇴직 후에는 광부의 직업병인 진폐증으로 불치의 고통을 겪고 있다. 경찰의 질병 순직과 광부의 진폐 순직은 그 값어치나 무게가 조금도 다르지 않다.

1910년대의 평양광업소와 1920년대의 아오지탄광 등 남한보다 석탄산업을 먼저 시작한 북한에서는 해방 이후 광부절(鑛夫節)까지 만들어서 광부들을 위한 예우에 나서고 있다. 또 광부절에 이어 석탄광부만을 위한 탄부절(炭夫節)까지 제정하고 나섰다. 1955년 제정한 광부절이 있는데도 1990년 10월 31일에 탄부절을 제정한 것이다. 광부절에 포함하여 석탄광부를 기념하다가, 석탄광부를 별도로 분리하여 예우할 만큼 석탄산업이 지닌 가치가 큰 것이다. 1991년부터 탄부절은 7월 7일, 광부절은 9월 15일(셋째 일요일)에 맞춰 기념했다.[41] 그런데 1993년에 들어와서는 탄부절은 7월 7일 그대로 두고, 광부절을 7월 1일로 옮겼다.[42] 북한의 선전매체에서는 광부절을 7월

---

41 통일원, 『북한 주요 행사 예정표 1991년도』, 통일원, 1991.
통일부 북한자료센터: http://unibook.unikorea.go.kr
42 통일원, 『북한 주요 행사 예정표 1993년도』, 통일원, 1993.

1일로 옮긴 것은 "1975년 7월 1일 김정일이 '검덕광업연합기업소'를 방문한 날"의 기원을 찾는 것이라고 밝힌 바 있다.[43] 1997년에 한 차례 더 바뀌는데, 탄부절을 4월 24일로 변경하고 광부절은 7월 1일 그대로 시행하여 2022년 현재까지 이어지고 있다.

통일부가 제작한 『북한 주요 행사 예정표』는 광부절이 1957년 7월 5일에 제정되었다고 기록하는데, 이는 오기로 보인다. 북한은 1955년에 이미 첫 탄부절을 지내고 있었기 때문이다. 『로동신문』 1955년 8월 31일자에서 「첫 탄부절을 로력적 성과로 맞이, 사리원 탄광에서」라는 기사를 보냈고, 같은 신문 9월 1일자에서 「작가 예술인들 탄부절을 기념하는 작품 창작에 정진」 등의 기사를 다룬 바 있다. 그해 같은 신문 9월 18일자 1면에는 김일성의 축하문 「공화국 탄부절에 대하여 석탄 공업 부문의 전체 로동자, 기술자, 사무원들에게!」라는 글도 실렸다. 북한의 광부절 기원은 탄부절이었다. 러시아(당시 소련)는 앞서서 탄부절을 제정하여 기념하고 있었다. 북한이 러시아의 탄부절 경축 인사를 보낸 것도 이에 영향을 받은 것인데, 대부분의 사회주의 국가에서는 러시아의 영향을 받아서 광부의 날을 제정했다. 북한에서는 1955년부터 탄부절로 지내다가 이를 광부절로 바꾼 것으로 보인다. 그러다가 다시 1990년에 광부절은 그대로 두고 탄부절을 따로 제정한 것이다.

태백의 산업전사 위령제는 1975년 산업전사 위령탑 제막과 함께 시작하여 태백광공제 기간에 열렸다. 광공제가 폐지된 이후에는 태백제 기간에 위령제를 올리고 있다. 탄광이 활성화할 때 지역 문화

---

43   정연수, 「북한 탄광시의 주제적 특성 고찰」, 『한중인문학연구』 34, 한중인문학회, 2011, 144쪽.

제의 첫 순서는 늘 순직 광부를 기리는 위령제였다. 태백의 광공제, 정선의 사북석탄문화제, 영월의 강원도탄광촌문화제 모두 순직 산업전사를 위한 위령제로 축제의 막이 오른다. 그러나 아직 산업전사의 희생에 대한 국가 차원의 예우는 없는 실정이다. 유가족과 탄광촌 주민들은 석탄산업전사를 기리는 기념일이 제정되기를 기대하고 있다.

석탄합리화 이후 산업전사 영령의 위패들마저 제자리를 찾지 못하고 떠돌고 있다. 함태광업소 순직자 148위의 위패를 모시고 정기적으로 위령제를 올리던 청원사는 그 제례의 전통마저 끊겼다. 위패들이 만덕사로 옮겨가고, 청원사의 소유권마저 변경되면서 함태광업소와 깊은 인연을 맺은 청원사의 정체성이 사라질 위기에 처했다. 이러한 사례는 사북에서도 발생했다.

남편은 29세에 탄광 일을 시작해서 22년간 채탄과 굴진 광부로 일하다가 몸이 아파서 퇴직한 후에 2~3년 앓다가 51세의 나이로 죽었습니다. 규폐에 걸린 것인데, 예전엔 규폐를 받아주는 것도 잘 몰라 절차도 모르고 해서 신청을 안 했습니다. 또 나중에라도 보상 신청 애기가 나올 때는 아들이 "아버지 뼈를 깎아 안 먹겠다"는 말도 했습니다. 3남 2녀 중에서 큰아들은 17~18세였고, 막내아들은 5세 때 남편을 잃었으니 자식을 키울 일도 막막했습니다. 인근 밭에서 감자나 콩, 옥수수 등의 농사를 짓는 한편 동원탄좌에 일하러 온 광부 5명을 하숙치면서 생계를 꾸렸습니다. 하숙하던 광부 중에는 퇴직하고 떠나서 단양이나 전라도 등지에 살면서 지금까지도 안부 인사를 하는 사람도 있습니다. 그때 하숙을 치면서 밥값을 떼먹고 간 뒤에 끝내 못 받은

사람도 있고요. (전옥순)[44]

전옥순은 당시 고시 공부하는 아들의 뒷바라지를 한다고 법성사에서 하루 2시간씩 네 번 기도를 올렸다. 그러다가 절에서 보수도 안 받고 밥하는 일을 하는 공양주로 20년 있었다. 산업전사를 대하는 법성사의 당시 역할이 예사롭지 않다.

> 법성사에는 동원탄좌 순직자의 영령을 모시고 있었습니다. 5월 단오 때는 순직 광부를 위한 영가제사상을 차리는데, 그 일도 공양주인 내가 다 했습니다. 영가제사는 가정집 제사와 같은 것인데, 스님의 염불이 더 들어 있습니다. 단옷날 순직 광부의 영가제사는 보통 오전 11시부터 12시까지 진행했으며, 항장·과장·계장들이 와서 제를 올렸는데, 유가족들도 함께 왔습니다. 제사를 지낼 때는 여자들도 엎드려서 큰절을 올렸고요. 남편이 죽은 다음에 딴 남자를 만나 자식을 놓고 간 사람도 있었는데, 그들은 찾아오지 않았어요. 제사를 지낼 때는 유가족과 회사에서 절에 돈을 내고 갔습니다. 유가족들이 오면 공양주하는 내가 고생한다고 내복이나 양말 같은 선물도 주곤 했어요. 법당의 공양주로 있을 때는 광업소 과장이나 계장들이 내게 고생한다면서 연탄 2천 장씩 집으로 실어다주기도 했습니다. (전옥순)[45]

사북의 법성사는 동원탄좌 순직 광부의 영령을 모시고, 5월 단

44　정연수, 「사북읍 탄광촌 주민들의 삶과 문화」, 『정선 탄광촌 주민들의 삶과 문화』, 정선문화원, 2019, 172쪽.

45　정연수, 「사북읍 탄광촌 주민들의 삶과 문화」, 『정선 탄광촌 주민들의 삶과 문화』, 정선문화원, 2019, 171-172쪽.

법성사

지도상에는 남아 있는 법성사

오 때는 오전 11시부터 12시까지 영가제사를 지냈다. 갱장·과장·계장과 유가족이 함께 참여하여 제를 지내던 곳이다. 광부들의 영령을 모시고, 그 혼백을 위로하던 절이라는 얘기를 듣고 내비게이션을 켜서 찾아갔다. 내비게이션에는 '법성사'가 등장하지만, 도착한 곳에서는 절의 흔적을 찾아볼 수 없었다. 다만, 인근 사람들에게 물으니 폐허가 된 가정집처럼 서 있는 건물이 예전 법성사라고 알려줄 뿐이다. 동원탄좌가 없어진 뒤에 법성사는 스님이 아닌 일반인에게 매각되었다. 법성사에 있던 순직자의 위패도 사라지고, 절에 있는 불상이나 '법성사'

254

라는 현판도 떨어져나갔다.[46] 사북광업소가 문을 닫고 10년도 안 돼 순직 광부의 영령을 모시던 절마저 문을 닫은 법성사의 모습은 폐광촌을 극명하게 드러내는 자화상이기도 하다.[47]

탄광은 모두 폐광이 되었어도 '광부의 날' 혹은 '산업전사의 날'을 지정해야 하는 당위성은 여기에 있는 것이며, 산업전사의 성지화를 통해 역사 속에서 기려야 할 책무는 국가에 있는 것이다. 성역화라는 공간의 확충과 더불어 '산업전사의 날'을 국가기념일로 제정하여 추모할 수 있는 공식 방안을 마련해야 한다. 앞으로는 탄광 순직 혹은 진폐 순직 외에도 퇴직 광부를 위한 위령제도 모색해야 한다. 그것이 가능할 때, 태백이 한국 산업전사의 성지라는 대표성을 지닐 수 있으며, '산업전사의 날'을 국가기념일로 승격하는 데 명분을 얻을 것이다.

국가가 산업전사의 날이라든가 산업전사 유공자로 지정하기 이전에 탄광지역 7개 시·군 혹은 강원도가 나서서 산업전사들을 유공자로 인정하는 작업을 우선 시작해야 한다. 스포츠의 경우 골프·축구·야구 관련 단체에서 명예의 전당을 운영하고 있다. 국가유공자 지정 전에도 탄광지역이 광부를 영예롭게 만들 수 있는 사업을 시작할 수 있다는 뜻이기도 하다. 태백의 성역화 공간은 산업전사 명예의 전당 형태로 광부의 영웅적 삶을 영예롭게 만드는 데 초점을 맞춰야 한다. 전사의 죽음은 그 자체로 영웅 대접을 받는 것처럼, 산업전사로 불렸던 광부는 탄광에서의 재해순직과 직업병을 알고서도 작업을 수행한 진폐재해순직자 모두 산업전사 명예의 전당에 그 삶이 기

46 위의 글, 171-172쪽.
47 위의 글, 172쪽.

록되어야 한다. 이런 예우가 갖춰질 때 살아남은 광부와 그 가족이, 또 순직자의 후손이 산업전사의 성지가 된 태백을 찾아올 것이다. 태백은 산업전사와 그 후손이 대대로 찾기를 원하는 성지, 탄광뿐만 아니라 모든 산업에 종사한 노동자들이 본받기 위해 찾아오는 순례지로, 성장하는 학생들의 산업 학습장소로 만들어야 한다.

태백시가 나서서 대한민국의 7개 탄광촌을 아우르고, 한국 석탄산업 100년을 포괄하면서 새로운 미래로 나아갈 수 있어야 한다. 석탄산업전사 예우 특별법을 통해 탄광순직자와 진폐재해순직자만이 아니라 한국의 모든 산업전사에 대한 삶을 예우하고 기릴 때 우리 사회는 노동자도 진정한 주인이 되는 민주주의의 토대를 이룰 것이다. 태백시민들이 석탄산업전사를 예우하는 특별법 제정에 주도적으로 나선다는 것은 광산도시 태백의 정체성을 지키면서 대표성을 확보하는 길이기도 하다.

5. 광부를 영구히 기억하기 위한 석탄산업유산의 가치 계승

1) 탄광 디아스포라

1931년 만주사변 발발로 인해 한반도 남부지역의 과다한 쌀 공출로 기아문제가 발생했다. 게다가 1932년과 1933년에 계속된 가뭄과 쌀 공출에 따라 낙동강 유역의 기근이 심각해지면서 민심이 악화되었다. 조선총독부는 이를 무마하기 위해 경상도 지역의 주민을 만주와 중국 서북지방으로 집단 이주시켜 농사에 종사하게 하는 한편, 경상·전라·충청 지역의 이재민 다수를 함북 회령의 유선탄광, 평남 대동군의 삼신탄광으로 이주시켜 부족한 탄광노무자 문제를 해결하는 탄광이주정책을 시행했다. 만주의 미개간 지역으로 일제강점기의 한국인을 이주시킨 것을 두고 한반도에 일본 농민을 이주시키려는 식민지 정책으로 보기도 한다. 모집이라는 형식을 띤 탄광이민정책은 굶주림을 벗어나기 위해 마지못해 선택한 가난한 서민의 삶인 터라 그 당시에 이미 '막장 인생'이라는 말이 유행했다. 한편 경상도지역의 기근 해결을 위해 1933년에는 삼척광구에 대한 보류 지정을 해제했다. 기근에 시달리는 경상도지역 주민에게 일자리를 만들어주기 위해서였다.[48] 총독부가 취업이주를 추진한 사실은 삼척탄전 개발을 허가하면서 낙동강 지역주민 고용을 조건으로 내건 데서 알 수 있다. 1936년 이후부터는 경상도의 이주민들을 삼척·태백지역으

---

48 대한석탄공사, 앞의 책, 50쪽.

로 이주시키는 탄광이주정책을 통해 기근 해결과 부족한 탄광노동자 문제까지 해결하고 나섰다.

"개광 초기 장성에는 상당수의 중국인 근로자가 있었다고 하나 정확한 인원은 알 수 없으며 한국인 근로자로는 주로 동해안과 경북 지방의 주민이 이주하여왔다"[49]는 설명에서처럼 일제강점기 한국인·중국인·일본인 등 3개 민족의 노동자가 태백·영월 등의 탄광촌에 몰려들었다. 한편 일제강점기에 일본으로 징용된 이들도 있다. 영화 「군함도」로 알려지기도 했거니와 탄광으로 징용된 이들이 수만을 넘는다. 홋카이도 최초의 탄광인 가야누마탄광에 동원된 일제강점기의 한국인은 1939년부터 1945년 해방까지 1,000~1,500명으로 추정된다.[50] 또 야마구치현 우베시 니시키와 해역의 초세이(長生)탄광에서는 채광작업 중에 수중갱도 매몰로 희생된 한국인만도 186명에 이른다. 이들을 위로하는 합동 천도재가 초세이탄광 수중갱도 송풍구 근처에서 정기적으로 열리고 있다.[51]

일제강점기에 중국인과 일본인이 국내로 들어왔다면, 대한민국 수립 후에는 한국의 광부가 해외로 나갔다. 도계와 태백지역에서 탄광 기초훈련을 거친 후에 독일지역 광부로 나간 것이다. 철암지역의 파독광부기념관은 이들의 역사를 보여주고 있다. '탄광 디아스포라'는 한국 석탄산업의 독특한 양상이기도 하다. 태백에서 추진하는 산

49   위의 책, 343쪽.

50   정혜경,『홋카이도 최초의 탄광 가야누마와 조선인 강제동원』, 선인, 2013, 7쪽.

51   초세이와 군함도 탄광에 대한 내용은 다음 자료에 상세하게 나와 있다. 김문길,
『조선인 강제 징용과 장생탄광』, 진영문화사, 2000; 허광무,『일본 조세이탄광 수몰사
고 진상조사』, 국무총리 소속 일제강점하 강제동원 피해진상규명위원회, 2007; 이혜
민,『군함도(기록되지 않은 기억)』, 선인, 2018; 김민철·김승은 외,『군함도, 끝나지 않
은 전쟁』, 생각정원, 2017; 나가사키 재일조선인의 인권을 지키는 모임,『군함도에 귀
를 기울이면』, 선인, 2017.

태백시 철암동의 파독광부기념관 전시물

업전사 예우와 성역화 공간은 파독 광부까지 수용하고, 일본으로 강제 징용된 광부까지 다루는 형태로 발전할 때 명실상부한 대표성을 띨 수 있을 것이다.

2) 광부들의 삶 복원하기: 산업전사 영웅전 제작

광업소들을 호명하면서, 그곳에 종사하던 광부들의 삶을 하나하나 복원해야 한다. 자서전,[52] 직종별 광부 생애 구술사 등의 기록을 강화하면서 시설물에 스토리를 넣어야 한다. 선탄부, 채탄부, 굴진부, 운반공, 기계공, 전기공 등의 삶을 기록해야 한다. 박정희 시해 사건

---

52   자서전으로는 김정동의 『탄부일기』(눈빛, 2019)가 있다.

사북항쟁의 유공자를 기리는 뿌리관

에 묻힌 은성광업소는 석탄사에서 최대 인명사고(42명 사망)를 기록하고도 제대로 알려지지 않았다. 추모공간을 통한 성역화 작업은 전국 탄광을 대상으로 하면서 탄광 7개 도시, 그 외에도 강릉시나 평창군 등 탄광이 있던 모든 지역을 아울러야 한다. 각 지역의 대표 탄광을 복원하고, 그 탄광에 담긴 스토리를 함께 담아야 한다. 사북의 뿌리관이 사북항쟁 유공자를 기리듯이, 성역화 공간의 건물에는 순직자가 아닌 광부들까지 포함하여 산업전사의 명패를 제작하고 그들의 삶을 기록해야 한다. '광업소명이나 근무 기간' 같은 기록에다 그들의 생애를 덧붙여 모든 광부를 유공자로 기려야 한다.

폐광연도	폐광 수	탄광명(폐광 순)	노동자 수	태백시 인구
1988			15,441	115,175
1989	15	보성 상원, 황지 대동, 성원 원진, 동해 삼경, 강원 삼성, 태영 덕천, 보성, 동해 한영, 보성 오성, 보성 삼봉, 협신, 황지 정우, 동해 남일, 보성 협신, 동해 덕용	1,573	105,858
1990	8	우성, 태영, 동해 풍산, 황지 보림, 동해 삼창, 보성 세명, 동해, 보성 삼동	1,480	89,770
1991	5	동해 태극, 보성 성봉, 한성, 성원, 황지 광동	1,152	85,770
1992	4	황지, 삼신, 황지 홍보, 강원 동광	944	79,363
1993	9	강원, 함태, 황지 영동, 어룡 광신, 어룡 대덕, 어룡 동명, 함태 유정, 함태 한남, 삼탄 만항	2,713	71,905
1995	1	동신	120	64,877
	41		23,303	▽50,298

광부가 가장 많던 1987년에는 전국적으로 6만 8,491명의 탄광 종사자가 있었다. 이 모두를 산업전사 유공자로 예우할 수 있는 공간으로 만들어야 한다. 현재 진행하는 추모공원 부지와 사업 방식 외에도 지역의 석탄유산 시설을 활용하여 전국의 산업전사 유공자를 새기는 작업을 선행해야 한다. 태백지역에 산재한 모든 유산을 박물관화하고, 성지화하는 것이다.

각 성씨를 다 모은 '대전뿌리공원'은 성씨와 족보를 중심으로 효를 강조하며 기획한 장소다. 태백에서 추진하는 석탄산업전사 성역화 사업은 7개 탄광도시(강릉시 정동진까지 포함하면 8개 도시도 가능)의 모든 도시를 대표하고, 모든 광부를 대상으로 해야 한다. 이들이 살던 탄광의 흔적을, 탄광촌의 정체성을, 광부의 총체적 삶을 기리는 방향으로 만들어갈 때 성역화 공간은 교육과 추모의 장소가 될 것이다. 현충원이나 호국원 형태보다는 '대전뿌리공원' 같은 곳에서 모델을 찾아야 한다.

태백지역에서는 추모공원을 위한 광부상 건립 제안도 나오는데, 추상적 접근이 아니라 실제 생활했던 사람의 삶을 기리고 선양하는 스토리가 우선될 때 생명력을 얻을 것이다. 광부상이야 강원랜드에도 있는데, 그런 형태보다는 지역의 광부가 겪은 구체적인 일화를 중심으로 접근해야 한다. "강아지도 만 원짜리 물고 다녔다"는 식의 허황된 얘기가 아니라, 어떤 사람이 어떻게 돈을 벌었다는 구체적인 접근이 있어야 한다. 어떤 탄광의 누가 얼마나 벌고, 어떤 일을 했으며, 어떤 사건이 있었고, 어떻게 다쳤으며, 그 의미는 무엇이며 등 지역의 석탄산업사가 담겨야 한다. 오늘날의 시대를 규정짓는 중요한 키워드로 '감성'이나 '스토리텔링'을 꼽는다. 그런데도 아직 태백의 이야기 발굴이 지지부진하다. 현재 태백의 탄광촌 이야기를 담은 책으로는 홍춘봉의 『탄광촌 공화국』(노동일보, 2002), 정연수의 『탄광촌 풍속 이야기』(북코리아, 2010)와 『노보리와 동발: 탄광민속문화 보고서』(북코리아, 2017), 전미영의 『살아오라 그대, 노동해방의 불꽃으로!』(성완희기념사업회, 2017) 등 몇 권을 빼고 나면 인근 삼척이나 정선의 간행물에 비해 부족한 편이다. 탄광 종사자들이 태백지역을 떠나기 전에 태백탄광촌의 이야기를 완성하려는 저술 작업을 통해 지역의 정체성을 지켜야 한다.

예컨대, 1982년 황지광업소 하청 태백탄광에서 발생한 물통사고는 한국의 탄광사고 중에서도 손꼽히는 사고였다. 4명의 광부가

지하 250m의 막장에 갇혀 동발로 사용하던 소나무 껍질을 벗겨 먹으면서 버텼다. 배대창(당시 41세), 김기전(39), 전재운(49), 송신광(39) 등 4명의 광부가 사고 15일 만에 기적적으로 구조되었다. 우리나라 석탄산업사의 최장시간 매몰 기록이다. 이러한 광부의 삶을 기술해야 하고, 광부의 옷을 진열할 때는 광부 ○○○의 스토리를 지닌 '○○○ 산업전사의 옷/작업도구' 식으로 해야 한다. 태백석탄박물관이나 함태체험공원에 전시한 출처를 알 수 없는 무수한 작업복과 광부의 작업도구처럼 단순 나열 형태는 감흥을 주지 못한다. 어떤 스토리를 지닌 광부의 작업복, 작업도구에 얽힌 막장의 사연을 담은 형태로 전시할 때 감동을 전할 수 있다. 광부의 생애 구술사를 만들지 않으면, 광부들이 사용하던 물건이 아무리 많아 봐야 '스토리텔링'을 통한 감동과는 거리가 멀다.

석탄산업과 산업전사 광부가 겪었던 역사적 사실을 다양한 측면에서 규명하는 것이 필요하다. 광부의 생애사를 통해 구체적인 자료들을 발굴하는 것은 당장 시행해야 할 시급하고도 중요한 과제다. 또한, 굵직한 탄광사고에 대한 자료 정리와 의미부여도 진행해야 한다. 강릉시가 2022년 사업으로 강릉지역의 광부 400명 전체를 대상으로 삼아 추진하고 있는 '강릉지역 광부 실태조사'는 이러한 사업에 모범으로 삼을 수 있다. 이 조사를 통한 책도 발간된다 하니 기대가 크다.

2004년 삼청교육대 특별법이 시행된 이후에도 '삼청교육대 피해자 전국연합회'는 미진한 부분이 많다면서 개정 요구 작업을 지속하여 전개했다. 2021년 7월에는 '삼청 진상규명 및 배보상 특별법 개정'을 촉구하는 성명서와 집회를 가졌다. 국가를 대상으로 하는 특별법 제정과 피해보상 투쟁은 긴 시간을 두고 진행된다는 것을 의미한

다. 삼청교육대 특별법이 제정되기 전의 '삼청교육대 인권운동연합'
이 제작한 『삼청교육대 피해자의 명예회복 및 피해자특별법 제정을
위한 대토론회』[53] 자료집은 작은 책자 분량이지만 피해자 2명의 증
언을 함께 수록했다. 기조발표와 토론보다 피해자 증언이 더 감동적
으로 다가오기도 하고, 삼청교육대 특별법 제정의 필요성에 대한 설
득의 힘도 지니기도 했다.

기념사업 관련 입법례[54]

법률명	기념사업 관련 규정
한국인 원자폭탄 피해자 지원을 위한 특별법	제14조(기념사업) ① 국가 및 지방자치단체는 원자폭탄 피해로 사망한 사람의 영혼을 위로하고 인권과 평화를 위한 교육의 장으로 활용하기 위하여 다음 각 호의 기념사업을 시행할 수 있다. 1. 추모묘역 및 위령탑 2. 그 밖에 피해자의 추모에 필요한 사업 ② 국가 및 지방자치단체는 법인 또는 단체가 제1항의 사업을 시행하는 경우에 예산의 범위에서 사업경비의 전부 또는 일부를 지원할 수 있다.
한센인피해사건의 진상규명 및 피해자 지원 등에 관한 법률	제8조(기념사업) ① 국가 및 지방자치단체는 한센인피해사건의 피해자를 위령하고 역사적 의미를 되새겨 인권을 위한 교육의 장으로 활용하기 위하여 다음 각 호의 사업을 수행할 수 있다. 1. 기념관 건립 2. 한센인피해사건 관련 자료의 수집·조사·연구·보존·관리 및 전시 3. 위령공원 조성 4. 그 밖에 기념 관련 사업 ② 국가 및 지방자치단체는 법인 또는 단체가 제1항 각 호의 사업을 수행하는 경우에 예산의 범위 안에서 사업경비의 전부 또는 일부를 지원할 수 있다.

---

53 삼청교육대 인권운동연합, 『삼청교육대 피해자의 명예회복 및 피해자특별법 제
정을 위한 대토론회』, 삼청교육대 인권운동연합, 2001. 9. 28.
54 397국회(임시회) 제5차 산업통상자원중소벤처기업위원회, 『폐광지역 개발 지
원에 관한 특별법 일부 개정법률안 검토보고』, 2022, 10쪽.

법률명	기념사업 관련 규정
제주4·3사건 진상규명 및 희생자 명예 회복에 관한 특별법	제24조(기념사업 등) 국가와 지방자치단체는 희생자의 영령을 위로하고 역사적 의미를 되새겨 평화와 인권을 위한 교육의 장으로 활용하기 위하여 다음 각 호의 사업 시행에 필요한 비용을 예산의 범위에서 지원할 수 있다. 이 경우 국가와 지방자치단체는 사업의 지원에 관하여 희생자 및 유족과 제주특별자치도 주민의 의견을 존중하여야 한다. 1. 추념 행사의 거행 2. 위령공원·위령묘역 조성과 위령탑·사료관 건립 3. 제주4·3사건 관련 유적의 보존·관리 4. 제주4·3사건과 관련한 연구 및 교육 5. 그 밖의 제주4·3사건 관련 기념사업

　　원자폭탄 피해자, 한센인 피해사건, 제주4·3사건 등의 예에서 보듯, 형평성을 위해서라도 석탄산업전사를 위한 정부의 지원 근거는 가능성이 높다. 중요한 것은 석탄산업전사의 피해를 더욱 구체적으로 입증하는 자료를 더 많이 확보해야 한다는 것이다. 광부 역시 국가의 석탄산업 기획에 의한 피해자이자, 국가산업에 기여한 영웅이다. 피해자의 증언이 곧 영웅을 입증하는 것이므로 다양한 측면에서 광부의 생애를 수집하고 체계화해야 한다. 2021년 11월에는 광산진폐권익연대 삼척지회 사무실에서 선탄부의 생애담을 기술하는 중에 지회장이 가로막아 면담이 무산된 적도 있다. "아픈 상처를 왜 들춰서 사모님을 힘들게 하느냐"라면서 언성까지 높였다. 이런 사례처럼 외부인이 광부들을 만나 구술 작업에 나서는 동안 겪는 고충이 많아서 탄광자료 축적은 더 어렵기도 하다. 그 때문에 구술 작업을 포기하는 연구자들도 있다.

　　이제는 탄광촌의 대표적 광부 단체인 진폐재해자 7개 단체가 앞장서서 광부의 생애사 기술을 통해 구체적인 자료를 만들어나가야 한다. 광부가 겪은 상처의 기술은 산업전사에게 노동을 강요한 국가의 폭력을 입증하는 자료가 될 것이며, 산업전사의 영웅적 행위를 입증하는 자료가 될 것이다. 또 글쓰기치료나 문학치료의 사례에서 보듯, 삶을 풀어놓고 글로 다스리는 과정에서 삶의 치유 효과를 얻을 때도 있을 것이다. 자료 발굴과 더불어 산업전사의 의미를 강화하기 위해서라도 광부 영웅전을 체계적으로 제작할 필요가 있다. 광부 영웅전, 산업전사 영웅전을 만드는 일이 무엇보다 중요하다. 이 작업은 광부를 석탄산업사의 주인공으로 만드는 일이다.

* 선탄부 영웅 김매화전(傳)[55]

자택에서 방진마스크 착용을 보여주는 김매화(2019)

김매화의 호적은 1940년생이나 실제는 1938년생이다. 1975년 도계광업소에 입사하여 개발항 선탄과 3년, 점리갱 선탄부 3년, 흥전갱 선탄과 1년, 도계갱 선탄과 13년 등 두루 거치면서 총 20년을 근무했다. 55세 정년퇴직 때까지 선탄부 생활을 했다. 김매화가 선탄부가 된 것은 삭도에서 남편이 추락하면서 시작했다. 김매화의 목소리로 들어보자.

남편은 삭도탑 위에 올라가 롤러에다 기름칠을 하는 작업을 했어요. 삭도 일도 선탄과 계통인데, 흥전항에서 선탄과까지 삭도로 석탄

---

55 김매화, 81세, 도계읍 전두리

1960년대 장성광업소 선탄장의 작업 장면(출처: 대한석탄공사)

이 운반되고 있었어요. 남편은 '뎃또 와이어줄' 일을 하다가 추락하여 목숨을 잃었어요.

1973년에 남편이 대한석탄공사 도계광업소 난장일(삭도 수리공)을 하다가 순직했어요. 그때 큰아들은 열한 살, 작은아들은 다섯 살이었는데 먹고살 길이 막막했어요. 보상금이라고는 남편이 광업소에서 14년 일한 퇴직금까지 다 합쳐서 211만 원에 불과했는데, 장례비를 제하고 나니 180만 원이 남았어요.

도계광업소 측에서 일을 하겠냐고 연락을 했어요. 나는 아이들이 크면 취직시켜달라고 요청했어요. 내가 탄광에 들어가 일을 하는 건 싫었으니까요. 탄광 선탄부를 안 하려고 건축장에서 시멘트나 모래를 질통으로 짊어 나르는 노동도 했죠. 그러다가 결국 먹고살기 위해 자식들 대신 내가 탄광에 들어가게 됐어요. 남편 죽고 2년 만인 1975년 3월 도계광업소에 입사했어요. 같이 일하는 선탄부 중에는 나처럼 남편을 잃고 들어와서 일하는 사람이 대부분이었어요.

도계광업소에는 갱마다 선탄부가 있었어요. 5~6명이 3교대로 돌아가면서 일을 했고요. 항내에서 나온 탄을 홉바에 쏟으면 컨베이어벨트를 타고 쭉 가요. 탄이 나오면 돌은 돌대로, 탄은 탄대로 분류해야 해요. 탄은 크러셔(crusher, 쇄석기)로 분쇄하고, 돌은 컨베이어벨트를 타고 경석장으로 나갑니다. 나무는 따로 골라내는데, 만약 큰 돌이 나오면 컨베이어벨트를 못 빠져나가니까 선탄부가 직접 '오함마'(큰 망치)로 깨야 해요.

개발항에서 일할 때였어요. 큰 바위가 나왔는데 안 깨지는 데다 시간이 흐르니 그냥 컨베이어로 나가는 거예요. 그래서 직접 바위를 등에 짊어지고 밖으로 가지고 나가서 치웠어요. 크러셔에 돌이 들어가면 절대 안 되니까요. 돌이 크러셔로 들어가는 것을 삽으로 막다가 삽까지 딸려 내려가기도 했어요. 그러면 우리는 죽을 위험을 무릅쓰고 따라 들어가서는 삽을 꺼내와요. 석탄이 들어가서 부서지는 그 위험한 크러셔로 따라서 들어갔던 거죠. 지금 생각해도 아찔해요.

5~6명이 컨베이어를 마주 보고 일을 하는데, 돌을 고르는 것을 놓치면 안 되니까 잠시도 쉴 틈이 없었어요. 갑방·을방·병방 3교대를 하면서 점심시간 딱 1시간 작동을 중지해요. 탄 먼지에 발이 묻히는 곳에서 밥을 먹었어요. 요즘 일하는 선탄부들은 우리가 일할 때 비하면 호텔이라고 해요. 지금은 갱내에 냉장고도 있고, 식탁도 있는 곳에서 밥을 먹는다고 하니까요.

탄가루가 심하게 날리는 작업장에서 방진마스크도 없이 일했어요. 처음 선탄 일을 할 때는 광업소에서 방진마스크도 지급해주지 않

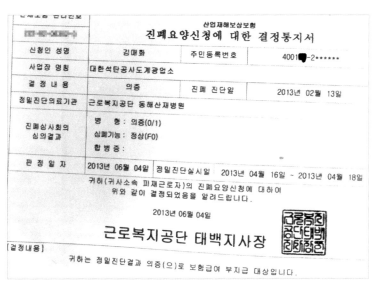

산업재해보상보험
진폐요양신청에 대한 결정통지서

신청인 성명	김매화	주민등록번호	4001■-2******
사업장 명칭	대한석탄공사도계광업소		
결정내용	의증	진폐진단일	2013년 02월 13일
정밀진단의료기관	근로복지공단 동해산재병원		
진폐심사회의 심의결과	병 형: 의증(0/1) 심폐기능: 정상(F0) 합병증:		
판정일자	2013년 06월 04일	정밀진단실시일	2013년 04월 16일 ~ 2013년 04월 18일

귀하(귀사소속 피재근로자)의 진폐요양신청에 대하여
위와 같이 결정되었음을 알려드립니다.

2013년 06월 04일

근로복지공단 태백지사장

[결정내용]

귀하는 정밀진단결과 의증(으)로 보험급여 부지급 대상입니다.

진폐 등급을 받지 못하고 '의증'을 판정 받은 김매화의 결정통지서

앉고요. 그냥 맨 수건으로 입을 감고 일했어요. 점리항에서 일을 할 때
는 특히 먼지가 더 심했어요. 탄을 가져다가 부으면 탄가루가 자욱하
여 앞에 있는 30촉 전구가 안 보일 정도로 지독한 곳에서 일했어요.

　힘든 건 말도 못해요. 임시부(정식 근로자로 채용되기 이전)를
3년 했어요. 임시부 2년차 때 쿠사비(くさび, 쐐기)를 가져오라는데 그
것이 뭔지도 몰랐어요. 나중에 알고 보니, 탄을 싣는 광차를 받쳐두는
쐐기였어요. 또 어느 날은 쿠사리(くさり)를 가져오라는데 그게 뭔지
도 몰랐어요. 비슷한 말도 그렇고, 탄광에서는 생소한 일본어를 많이
썼어요. '쿠사리'는 고리를 서로 이은 쇠사슬 또는 사물끼리 엮어놓은
것을 뜻하는 일본어입니다. 탄광에서는 광차의 연결고리를 '쿠사리'
라 부르며, 조차공들이 광차끼리 연결하거나 뗄 때 사용하는 갈퀴 같
은 꼬챙이도 '쿠사리'라고 불렀어요.

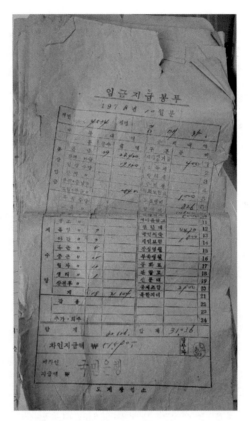

김매화의 월급봉투(1978년 10월)

어느 날은 구루마(광차)에서 쿠사리를 딛고 넘어가다가 광차가
마주치면서 내 발목과 종아리를 부러뜨렸어요. 임시부 때라 병원에
입원할 생각도 못했어요. 공상(산업재해)을 신청하면 밥자리가 떨어
질까 봐 계속 일을 나간 거지요. 발이 부어서 장화도 못 신으니까, 맨
발로 선탄 일을 했어요. 그저 자식들 먹여살리겠다는 심정으로 일했
어요.

그때 도계광업소 선탄부 임시부보다는 개인 탄광 선탄부가 돈을

270

더 많이 받았어요. 그래서 다른 민영 탄광으로 옮기려 하는데, '0단위' 를 받았어요. 0단위는 직번 앞에 붙는 번호이고요. 0단위를 받고 나면 3개월 후에는 정식부(정규직)가 될 수 있어요. 0단위를 받으니까 돈은 더 줄어들었어요. 하지만 3개월 후에 정식부가 된다는 기대가 있으니까 견딜 수 있었지요. 한 3년 정도 임시부로 일을 하고 1977년인가 1978년에 정식부가 되었어요. 정식부가 되니까 급여가 오르긴 했는데, 선탄부는 일이 힘든데도 월급은 많지 않았어요. 광업소 경비하고 비슷한 수준이거나, 오히려 경비보다 우리가 더 적게 받았을 겁니다. 1978년 10월분 월급으로 8만 2,626원을 받았는데, 공제하고 나니까 5만 1,590원을 손에 쥐었어요.

3교대 하면서 겪은 힘든 일도 많아요. 아이들은 자기들끼리 밥을 해먹어야 했어요. 병방 근무를 할 땐 아침에 퇴근하여 9시가 되어 집에 가니까, 자식들이 아침밥도 못 먹고 학교에 가잖아요. 그래서 도시락을 학교로 갖다줬어요. 아이들은 "엄마, 힘드니까 가져오지 마요" 라고도 했어요. 그래도 엄마가 된 마음이 어디 그럴 수 있나요? 병방 퇴근 후에 졸린데도, 내가 못 자더라도 자식들 챙기자고 점심을 챙겨서 학교에 가져간 거죠.

을방 때는 내가 저녁에 집에 없더라도 밥을 해놓고 오니까 괜찮았어요. 그런데 아이들끼리만 밤에 집에 있으니까 열한 살과 다섯 살 아이들이 문을 잠그고 잤어요. 새벽 1시에 내가 집에 오면 잠긴 문을 열지를 못했어요. 아무리 깨워도 아이들은 깊은 잠에 빠져서 깨지를 못하는 거예요. 그래서 문을 열어놓고 자라고 했지요. 그러던 어느 날이었어요. 방안에 쌀을 배급받아서 타다 놓은 것을 도둑이 들어서 다 훔쳐가고 말았어요. 애들만 있는 걸 알고 그랬는지, 문이 열려서 가랑 잎과 흙먼지가 방안에 다 들어가 있었어요. 당시 흥전4리 7반 개인집에서 셋방살이를 할 때였어요.

남의 집에서 살아가느라, 도계에서만 15번을 이사했어요. 정식부가 되고 나서도 사택을 못 구했어요. 입주할 사택이 모자랐기 때문이죠. 사택에서 살게 된 것은 석공 도계광업소 사택용으로 흥전 주공아파트가 보급되면서 퇴직하기 전까지 5~6년 정도 살았어요.

탄광 일은 보람이 있는 적이 없었어요. 그저 생각 없이 먹고사는 것만 생각하던 시절이었지요. 요즘 같으면 어디 가서 밭을 맬 수도 있었겠지만, 당시는 돈을 벌 곳이 없어 탄광을 선택했어요. 지금 큰아들은 경찰공무원이고, 작은아들은 인천에서 일합니다. 작은아들이 지나가는 소리로 "벌어먹기 힘들면 탄을 캐야겠다"고 말하는 걸 들었는데, 나는 그거 좋아하지 않아요. 내 자식이 탄광에 가는 건 반대해요.

선탄부로 일을 하던 중에 진폐 판정을 받았어요. 진폐1종(진폐의증을 뜻함)을 받아서 3년을 더 일하다가 퇴직했어요. 그 당시 진폐1종은 모두 13급으로 판결하라는 얘기도 있었는데, 나를 비롯해서 몇몇은 그 등급을 못 받았어요. 나는 나중에야 '진폐의증'으로 판결을 받았어요. 그때 판결 받고 20년이 지난 지금도 의증 등급에 불과해요. 66세가 되던 15년 전에 폐도 수술해 잘라냈을 정도인데요. 마른기침이 자주 나고, 각혈도 있고요. 진폐 관련 병인 확진증으로 판정한 겁니다. 허리도 다쳤지만 산재비도 못 받고 있어요. 옛날 퇴직자는 노화로 보는 겁니다.[56]

김매화를 만나면서 일제강점기 제국주의에 저항하던 투사이자

---

56 김매화 부분은 정연수,『탄광촌 도계의 산업문화사』, 삼척시립박물관, 2020, 246-249쪽 전재.

저항시인이던 이육사가 떠올랐다. 김매화의 삶은 우리의 산업시대가 지닌 모순과 부조리에 저항하는 영웅적 삶이었기 때문이다. 도계에서는 탄광촌의 정체성을 반영한 마을 프로젝트로 '삭도마을'을 만들었는데, 김매화의 삶을 삭도마을에 반영한다면 스토리텔링 측면에서 더 빛을 발할 것이다. 영웅 김매화를 위해 시를 남긴다.

추운 날씨 견디며 가장 먼저 피는 하얀 꽃
공중삭도에서 새처럼 가볍게 날아간 남편이 그리워도
막장 앞에서 굴하지 않는 김매화 씨는 꽃말을 닮았더라
공사판에서 질통도 져봤으나
두 아들 키우자고 선탄부가 된 매화 씨
은은하게 피어나는 매화의 향기를 닮았더라

지리산의 매화 정당매는 오랜 세월을 견딘 탓에
죽은 가지도 적잖았으나 600년을 살더라
도계의 매화 씨는 부부의 연을 광부로 이어가며
남편 잃고 적잖이 서러웠으나 여자 광부로 꿋꿋하더라

열다섯 번 이사에 남의 집 전전하며 도계 지킨 매화 씨
정식부 되고서도 사택 못 들어간 매화 씨
이육사가 광야에서 겨울 들판 열 때
다섯 살과 열한 살 두 아들 재워놓고 출근하는데
– 까마득한 날에 하늘이 처음 열리듯
돌아오면 방문은 늘 열려있고
배급 탄 쌀은 도둑이 들고 가고

273

열린 방안에는 가랑잎과 탄가루 섞인 흙먼지 가득하더라

– 매화 향기 홀로 가득하니
매화 씨는 두 아들 홀로 키우며
갑방 을방 병방 까마득한 3교대 시간에 맞춰
새까만 막장의 하늘을 열어가더라
선탄하고 돌아와 아이들 양육하는 초인이 있어
이 삭도마을에서 목 놓아 부르게 하리라.
　　　– 정연수, 「매화 씨–선탄부 일기 4」 전문[57]

도계의 삭도마을

57　　성연수, 『여기가 막장이다』, 푸른사상, 2021, 45-46쪽.

* 한국의 마지막 민영 탄광인 경동탄광의 창업자 채기엽과 채현국

도계광업소의 전설적인 광업계의 인물로 대동공전을 설립하여 광산기술자를 양성한 이종만을 꼽는다면, 흥국탄광(경동탄광의 전신)의 전설적인 인물로는 채기엽과 채현국 부자를 꼽을 수 있다. 채현국이 기록한 내용을 살펴보자.

(1962년) 불과 3개월 만에 직장을 그만두고 찾아간 곳은 아버지가 운영하고 있던 강원도 삼척의 흥국탄광이었다. 그러나 그 무렵 아버지의 회사는 부도를 맞기 일보 직전의 어려운 상황이었고 나는 쉴 틈도 없이 팔을 걷어붙이고 돈을 구하러 다녀야 했다. 백방으로 친구들에게 도움의 손을 내밀었는데 이때 나를 도와준 분은 백낙청 선생(서울대 명예교수)의 모친이었다. 훗날 백낙청 선생이 발행하던 『창작과 비평』의 운영비가 바닥날 때마다 나는 조금의 자금을 보태며 옛날 선생의 모친이 베푼 은공을 갚았다.

이렇게 해서 위기를 넘긴 흥국탄광은 1973년에 사업을 정리할 때까지 10여 년간 전성기를 누렸다. 사업이 한창 번성할 때는 개인소득세 납부액이 전국에서 열 손가락 안에 들 정도로 거부 소리를 듣기도 했다.

그때 나는 사세에 힘입어 고작 30대의 나이에 석탄산업협동조합 이사장을 지냈다. 당시 나는 벤츠를 타고 종로1가 신신백화점 자리에 있던 중소기업중앙회에 가끔씩 친구인 여상빈을 만나러 갔다. 그는 서울사대부중·고 동기생으로 당시 중소기업중앙회 총무과 대리로 근무하고 있었다. 3층에 있던 여상빈 방에서 놀고 있노라면 당시 김봉재 중앙회 회장이 나를 만나러 일부러 올라오기도 했다.

사업이 한창 잘될 당시에는 직원이 2천 명이 넘었고 다른 곳으로도 탄광을 늘려나가게 되었다. 탄광에서 한밑천을 잡은 아버지는 다각도로 사업을 확장해서 조선소, 해운회사, 화학공장에 30만 평 규모의 목장과 대형 묘포장까지 운영했다. 조선소는 금강 하구 군산에 있었는데, 1,000톤이 넘는 배를 한꺼번에 두 척이나 진수할 수 있는 초대형 규모였다. 이 기업들의 명칭 앞에는 전부 '흥국(興國)'이 붙었다. 흥국해운, 흥국화학, 흥국조선, 흥국농산 등등. '흥국'은 '현국(鉉國)이 흥하라'는 뜻을 담고 있다. 즉, 아들이 잘되기를 바라는 아버지의 소망이 담긴 말이었다. 나중에 알고 보니 졸지에 장남을 잃은 후 혹여 둘째인 나마저 잘못될까 봐 이름을 그리 붙인 것이었다.[58]

인용 글을 통해 '흥국탄광'의 이름이 지닌 유래를 알 수 있다. 그동안 필자는 사북탄광촌을 조사하는 과정에서도 등장하고, 도계탄광촌에서도 중요한 역할을 하는 '흥국탄광'이라는 이름을 퍽 좋아했다. 그 이름의 의미는 나라가 흥하기를 바라는 의미라든가, 석탄을 통해 나라를 흥성하겠다는 석탄산업의 의미를 잘 담았다고 보아서다. 그런데『쓴맛이 사는 맛』을 통해 흥국의 유래를 접하고는 적잖이 실망했다. '석탄이라는 구국의 에너지, 석탄산업을 통해 일으키는 한국산업'의 명분을 함께 가졌더라면 얼마나 좋았을까 하고 여겼다. 흥국의 뜻이 고작 "흥해라 현국아, 죽지 말고 살아있어라 현국아"에 머문다고 생각하니 아쉬움이 크다.

그래설까, "개인소득세 납부액이 전국에서 열 손가락 안에 들정도로 거부 소리를 듣기도 했다"라거나, "사세에 힘입어 고작 30대의 나이에 석탄산업협동조합 이사장을 지냈다. 당시 나는 벤츠를 타

---

58   채현국 구술, 정운현 기록,『쓴맛이 사는 맛』, 비아북, 2015, 169-170쪽.

고 종로1가 신신백화점 자리에 있던 중소기업중앙회에 가끔씩 친구인 여상빈을 만나러 갔다"라는 대목이 거슬렸다. 소득세 납부액 전국 열 손가락의 의미는 큰 수입을 의미한다. 그렇다면 당시 홍국탄광 광부들의 처지는 어떠했는가? 홍국탄광은 여전히 바로 옆에 소재한 대한석탄공사 도계광업소 직원들이 받는 처우만도 못 했다. 모두가 홍국탄광보다 도계광업소에 입사하려고 하는 상황만 보더라도 무엇을 의미하는지 유추할 수 있다. 탄광이 전성기였을 때, "강아지도 만원짜리 물고 다녔다"는 말은 탄광경영주나 매탄업자를 비롯한 감독관청 일부에 국한될 이야기였다. 채현국의 표현대로 "고작 30대의 나이"에도 "벤츠를 타고 종로1가 신신백화점 자리에 있던" 친구를 만나러 갈 수 있는 것은 막장의 노보리를 오르던 광부들이 아니라 탄광 사장 1명이었을 뿐이다. 그리고 탄광경영주에게서 대접받으며 노동자의 열악한 상황에 대해 침묵하던 권력의 카르텔뿐이었다.

1970년대에 탄광경영주가 30대의 나이에 벤츠를 탈 때, 작고 낡은 승용차라도 가진 광부는 단 1명도 없었다는 것은 무엇을 의미하는 걸까? 홍국탄광의 광부들은 여전히 가난했고, 거주하는 사택은 여전히 초라했으며, 홍국탄광 광부 중에서는 사택을 얻지 못한 광부도 여전히 많았다. 탄광의 번성이나 사주의 수익이 많아지는 것과 그곳에서 목숨 바쳐 일하는 노동자의 번성과는 별개의 일이었다. 위의 글을 읽으면서 '홍국'이라는 이름의 유래가 지닌 것보다 더 아쉬운 일이 있다. 그 대목을 다시 읽어보자.

사업이 한창 잘될 당시에는 직원이 2천 명이 넘었고 다른 곳으로도 탄광을 늘려나가게 되었다. 탄광에서 한밑천을 잡은 아버지는 다각도로 사업을 확장해서 조선소, 해운회사, 화학공장에 30만 평 규모의 목장과 대형 묘포장까지 운영했다. 조선소는 금강 하구 군산에 있었는데, 1,000톤이 넘는 배를 한꺼번에 두 척이나 진수할 수 있는 초대형 규모였다. 이 기업들의 명칭 앞에는 전부 '흥국(興國)'이 붙었다. 흥국해운, 흥국화학, 흥국조선, 흥국농산 등등.[59]

흥국탄광은 나중에 이름을 바꿔 지금 도계읍의 마지막 민영 탄광인 (주)경동 상덕광업소로 2022년 11월 현재도 운영 중이다. 이렇게 오래 운영하면서 성공한 광업소가 있음에도 도계읍은 여전히 초라하다. 지역의 기업이 성장해도 지역 자체는 성장하지 않는 모순을 위의 글이 보여주고 있다. "탄광에서 한밑천을 잡은 아버지"였으나 그 밑천은 다른 지역에 기업을 투자하거나 다른 지역에서 학교법인을 키웠기 때문이다. 흥국탄광을 비롯하여 도계지역의 탄광이 흥성하고, 탄광경영주가 한밑천을 잡았을 때도 도계지역에는 재투자하지 않았다. 그저 도계지역의 산을 뚫고 석탄을 채굴하여 '한밑천'을 꺼내가기에 바빴던 것이다. 도계에서 얻은 수익이라면, 그곳에서 일하던 노동자에게, 그 지역을 내어준 도계지역에 환원할 수 있는 상생 구조여야 했다.

아직 늦지 않았다. 채기엽과 채현국은 세상을 떠났어도, 흥국탄광은 경동 상덕광업소로 이름을 바꿨어도 탄광시설은 고스란히 남아있다. 흥국탄광(경동광업소)이 도계지역에서 수익을 올리고도 도계의 산업 재생산에 기여하지 못한 일을 바로잡을 방법이 있다. 당장은 이 탄광 시설의 현황을 지역에 공개하여 가치 있는 시설을 근대산업문화유산 국가등록문화재로 지정하는 일이며, 앞으로는 이 시설

59　위의 책, 170쪽.

278

순직자 명단을 향해 인사하는 광부상
(출처: 정선군청)

함백탄광 순직자 명단(출처: 정선군청)

함백탄광 기념공원(출처: 정선군청)

화약폭발사고가 일어난 자미갱
입구(출처: 정선군청)

물 자체를 온전히 보전하는 방안을 세워 유네스코 세계유산으로 등재할 수 있도록 돕는 일이다. 석탄합리화 정책을 시행하던 1989년부터 33년이 지난 지금까지 다른 탄광이 그래왔듯, 가볍게 손을 털 듯

정선군 신동읍의 함백광업소에서 발생한 화약폭발로 28명이 순직한 사고를 다룬 『한국일보』, 1979년 4월 15일자 1면 기사

떠나서는 안 될 일이다. 탄광피해복구는 산림과 수질의 피해복구만이 아니라 그곳에 사는 주민의 삶과 지역에 대한 피해복구가 함께 이뤄져야 한다. 산림이나 수질만큼이나 소중한 것이 사람의 삶이 아니던가!

정선군에는 2개의 산업전사 위령비가 있다. 사북뿌리공원과 신동읍에 각각 설치되어 있다. 이 중 2016년 10월 31일 준공한 함백탄광 기념공원은 순직자 명단이 적힌 위령비를 향해 거수경례하는 조각상이 마주 보도록 입체감 있게 조성한 특성도 다른 지역의 산업전사 위령비와 차이를 보인다. 전국 탄광지역마다 순직자 위령비가 있지만, 함백탄광기념공원의 순직자 위령비가 의미를 지니는 것은 자미갱 화약폭발 사고현장에 세웠다는 점이다. 당시 폭발사고는 자미갱 입구로부터 10m 지점에서 광차에 싣고 가던 폭약이 폭발하면서 28명이 순직했다. 위령비에는 1979년 4월의 화약폭발사고로 순직한 광부 외에도 1993년 함백광업소가 폐광하기까지 순직한 163명의 이름을 함께 기록하고 있다. 정선군에서는 태백에 있는 위패까지 모셔오려고 했으나, 유족의 이동 편의를 고려하여 태백에 두는 것으로 결정했다고 밝혔다.[60]

대형 재해 발생 현황(1962~1989)[61]

일시	탄광명	소재지	재해 원인	사망자 수
1962. 10. 30.	비봉탄광	전북 완주	갱도 붕락	5
1963. 1. 21.	장성광업소	강원 태백	갱도 붕락	6
1966. 11. 4.	화순광업소	전남 화순	갱도 붕락	7
1967. 9. 9.	흥국탄광	강원 삼척	갱도 붕락	6
1967. 11. 4.	화순광업소	전남 화순	갱내 침수	7
1967. 12. 27.	장성광업소	강원 태백	낙반	9
1968. 11. 3.	동원탄좌	강원 정선	낙반	4
1969. 4. 21.	장성광업소	강원 태백	출수	6
1969. 4. 22.	동보광업소	강원 정선	가스 폭발	7
1969. 8. 23.	화순광업소	전남 화순	출수	6
1969. 9. 21.	명주광업소	강원 명주	출수	4
1969. 11. 6.	화순광업소	전남 화순	화재	8

---

60   2021년 11월 19일 정선군청 담당 관계자와의 전화 대담

61   석탄산업합리화사업단, 『한국석탄산업사』, 석탄산업합리화사업단, 1990, 444-446쪽; 『동아일보』, 1982년 9월 4일자 참조.

일시	탄광명	소재지	재해 원인	사망자 수
1970. 12. 10.	흥국탄광	강원 삼척	출수	6
1971. 2. 15.	혈암광업소	강원 태백	광차 일주(逸走)	13
1971. 12. 25.	도계광업소	강원 삼척	가스 폭발	6
1972. 2. 28.	단봉광업소	경북 문경	가스 중독	8
1973. 2. 25.	어룡탄광	강원 태백	갱도 붕락	3
1973. 5. 5.	혈암광업소	강원 태백	인차 일주	19
1973. 10. 1.	흥국탄광	강원 삼척	가스 폭발	6
1973. 10. 18.	옥동광업소	강원 영월	낙반	5
1973. 11. 24.	동고탄광	강원 정선	가스 폭발	17
1974. 1. 15.	어룡탄광	강원 태백	출수	12
1974. 3. 12.	함백광업소	강원 정선	광차 일주	5
1974. 5. 28.	삼척탄좌	강원 정선	출수	18
1975. 12. 1.	장성광업소	강원 태백	가스 중독	4
1975. 12. 12.	강원탄광	강원 태백	출수	5
1976. 5. 22.	경동광업소	강원 삼척	가스 폭발	4
1976. 9. 19.	경동광업소	강원 삼척	갱도 붕락	4
1977. 11. 16.	장성광업소	강원 태백	갱내 화재	12
1978. 2. 17.	장성광업소	강원 태백	갱도 붕락	4
1978. 4. 14.	영월광업소	강원 영월	가스 폭발	5
1979. 4. 14.	함백광업소	강원 정선	화약 폭발	28
1979. 10. 27.	은성광업소	경북 문경	갱내 화재	44
1979. 12. 3.	한성광업소	강원 태백	갱도 붕락	4
1980. 5. 20.	덕수탄광	충남 보령	갱도 붕락	3
1980. 7. 18.	갑정광업소	경북 문경	갱도 붕락	3
1980. 9. 25.	삼척탄좌	강원 정선	출수	4
1981. 1. 6.	은성광업소	경북 문경	출수	8
1981. 7. 1.	정동탄광	강원 정선	가스 폭발	7

일시	탄광명	소재지	재해 원인	사망자 수
1982. 1. 3.	함태탄광	강원 태백	가스 폭발	9
1983. 8. 16.	성은광업소	경북 문경	가스 질식	3
1983. 10. 1.	풍전탄광	강원 태백	갱도 붕락	4
1983. 12. 22.	봉명탄광	경북 문경	갱도 화재	9
1984. 8. 16.	덕수탄광	충남 보령	가스 폭발	3
1984. 9. 3.	덕흥탄광	충남 보령	가스 폭발	4
1984. 11. 3.	덕수탄광	충남 보령	가스 폭발	6
1985. 5. 10.	삼척탄좌	강원 정선	갱도 붕락	3
1985. 6. 19.	함태탄광	강원 태백	가스 폭발	4
1985. 9. 7.	월산탄광	강원 정선	갱도 붕락	3
1985. 12. 14.	장성광업소	강원 태백	출수	10
1986. 1. 7.	어룡탄광	강원 태백	가스 폭발	6
1986. 4. 4.	장성광업소	강원 태백	인차 충돌	3
1986. 9. 1	대성탄좌	경북 점촌	낙반	4
1986. 11. 1.	함태탄광	강원 태백	출수	3
1987. 1. 7.	덕일탄광	강원 정선	붕락	3
1987. 5. 1.	단양광업소	충북 단양	붕락	3
1988. 5. 18.	도계광업소	강원 삼척	가스 폭발	4
1988. 12. 12.	정동탄광	강원 정선	출수	7
1989. 9. 2.	동원탄좌	강원 정선	화재	5

위 도표에서 대형사고를 개략적으로만 살펴봐도 확인되듯, 탄광에는 숱한 목숨과 유가족의 한이 배어있다. 탄광사고를 도표 안에 넣어두고, 한 해 200명 순직이라는 숫자 안에 가둘 일이 아니다. 함백광업소 자미갱의 화약폭발 사고현장에 기념비를 세우고, 그 이름을 새기듯 순직한 산업전사 한 사람 한 사람씩 그의 생애를 기려야

한다. 우리 손으로 광부의 삶을, 고통을, 순직의 아픔을 직접 기술해야 한다. 우리 손으로 한국산업사에서, 한국노동사에서 석탄산업이 차지한 과정을 직접 기술해야 한다. 한국의 산업을 위해 희생한 산업전사 광부의 노고를 구체적으로 기술해야 한다.

1970년 12월 10일 오전 5시경, 강원도 삼척군 도계읍 소재 흥국탄광에서 광부 26명이 매몰되는 사고가 발생했다. 사고 발생 당일자 『동아일보』(당시는 석간)에 그날의 상황이 보도되었다. 갱구에서 960m 되는 지점의 석회암으로 된 갱벽이 갑자기 무너지자 석회암 동공에 고여 있던 자연수가 쏟아져 내리면서 갱내의 석탄과 흙이 뒤범벅돼 갱도 30m를 메워버렸다. 이로 인해 갱도 안에서 채탄을 하던 광부 26명이 매몰됐다. 현장에서 광부 1명이 사망했고 25명에 대한 구조작업이 진행됐다. 사고현장에는 손달용 강원도경국장이 나와 구조작업을 지휘하였다. 오후 3시경 직경 3인치짜리 에어파이프를 갱 속에 연결하여 산소를 공급했으나 광부들과는 통화가 안 되는 상황이었다. 탄광사고는 이전에도 빈발했다. 흥국탄광은 물론 다른 탄광도 마찬가지였다. 하지만 이날의 사고는 그중에서도 대형사고였다.

1964년 「광산보안법」이 발효된 이래 각종 광산재해는 3,600건 이상 발생하였고 722명의 사망자를 합쳐 무려 2만 5천여 명이 재해를 당했다(『매일경제』, 1968년 4월 27일자). 사고 발생 이유는 대개 땅속으로 더 깊이 파고 들어가다 보니까 위험도는 갈수록 증가했다. 이에 광업계는 「산업재해보험법」에 의거한 보상금과 위자료 청구소송이 갈수록 늘어났다. 1968년 기준으로 위자료 청구소송이 제기된 사례는 석탄공사가 102건, 민영 광산이 52건 등 총 154건에 청구액도 2억 1천만여 원에 달했다.

1980년대 중반까지만 해도 연탄은 서민들의 땔감이었다. 서울시
민들도 예외가 아니었다. 그러나 곧 사정이 바뀌었다. 수도가 등장하
면서 물장수가 사라졌듯이 가스가 등장하면서 연탄도 자취를 감췄다.
이제 석탄을 이용하는 곳은 제철소뿐이다. 세월의 변화 속에서 탄광
산업은 한물간 사업이 되어버렸지만 1960~1970년대 탄광산업은 경
제건설의 기간산업이자 서민들의 삶에서 매우 중요한 위치를 차지하
고 있었다.[62]

위의 사고 기록은 탄광경영주 채현국 사장이 직접 기술한 것이
라는 점이 놀랍다. 그 점이 채현국 사장과 다른 탄광경영주하고 다른
점일 것이다. 강원탄광의 정인욱 사장을 비롯하여 몇몇 사장이 전기
문을 만들었으나 그 안에는 광부의 삶이 담겨 있지 않고, 개인의 치
적을 중심에 놓았다. 채현국이 남긴 경동의 사고 같은 상세한 기술을
찾아볼 수 없었다. "탄광사고는 이전에도 빈발했다. 흥국탄광은 물
론 다른 탄광도 마찬가지였다. 하지만 이날의 사고는 그중에서도 대
형사고였다"라는 채현국 사장의 고백은 참으로 가치 있는 기록이다.
우리 사회에서 채현국을 존경하는 이들이 많은 것은 그런 진솔한 고
백 때문일 것이다.

탄광에는 언제나 각종 사고가 잦았다. 그리고 그 때문에 사람들
이 많이 다치고 죽었다. 모든 사고는 결국 아버지를 대신해 사실상 경
영을 맡고 있던 나의 책임이었다. 그렇게 많은 사람이 상하는 일로 돈
을 벌었으니… 나는 칭찬받아서는 안 되는 사람이다.

---

62   채현국 구술, 정운현 기록, 앞의 책, 173-174쪽.

부끄러운 이야기지만 나는 탄광사고 이후 흥국탄광은 물론 용인과 양산에 있던 묘포장과 농장 등 계열사 전부를 매각해 피해자에게 보상해주고 그들의 고용 승계 문제를 해결해주었다. 나머지 계열사들은 엄밀히 따지면 법인이 달랐으며 탄광사고에 직접적으로 관련이 없었다. 그러나 그런 이치를 따지면 영영 남들에게 못 돌려주게 될 것이라는 생각에 주위의 걱정에도 불구하고 그렇게 일을 처리했다. 그렇게라도 해야 피해를 입은 사람들에게 조금이라도 사죄할 수 있다고 생각했다. 물론 그것도 내 마음 편하자고 그렇게 한 것일 뿐, 기껏 돈 몇 푼으로 어찌 그들의 상처를 완전히 낫게 할 수 있겠나. 어림없는 일이다. 그렇게 나는 탄광사업을 접었다. (「회사 팔아 피해자 보상」 부분)[63]

채현국의 진심이 담긴 참회록이다. 마치 성당의 고해소 신부님 앞에서 진심으로 참회하면서 고해성사를 받는 참회록 같다. 광부에게 진심을 담아 사과한다는 것을 알 수 있는 대목은 그의 행동 때문이다. 탄광사고 이후 자신이 지닌 모든 사업체를 매각해 보상에 나섰다. "그렇게라도 해야 피해를 입은 사람들에게 조금이라도 사죄할 수 있다고 생각했다"라면서 다른 재산까지 모아서 보상한 점이 아름답다. 그 일로 흥국탄광을 다른 사람에게 넘기고 탄광을 떠난 점에서도 진정성이 엿보인다. 그리고 수십 년이 지나서도 그 일을 다시 회상하면서 "물론 그것도 내 마음 편하자고 그렇게 한 것일 뿐, 기껏 돈 몇 푼으로 어찌 그들의 상처를 완전히 낫게 할 수 있겠나"라면서 순직 광부 유가족이 입은 상처에 대해 끊임없이 사죄를 구하고 있다는 점이다. 채현국의 사람 됨됨이를 한국 사회가 기리고 있으며, 신용불

---

63   채현국 구술, 정운현 기록, 앞의 책, 175쪽.

량자가 될 정도로 무일푼으로 살다가 세상을 떠났을 때 많은 이들이
그를 추모한 것은 그 때문이다.

역사를 기술할 때는 사건의 실체만큼이나 관점 역시 중요하다.
김부식의『삼국사기』는 사대주의적 관점에서, 일연의『삼국유사』는
불교적 입장이긴 하나 우리 민족의 주체적 관점에 기술했다고 평가
한다. 그리고 신라에서부터 조선까지 모든 기록이 — 세계사도 그러
하지만 — 왕이나 장군 중심의 역사이거나 승리자의 입장에서 쓴 기
록이 대부분이다. 설화 정도를 제외하면 민중의 관점에서 들여다보
는 역사가 드물다. E. H. 카가『역사란 무엇인가』에서 지적했듯, 역
사는 역사가가 채택하여 역사가의 입장에서 쓴 글이기 때문에 그러
하다. 채현국 사장은 경영주이면서도「회사 팔아 피해자 보상」이라
는 제하의 글에서 광부를 생각하는 관점에서 기술했다. 그런 점에서
흥국탄광의 채현국 사장이 기록한『쓴맛이 사는 맛』과 다른 광업소
가 제작한 책은 기술의 관점에서 큰 차이를 보인다.

경동 상덕광업소가 최근 제작한 자료집을 보면 노동자의 시각
이 보이지 않는다. 치열한 노동투쟁으로 한국노동사에도 기록되는
경동파업 같은 얘기는 사진이든, 연혁이든 단 한 페이지도 없다. '3년
연속 무재해 달성'이나 '12회 무재해 달성' 치적 같은 연혁은 있으나
순직한 광부에 대한 언급이나 사죄의 글도 없다. 채현국이 흥국탄광
을 돌아본 관점과 큰 차이가 있다. 또 연혁도 '1974년 2월 경동탄광
(주) 창립'에서 출발한다. 전신인 '흥국탄광'의 10여 년 역사는 송두
리째 빼고 시작한다. 갱구와 막장, 그리고 탄광노동자는 같은데도 광
업소 명칭이 바뀌었다고 하여 그 부분을 계승하지 않은 것이다.

산업전사 성역화추진위 황상덕 회장이 발굴한 자료인 1959년에
만든 강원탄광 앨범에는 채탄부와 굴진부는 물론이거니와 선탄부

도 있고, 운전공도 있다. 경동광업소 자료집처럼 작업 장면을 보여주기 위해 몇 명의 광부만 등장하는 것이 아니라, 강원탄광 전 종업원의 얼굴이 나오도록 앨범을 제작했다. 다른 광업소가 발행하는 자료나 경영주가 발행하는 자료는 대부분 광업소 경영진의 입장을 중심으로 놓고 보여주기 식으로 제작되었다. 광업소 측이 제작하는 자료에 채현국처럼 광부들을 중심에 놓고 기술해줄 것을 바라는 것은 불가능에 가까웠다.

하여, 이제는 잃어버린, 잊힌 광부의 삶을 기록하는 작업을 우리의 손으로 시작해야 한다. 산업전사 예우 작업은 '산업전사 위령탑 중심의 성역화'가 아니라 광부의 삶을 온전하게 드러내는 일에서부터 출발해야 한다. 새로운 세계의 역사는 민중의 역사여야 한다. 우리가 탄광의 중심인물인 광부의 역사를 다뤄야 한다. 광부의 삶이 온전히 드러날 때 우리 한국 사회는 왜 이들을 산업전사로 불러야 하는지, 왜 이들을 유공자로 예우해야 하는지, 이들의 삶이 어째서 다른 산업영역의 역군과 다른 전사인지를 이해할 수 있을 것이다.

태백과 삼척의 탄광이 문을 닫자 실직한 광부들 중에서 경기도 안산지역의 공단을 찾아 떠난 이들이 많았다. 그렇게 떠난 광부 중에서는 세월호에 자식을 잃은 이들도 있었다. 세월호 사건이 생기자 태백·삼척·동해 주민 중에서는 안산에 사는 광부 동료가 비극을 맞았다는 얘기가 한동안 화제에 올랐다. "가만 있으라"는 말을 들었다가 참변을 당한 세월호는 우리 시대의 비극이다. 광부였던 우리 동료가 자식을 잃은 슬픔이기도 하다. 그런 세월호(304명 희생)를 탄광에서는 해마다 막장에다 한 척씩 묻어왔다. 해마다 200명 가까운 순직 산업전사, 그 숫자보다 더 많은 진폐순직재해자가 발생하고 있다. 이러한 산업전사의 비극을 이제는 200명, 2천 명, 2만 명이라는 숫자가

1959년에 제작한 강원탄광 앨범 발굴을 소개하면서 탄광문화 아카이브 구축의 중요성을 강조하는 산업전사 성역화추진위의 황상덕 위원장(좌)과 남해득 부위원장. 표지의 '백만톤'이라는 글자에서 보듯 강원탄광 백만톤 달성을 기념하여 제작한 앨범으로, 직종별로 노동자 모두를 사진으로 담고 있다(2021).

강원탄광 100만 톤 달성 기념 앨범(1959)

1959년의 강원탄광 선탄부와 운반부(출처: 강원탄광 앨범)

아니라 일일이 이름을 부르면서 호명할 수 있도록 그들의 위대한 전기집을 만들어야 한다. 위인에게는 위인전이 있듯, 우리 시대의 영웅인 산업전사에게는 그에 걸맞은 영웅전을 편찬해야 한다.

　기구한 광부의 생애 구술 기록과 수기, 전기, 편지, 르포 등 다양한 사건 기록 일지를 토대로 기록을 담아야 한다. 특히 산업전사의 생애 구술사 작업은 위령탑 공간 확대라든가, 광부상 제작보다 더 중요하고도 시급한 작업이다. 2021년 흥국탄광 경영주 채현국이 세상을 떠난 것처럼, 노쇠한 광부들이 점점 세상을 떠나고 있기 때문이다. 떠난 광부를 추모하고 그리워할 수는 있어도 그의 생애를 호명하며 대화할 수는 없다. 『산업전사 영웅전』 편찬 사업을 산업전사 예우를 위한 주요 사업으로 추진할 것을 제안한다.

3) 탄광민속 복원하기: 광공제와 동발 조립 경연대회

태백은 탄광 기술 인력 양성의 산실이었다. 대한석탄공사는 1957년 장성기술훈련소를 설치하여 인력 양성에 나섰다. 1961년 함백으로 잠시 이전하긴 했으나 1962년에 다시 태백으로 돌아왔다. 또 1972년 영월로 훈련소를 이전하기도 했으나, 1984년 석공 태백훈련원을 건립하면서 다시 장성으로 돌아왔다. 태백훈련원에서 대한석탄공사 소속 광부뿐만 아니라 1985년부터 1991년까지 민영 탄광 신규 채용자 4,200명을 교육했으니 태백은 광부들의 고향인 셈이다. 또 1975년부터 파독 광부의 탄광 기초훈련이 장성에서 이뤄졌으니 파독 광부의 고향이기도 하다.

파독 광부는 독일에서 노동한 광부이면서도 외화벌이를 통해 한국 경제발전에 크게 기여했다. 게다가 파독 광부는 태백과 도계지역에서 탄광 기초교육을 받고 독일로 나갔다. 그런 점에서 태백과 도계는 파독 광부의 고향과도 같다. 파독 광부의 흔적을 기리는 생애 구술사 작업, 사진 확보, 각종 유산 자료 확보 등을 태백에서 추진해야 한다. 태백시 철암동에는 파독 광부를 기리는 작은 기념관이 있는데, 이를 석탄산업전사 성역화 공간 안에 박물관 수준으로 확대할 필요가 있다.

태백시가 탄광촌의 구심점으로 인정받고 있는 것은 지역 축제인 '광공제(鑛工祭)'에서 확인할 수 있다. 1960~1970년대에 열리던 '광공제'는 탄광을 중심으로 마련한 삼척·태백지역의 축제였다.

291

광공업도시인 삼척의 산업발전과 산업전사들의 안녕을 기원하는 축제로서, 전국에서 보기 힘든 향토 문화제로 계승 발전케 할 목적으로 1968년 8월 3일부터 4일까지 2일간 제1회 광공제를 개최하였다. 전야제의 화려한 폭죽놀이와 제등행렬을 시작으로 광공기원제를 올리고 줄다리기, 씨름, 농악, 궁도, 그네, 한시백일장, 한글백일장, 가무 경연, 가요제, 시화전, 직장인 배구대회 등의 행사가 거행되었다. (『삼척시지』)

광업을 공업보다 앞세운 축제의 명칭에서 탄광을 중시하는 삼척·태백지역의 실상을 짐작할 수 있다. 광공제는 광공업의 발전을 통한 지역발전과 광공업에 종사하는 노동자들의 사기를 북돋우려고 마련된 행사다. 전야제의 중심행사인 광공기원제라든가, 본행사인 모범 광공업체 노동자 표창 등의 행사는 축제의 성격을 분명히 보여준다.

1회 광공제는 2일간 열렸으나, 2회 광공제(1969. 8. 1~3)부터 3일간 개최로 규모가 커지는데, 축제 기간에는 행사장에 70여 기업체의 공장기(工場旗)가 게양되어 광공제 분위기를 돋웠다. 3회 광공제(1970)에는 관내 30여 개의 광업소에서 버스를 대절하여 탄광노동자들이 참여하는 축제로 발전했다. 5회 광공제(1973. 7. 1)는 석탄산업 발전으로 황지리에서 황지읍으로 승격한 기념으로 황지에서 개최되었다. 순직 광부 위령제를 비롯하여 17개 종목이 진행되었다. 7회 광공제(1978. 10. 17~18)부터 황지읍으로 개최지를 옮겼으며, 행사명도 '태백광공제'로 개명했다. 태백광공제를 주관한 태백광산제추진위원회는 광공업 중심에서 탄광업 중심으로 전환한다. 행사 참가범위도 관내 업체뿐만 아니라 정선·영월 등 인근 탄광지역으로

제3회 광공제(1970)

문경에서 열린 전국 탄광 특수구호대 경연대회. 경동탄광 구호대의 동발 만들기 및 구호 훈련. 구호대는 동발을 만들 줄 알아야 한다(1990년대, 출처: 이희탁).

확대하여 강원도 탄광노동자의 축제로 발전시켰다.[64]

제7회 태백광공제는 김무연 강원도지사가 직접 희생된 산업용사의 위령제를 집전하여 그 뜻이 더욱 크게 빛났다. 그것은 종전의 삼척군 행사에서 강원도 행사로 확대되어 앞으로는 거도적인 산업제전이 되어야 할 필연성을 띠고 있기 때문이라고 본다.

동력자원부 장관, 강원도지사, 광업진흥공사 사장, 대한탄광협회 사장, 대한탄광협동조합 이사, 노총 강원도협의회 회장 등이 태백광공제위원회의 고문을 맡고 있는 것을 보아도 태백광공제는 광공업 분야에 종사하는 산업전사들에게 중요한 의의를 주는 산업축제다. 그것은 이번 행사에서 황지·정선 등지에서 참가한 15개 참가업체의 참여도를 보아도 잘 알 수 있는 일인 것 같다. 10월이면 채탄 시기로는 가장 성수기임에도 불구하고 각 광업소에서 연 2일간 종업원을 각 경기에 대거 참여토록 한 것은 이 행사가 자신들과의 어떤 일체감을 갖고 있기 때문이라 본다.

금년 행사의 중요 내용은 산업전사 위령제를 비롯하여 광공기원제, 축등행렬, 불꽃놀이, 동발 조립 경연, 항내 재해구호시범, 노래자랑, 근로자 위안의 밤, 배구, 새마을 경기, 씨름, 마라톤, 운반 경기 등 산업전사들이 고루 참가할 수 있는 종목들이 펼쳐졌다.

7회 행사에서의 전적은 다음과 같다.

종합우승: 1위 어룡광업소, 2위 동해광업소, 3위 황지광업소
배구: 1위 동해광업소, 2위 어룡광업소, 3위 강원탄광

64　『태백시지』, 186쪽 참조.

새마을 경기: 1위 어룡광업소, 2위 동해광업소, 3위 한성광업소

씨름대회: 1위 태영광업소, 2위 함태광업소, 3위 황지광업소

운반 경기: 1위 어룡광업소, 2위 태영광업소, 3위 동해광업소

동발 조립: 1위 한성광업소, 2위 정암광업소, 3위 황지광업소

노래자랑: 1위 장원광업소, 2위 동해광업소, 3위 어룡광업소

마라톤: 1위 어룡광업소, 2위 황지광업소, 3위 황지광업소, 4위 도계
광업소[65]

태백광공제는 탄광에서 순직한 광부의 영령을 기리는 산업전사 위령제를 가장 먼저 올리는 것으로 시작했다. 이어서 광부들의 동발 조립 경기, 동발 시공 시범경기, 연탄 이고 달리기, 동발 지고 달리기 대회, 수타식 연탄 만들기, 광업소 대항 줄다리기 등 탄광촌 특색이 담긴 행사로 가득했다.

태백광공제는 1981년 태백시 승격 이후 명칭이 사라진다. 태백시는 '태백제'로 이름을 바꿨으며, 탄광촌 특색을 지닌 프로그램도 없앴다. 1980년대까지만 해도 해마다 10월에 열리는 태백제 행사에서 '동발 조립 경기'가 있었다. 각 광업소에서 선발된 기능이 뛰어난 광부들이 동발 조립을 선보이며 경연을 벌였으며, 심사 때는 안전·신속·정확도를 측정했다. 그러다가 1989년 석탄산업합리화 이후 동발을 세우는 경기마저 태백제에서 사라졌다. 태백시민의 축제인 태백제조차 광부들을 소외시키고 있었던 셈이다. 당시 축제 주최 측에서는 참가 광업소가 적다는 이유를 들었지만, 현직 광부 혹은 퇴직 광

---

65 이대우(삼척상의 편집위원), 「제7회 태백광공제를 마치고」, 『(월간)삼척상의』 25, 1978년 11월.

* 동발의 유형(보령석탄박물관 모형, 사진: 송계숙)

3매쉬(3개의 동발로 만든 갱도)

4매쉬(4개의 동발로 만든 갱도)

5매쉬(5개의 동발로 만든 갱도)

겹지주(석탄층과 만나는 지표면에 주로 만들어지는 갱도)

반목적(갱의 지반이 약할 때 막장이 무너지지 않도록 나무를 절반 정도 쌓아 내구성을 높인 갱도)

온목적(반목적과 형태는 같으나 나무를 많이 쌓아서 안전의 내구성을 더 높인 갱도)

곡선 분기갱(곡선으로 길이 갈라지는 갱도)

직각 분기갱(직각으로 길이 갈라지는 갱도)

철3매쉬(3개의 쇠동발로 만든 갱도)

부들의 참가를 적극적으로 유도할 수 있는 동기부여가 부족한 것이 더 큰 원인으로 꼽힌다. 태백제의 뿌리가 광공제이고, 태백시의 승격 정체성이 석탄산업 발전이고 보면 태백시가 탄광문화의 정체성을 자랑스럽게 지켜낼 때 산업전사의 진정한 성지화가 가능할 것이다.

탄광문화 계승을 위해 '동발 조립 민속 경연대회'를 추진하는 등 탄광의 무형문화유산에 관심을 기울여야 한다.[66] 태백에서 열리던 광공제와 태백제에서 동발 조립 경연대회가 있었듯, 1995년부터 시작하여 지금까지 해마다 개최되는 사북석탄문화제에서도 초기에는 동발 조립 대회가 등장한 바 있다. 사북석탄문화제에서는 경연대회가 아니라 동발을 세우는 지주 시공 시범 대회(지주 세우기 대회)로 등장했다. 광부들이 작업복과 작업모 및 안전등을 갖추는 '작업복 빨리 입고 달리기(광부 복장 빨리 꾸미기)'라든가, 갱목 자르기 등의 행사는 탄광민속을 보여주는 축제의 장이었다.[67]

하지만 지금은 삼척·태백·정선 어느 지역의 축제에서도 탄광민속 경기를 볼 수 없다. 삼척 도계에서는 탄광촌 축제인 블랙다이아몬드 페스티벌이 열리지만, 탄광민속을 다룬 행사는 없다. 광부의 동발 조립 경연대회, 광부 작업복 빨리 갈아입고 달리기, 갱목 자르기 등의 탄광민속을 계승해야 한다. 동발 세우기는 수평 동발, 노보리(승갱도) 동발, 다대꾸(수직) 동발 등 지형적인 특성에 따라 다양한 기술

---

66   2019년 11월 29일 휘닉스 평창호텔에서 개최된 제2회 강원학 대회의 '강원도 무형문화유산의 세계화' 토론에서 필자는 두 가지 제안을 했다. 첫 번째가 동발 조립 경연대회를 계승 발전시켜 강원도무형문화재로 지정하는 것이다. 두 번째는 도계읍의 흥전지구(중앙갱)를 비롯하여 태백 장성의 장성광업소(머잖아 폐광할 것이므로), 정선 사북의 동원탄좌 현장을 묶어 유네스코 세계문화유산으로 등재하자는 것이다.
67   탄광촌 축제와 관련해서는 정연수, 「탄광촌 문화를 계승한 탄광축제 현장」, 『노보리와 동발: 탄광민속문화 보고서』, 북코리아, 2017 참조.

막장에서 송판으로 나무벽 칸막이를 치는 탄막이 작업(1980년대, 출처: 이희탁)

후산부가 나무동발(갱목)을 짊어지고 오르는 장면. 동발은 후산부가 짊어지고, 선산부는 막장에서 작업을 준비한다(1980년대, 출처: 이희탁).

애기집 따기(동발 마름질) 작업 장면. 동발의 규격을 맞추고 있다(1980년대, 출처: 이희탁).

동발을 세우기 위해 규격을 재는 장면. 선산부가 주나(천 재질로 되어 있으며, 동발을 묶거나, 톱·도끼를 묶거나, 길이를 재는 용도로 활용)를 활용하여 동발의 가로 길이를 재고 있다. 사진 속 장면은 오른쪽 팔은 끝이 닿지 않아서 곡괭이를 활용하여 주나를 끝에 연결하여 길이를 확인하고 있다(1980년대, 출처: 이희탁).

이 필요하다는 점에서 무형문화재의 기능과 일치한다. 2000년대 들어 탄광이 기계화되고, 쇠동발을 사용하면서 근래에 입사한 광부 중에서는 목동발 조립을 하지 못할 정도로 기술 전수가 중단된 실정이다. 목동발을 다룬 광부들이 더 떠나기 전에 동발 세우는 기술들을 전수할 필요가 있다. 목동발 경연대회를 열면 예닐곱 팀만 출전해도 큰 운동장 하나를 다 차지할 것이다. 이는 볼거리 측면에서도 가치가 있으므로 지역의 문화원과 연계하여 지역의 산업민속으로 발전시켜 나가야 한다.

1968년의 광공제를 기점으로 잡을 경우 탄광민속축제는 54년이 지난 역사성도 지니고 있다. 게다가 산업축제라는 지역의 정체성까지 감안하면 가치 있는 전통계승이 될 것이다. 강원도무형문화재 중에는 탄광민속을 포함하는 내용이 단 한 가지도 없다. 탄광지역이 이를 계승하여 '동발 조립 경연'과 '탄광민속제'라는 명목으로 강원도무형문화재에 등재하는 노력을 기울여야 한다. 산업전사 성역화 사업과 탄광민속 복원을 함께 고려해야 한다. 동발 조립은 광부 중에서도 숙련된 선산부의 기능을 요구하는 것이었다. 모든 탄광이 폐광된 현실이고 보면, 기능장으로 등록하여 이런 기술을 전수해나가는 것은 그 자체로도 의미가 있다. 도시재생은 지역의 가치를 찾고, 지역의 유산을 배경으로 삼는 데서 출발해야 한다.

한편 탄광문화와 관련한 아카이브 구축이 필요하다. 사북지역에서는 2019년에 외부용역을 통해 아카이브 구축 사업을 시작했다. 2021년과 2022년에는 삼척에서도 아카이브 구축을 염두에 두고 기초적인 자료 조사 사업을 진행하고 있다. 아직 미진한 작업이 많은 만큼 지역주민들이 소장하고 있는 각종 석탄산업유산 자료의 목록화가 필요하다. 흩어져 있는 것을 한곳에 모으는 것은 힘들지만, 목록화하는 것은 그리 어려운 일이 아니다.

탄광 관련 단체(순직유가족협회, 진폐협회, 퇴직 광부협회 등)에서도 정부 예산을 통한 사업 추진 이전에 사전 준비를 해야 한다. 탄광촌 생활상을 보여주는 사택을 비롯한 광부의 생활상 관련 자료 확보, 탄광촌 민속연구, 광업소 제례 조사, 탄광시선집 및 탄광소설 선집 발행, 탄광문화 도서의 외국 번역판 발행, 파독 광부 훈련 백서 발행, 연탄문화 관련 자료 수집, 광산 영역 세계유산과 강원도 탄광 비교 조사, 진폐재해자 활동 백서, 탄광 작업 장비 조사 및 변천사 연구, 탄광 노동운동 및 주민 운동사 자료 정리에 나서야 한다. 지역에서는 7개 탄광촌과 연대한 탄광지역 학술 세미나를 비롯하여 학회와 연계한 학술대회 개최 등도 고려할 수 있다. 강원도 탄광촌의 자료 중에서 가장 취약한 부분이 일제강점기의 자료와 이 시기의 석탄산업 약탈 부분인데, 구술을 통해서라도 자료를 확보할 필요가 있다.

4) 석탄산업유산의 유네스코 세계유산 등재 추진

석탄산업유산과 관련한 지역의 시설물 중에서 문화재청에 등록문화재로 지정된 유산이 있다. 그 대표적인 사례가 태백의 철암역두 선탄시설과 장성 이중교, 삼척의 도계역 급수탑이 있다. 이는 석탄산업유산이 문화재로 기릴 가치가 있다는 방증이기도 하고, 더 의미 있는 가치 부여를 통해 세계문화유산으로 등재할 수 있는 가능성을 보여주는 것이기도 하다.

철암역두 선탄시설은 2002년 5월 근대산업문화유산 등록문화재 제21호로 지정되면서 귀중한 유산으로 그 가치를 인정받았다. 철암역두 선탄시설은 철암역 뒤 우금산 기슭 일대 4,075평에 세워져 장성광업소의 무연탄 출하기지로 활용되고 있다. 철암역두 선탄시설은 1935년경 건설된 국내 최초의 선탄장이라는 의미를 지닌다. 철근 콘크리트 구조와 강재를 사용한 트러스 등 근대 재료와 공법으로 만들어져 근대 산업시설의 대표적인 사례로 주목받아왔다.

등록문화재로 지정된 철암역두 선탄시설

태백시 최초석탄발견지탑

철암역두 선탄시설은 채탄 막장에서 생산한 석탄을 운반하여 선별작업을 거친 뒤 화물열차에 싣는 운반 기능을 갖추고 있다. 선탄시설 및 운영과정을 살펴보면 원탄 저장, 석탄 운반 벨트라인 시설(컨베이어벨트), 화차운반 권양기 시설, 경석 선별 및 괴탄 파쇄 시설, 1·2·3차 무연탄 선탄, 이물질 분리(침전), 각종 기계공급 및 수선창 등의 과정을 거친다. 이 시설은 지금까지 사용되면서 원형이 거의 보존되고 있어 일제강점기부터 시작된 태백지역의 근대 석탄산업사를 보여주는 귀중한 자료적 가치를 지니고 있다. 철암역두 선탄시설을 활용하고 있는 장성광업소는 개발 초기(일제강점기 말)에만도 탄광노동자 수가 1,400명에 달했으며, 1980년 중반 6천 명의 탄광노동자를 가진 국내 최대 규모로 국가 에너지자원 개발의 원동력이 되었다.

장성 이중교(二重橋, 일명 '금천 이중교') 역시 귀중한 문화유산으로 가치를 인정받으면서 2004년 8월 문화재청으로부터 근대문화유산 등록문화재 111호로 지정됐다. 장성 이중교는 국내 석탄산업의 발전사에 뚜렷한 흔적을 남긴 교량으로 남한 최대의 탄광인 삼척탄광(장성광업소 전신) 개발 당시에 건설되었다. 1935년 축조된 장성 이중교는 다리 위쪽에는 석탄수송용 전차로가 놓여 석탄 화차가 다니며, 다리 아래쪽은 사람과 자동차가 통행할 수 있도록 이중 다리로 만들어져 있다. 장성 이중교는 무연탄 최초 발견지인 금천동 거무내미 지역에서 캐낸 석탄을 장성에서 터널을 이용하여 철암역으로 수송하기 위해 설치되었다. 장성 이중교의 다리 위쪽은 2022년 현재까지 철로 레일 시설이 보존되고 있어 근대 석탄산업사의 상징물이자, 일제강점기 수탈산업사의 자료적 가치가 크다.

1960년대 장성광업소 광부들이 이중교를 건너 출근하고 있다(출처: 대한석탄공사).

　　전설의 그림자 서린 다리/나는 내 생활의 일부가 된/금천교를 건
널 때마다/죽은 일본 악질 감독의 이야기를/쉽게 떠올리곤 하였다//
물속에 서 있는 두 번째 교각이라 했다/거기에 일본 악질 감독을 때려
눕혀/그 위에 콘크리트 교각을 세웠다는 전설의 다리
　　　　　　　　　　－ 정일남, 「금천교의 기억」 부분[68]

　　인용한 시는 등록문화재인 장성 이중교와 일제강점기의 흔적을
다룬 작품이다. "일본 악질 감독"을 통해 식민지를 견딘 피지배자의
고통이 잘 담겨있다. 장성 이중교를 두고 장성 주민들은 '이중교', '금
천 이중교'라고도 불렀다. 금천으로 가는 길목에 있는 다리이기 때문

───────────

68　　정일남, 『들풀의 저항』, 명상, 1991, 82쪽.

에 붙여졌다. 그 이름을 지금은 금천보다 큰 지역명인 '장성 이중교'로 통일하고 있다. 명칭을 붙일 때는 좀 진지한 고민이 필요하다. 금천은 우리말로 '거무내미'라는 뜻이다. 거무내미는 태백시에서 최초로 석탄이 발견된 지역이기도 하다. 그런 점에서 금천, 거무내미 등의 지명을 살릴 필요가 있다. 장성동 금천의 옛 이름인 '거무내미'가 있는 장성지역은 대한석탄공사 장성광업소가 있는 곳이며, 우리나라 최대 규모의 탄광으로 자리해왔다.

2020년에는 강원도 탄광촌 4개 시·군에서 실제 활동을 전개하던 4개 단체(탄전문화연구소, 삼척 폐광활성화센터 등)와 강릉원주대학교 링크사업단이 함께 참여하면서 한국석탄산업유산 등재추진위원회(회장 김태수)를 결성했다. 이후에는 충남의 보령탄광문화유산연구소와 강릉의 강릉탄광문화연구소가 가세하여 동참하고 있다. 유네스코 등재라는 세계유산화를 추진하는 큰 기획 아래에서 석탄문화유산을 보존하며, 도시 재생산을 고민해야 한다. 유네스코 등재를 준비하는 큰 그림 속에서 지역의 공간(장성광업소-산업전사 위령탑-함태탄광 유적)과 새롭게 만들어진 탄광 관련 유산(석탄박물관-철암탄광역사촌-파독광부전시실) 등을 연결해야 한다.

앞으로 유네스코 등재 추진은 강원도의 4개 시·군 외에도 문경·보령·화순 등의 탄광도시와 연대할 수 있어야 한다. 2021년 세계유산으로 등재된 한국의 갯벌이 충남-전북-전남 등 3개 광역자치단체의 5개 지자체에 속해있는 것이고 보면, 강원도의 석탄산업유산역시 충남 보령, 경북 문경, 전남 화순의 탄광촌과 연계하는 것에 대한 가능성도 열어두어야 한다. 그런 커다란 연대의 기획 속에서 움직일 때 태백시를 주축으로 진행하는 산업전사 추모와 성역화 사업 역시 한국의 광부 전체를 받아들이는 공간으로 성공할 수 있을 것이다.

석탄산업유산을 세계적 문화자산으로 만들 때 산업전사의 추모와 성역화 작업이 시너지를 얻을 수 있을 것이다. 석탄산업 유네스코 관람객을 받아들일 때, 성역화 공간은 산업전사의 추모공간이라는 좁은 울타리를 벗어나 영예의 전당이자 교육의 전당으로 확장하는 계기가 될 것이다.

유네스코 세계유산: 탄광(6개소)

국가	명칭	연도
영국	블래나번 산업 경관 (Blaenavon Industrial Landscape)	2000
독일	에센의 졸버레인 탄광 산업단지 (Zollverein Coal Mine Industrial Complex in Essen)	2001
프랑스	노르파드칼레 광산 (Nord-Pas de Calais Mining Basin)	2012
벨기에	왈로니아의 광산 유적 (Major Mining Sites of Wallonia)	2012
일본	일본의 메이지 산업혁명 유산: 철강, 조선 및 탄광 (Sites of Japan's Meiji Industrial Revolution: Iron and Steel, Shipbuilding and Coal Mining)	2015
인도네시아	사왈룬토의 옴빌린 탄광유산 (Ombilin Coal Mining Heritage of Sawahlunto)	2019

현재 유네스코에 등재된 세계의 광산은 총 17개소이며, 이 중 석탄광산은 총 6개소다. 일본의 탄광이 유네스코에 등재된 사유가 메이지 산업혁명의 가치와 연계한 것이고 보면, 한국 경제발전의 견인차 역할을 한 한국의 석탄산업 역시 이에 밀리지 않는다. 유네스코 등재라는 거시적 안목을 가지고 태백에 남아 있는 유산을 보존하고, 유산 각각에 대해 의미를 부여하는 작업을 선행해야 한다. 탄광문화 자료 수집, 수집된 자료를 중심으로 의미 부여하기, 탄광문화의 가치

정선군 고한읍에 소재한 삼탄아트마인

를 홍보하는 활동, 보존 가치가 높은 지역(소도의 함태탄광 유산, 장성의 장성광업소 유산)을 우선 선정하여 지속가능한 산업 활동으로 활용해야 한다.

　　태백시에는 이중교와 철암역두 선탄시설 같은 근대문화재로 등록된 시설 외에도 현재 운영 중인 장성광업소와 폐광한 함태광업소의 수갱을 비롯한 일부 시설이 남아있다. 광업소의 대규모 압축기실이라든가, 국내 최대 규모의 목욕탕 같은 시설은 탄광의 특성을 지닌 시설로 활용가치가 높다. 최근(2019년 10월) 장성광업소 최초 (1978년 건립)의 아파트형 사택인 화광아파트를 철거했는데, 석탄산업유산으로서는 손실이 크다. 화광아파트는 화장실이 외부에 있는 아파트여서 최초의 아파트라는 의미 외에 건축적 측면에서도 독특성을 지니고 있었다. 장성과 가까운 도계지역에도 외부에 화장실이 있는 아파트는 없었다. 이처럼 탄광촌의 문화를 보여주는 유산들이 하나둘 사라지고 있어 안타까운 실정이다. 현재 유일하게 운영 중인 장성광업소는 곧 폐광을 앞둔 만큼 이 시설을 전부 확보하여 지역 자체를 살아있는 '도시 박물관'으로 보전해야 한다. 태백시, 특히 장성광업소는 한국의 탄광을 이끌어가던 곳이라는 상징성이 크다.

강원지역에서 탄광을 가장 먼저 개발한 영월의 경우에는 남아있는 석탄산업유산이 거의 없다. 영월은 탄광문화촌을 나중에 설립하면서 대부분 모형으로 만들어야 했다. 영월의 실정을 거울로 삼아서 태백과 삼척은 그런 시행착오를 겪지 않도록 해야 한다. 산업유산이란 훼손하고 나면 복원이 불가능하다. 고한지역의 삼척탄좌 정암광업소 시설이 '삼탄아트마인'이라는 예술공간으로 활용되면서 석탄산업유산의 지속가능성을 보여준다. 또 사북지역의 동원탄좌 사북광업소 시설이 석탄유물종합전시관(사북탄광문화관광촌) 역할을 했다. 삼척 도계에는 도계광업소와 경동 상덕광업소가 운영 중에 있으니 생생한 산업시설을 확보할 수 있다.

강릉단오가 유네스코에 등재된 것은 강릉시민이 단오문화를 가꾸고 사랑했기에 가능했다. 강릉단오보다 유명했다던 함태단오가 사라진 것은 함태광업소가 사라졌기 때문이 아니라 그 문화를 계승하려는 주민들의 마음이 사라졌기 때문이다. 탄광촌이 지니고 있는 산업·지리·문학·문화·민속 등 다양한 분야로 접근하여 탄광문화를 정리해야 한다. 석탄산업유산을 유네스코에 등재한다면 그와 관련한 일자리도 창출할 수 있다. 강릉시에서 단오를 유네스코에 등재한 이후 단오문화관 설립과 정규 직원을 채용한 사례만 보아도 알 수 있다. 단오는 1년에 한 번 지내는 축제이지만, 석탄산업유산은 시설

유지를 통해 연중 지속하는 것이므로 더 많은 일자리가 창출될 것이다. 그리고 탄광촌 지역이 세계인을 부르는 관광의 세계화 가능성도 열려 있다.

영국의 소설가인 찰스 디킨스는 미시시피강을 "끔찍한 도랑"이라고 표현했다. 그러나 트웨인에게 이 강은 "온전한 실체"였고 "인간 여정"에 대한 중요한 상징물이었다.[69] 탄광촌을 바라보는 시선에도 두 가지가 작용한다. 탄광촌이 호황일 때도 두 가지 시선이 있었다. 누군가에게는 탄가루가 날려서 "마누라는 없어도 장화 없이는 못 살 동네"였다. 또 검은 탄물까지 흐르고, 3교대 때문에 낮에도 술 취한 사람이 다니는 끔찍한 탄광촌이었다. 하지만 누군가에게는 농촌과 도회지의 경제적 좌절을 딛고 마지막 인생의 선택지로 탄광에 와서 새로운 삶을 꿈꾸며 살아간 희망의 탄광촌이었다. 부자는 아니더라도 빈곤을 벗어날 수 있었다는 점에서 막장은 끝이 아니라 희망이기도 했다.

탄광이 폐광할 때도 마찬가지로 두 가지 시선이 존재했다. 태백시에서는 사업을 추진할 때마다 "탄광의 흔적을 지우고 … 새로운 사업을 전개한다"고 보도자료를 만들 정도로 탄광을 지워야 할 흔적으로 여겼다. 석탄합리화 이후 태백시에서는 개발 논리와 경제 논리가 앞선 탓에 석탄유산의 보존 문제는 뒤로 미뤄졌다.

지리학자인 렐프는 이렇게 말했다. "사실 모든 개인은 특정 장소에 대해 다소간 독특한 이미지를 갖고 있다. 이것은 각 개인이 장소를 각기 다른 시공간적 계기를 통해 경험하기 때문만이 아니다. 오히려 모든 사람이 그 장소에 대한 자신의 이미지에 색깔을 칠하

---

69   Peter B. High, 송관식 · 김유조 옮김, 『미국문학사』, 한신문화사, 2004, 86쪽.

고 독특한 정체성을 부여하는 개성·기억·감정·의도를 자기 나름의 방식대로 조합하기 때문이다"[70]라고 했다. "장소의 정체성은 그것을 경험하는 사람들의 의도·개성·상황에 따라 다양하다"[71]는 것이다.

함경북도 경흥군에 있는 아오지탄광은 남북한 통틀어 규모가 가장 크다. 공산국가 혹은 독재국가 체제하에 있으면서 아오지탄광은 독재 혹은 노동지옥의 상징으로 여겨졌다. 남한의 탄광 현실 역시 아오지탄광의 악명과 크게 다를 바 없을 것이다. 하지만 남한의 탄광은 이것을 기반으

1959년 태백시 동점동에 설립한 강원탄광 순직자 위령비

로 국가 산업화, 경제적인 서민 연료 제공, 노동운동을 통한 민주국가의 발판 마련 등의 긍정적인 의미부여를 더 많이 했다. 그리고 보면, 탄광의 지리가 어디에 있는가에 따라 그 이미지가 달라진다. 강원도의 탄광은 일제강점기의 수탈을 지나 한국의 산업발전에 기여했다. 석탄이 우리나라의 유일한 부존에너지원이었기 때문이다. 산업전사 호칭처럼 국가가 개입한 노동력 확보를 거쳐 한국 경제발전의 초석

---

70   Edward Relph, 김덕현 외 옮김,『장소와 장소상실』, 논형, 2005, 130쪽.

71   위의 책, 131쪽.

이 되었다. 이 점은 한국산업사가 부인할 수 없는 영역이다. 그런 점에서 석탄산업유산은 골프장이나 스키장 혹은 카지노보다 더 의미 있는 자산이다.

2021년에 간행된 『강원도 석탄산업유산 현황과 세계유산화 방안』이라는 책은 강원지역의 석탄산업유산이 유네스코 세계유산 등재 가능성이 있다는 것을 제시하고 있다. 탄광 현장의 원형을 보존하고 있는 광업소로는 한국 최대 규모의 국영탄광인 장성광업소, 공업도시 삼척의 기반이 된 도계광업소, 한국 민영 탄광의 마지막 보루인 경동 상덕광업소, 사북항쟁의 현장인 사북광업소, 함태단오제 민속을 품은 함태탄광, 삼탄아트마인으로 재활용되는 삼척탄좌 정암광업소를 꼽았다. 또 석탄산업과 관련이 있는 근대산업문화유산 국가등록문화재로는 등록문화재 21호 철암역두 선탄시설, 111호 장성 이중교, 46호 도계역 급수탑이 있다. 그 외에도 등록문화재 후보로는 대형광업소의 상징인 수갱, 삼탄아트마인으로 활용되는 삼척탄좌 정암광업소, 도계광업소 중앙선탄장 선탄시설, 10·10투쟁의 근원지인 도계광업소 중앙갱, 한국 최초의 위령탑인 강원탄광 순직자

함태광업소 수갱 케이지(2021)

위령비 등을 꼽았다.[72]

　특히, 수갱 같은 시설을 잘 지켜 문화재로, 유네스코 세계유산으로 활용하는 노력을 해야 한다. 수갱에서 탑승하는 공간은 엘리베이터처럼 생겼는데 광부들은 이를 '케이지'라고 불렀으며, 석탄 같은 운반전용 시설을 두고는 '스킵'이라고 불렀다. 태백도 그렇고 보령도 그렇고 석탄박물관마다 엘리베이터에 수갱 케이지를 설치하여 지하 몇백 m를 내려가는 듯한 연출을 하고 있다. 수갱 시설은 대형광업소의 상징이자 탄광촌을 상징할 수 있는 징표다. 수갱은 심부화 개발을 가능하게 하는 대규모 생산의 징표이자, 수갱탑 자체는 대형광업소의 상징이었다. 수갱은 탄광 호황기이든, 폐광기이든 탄광촌의 랜드마크로 자리하고 있다. 탄광지역에 현존하는 수갱을 근대문화유산 국가등록문화재로 지정하여 관리하는 것이 필요한 이유이기도 하다. 방치하면 할수록 수갱탑은 쉽게 부식될 것이며, 탄광 소유주는 시설관리가 어렵다면서 고철로 처분하려 들 것이다. 탄광촌의 상징이던 공중삭도가 하나도 남지 않고 사라진 것처럼 말이다. 수갱은 대형탄광을 상징하는 것일 뿐만 아니라 지하 깊숙한 곳에서 채굴한 심부화의 시간적 여정을 함께 지니는 탄광 운영사의 역사이기도 하다. 수갱을 한국석탄산업사의 대표적이면서도 근대적 산업유산으로 등록하는 절차를 서둘러야 한다.

72　정연수, 『강원도 석탄산업유산 현황과 세계유산화 방안』, 강원연구원 강원학연구센터, 2021.

5) 대한석탄공사를 '탄광문화유산공사'로 전환

현재 대한석탄공사가 운영 중인 3개의 탄광 모두 곧 폐광을 앞두고 있다. 전국 최대 규모를 자랑하던 장성광업소의 폐광은 태백시의 존립에 관한 문제뿐만 아니라 대한석탄공사의 존립에도 큰 영향을 주고 있다. 석탄공사 진로를 놓고도 많은 논의가 진행 중인데, 지금으로선 최근 광물자원공사가 광해공단과 통합한 것처럼 한국광해광업공단으로 흡수 통합될 것으로 보인다. 광업소가 없는 상태에서 통합이란 자산에 대한 통합일 뿐 사실상 해체나 마찬가지다.

석탄공사를 한국석유공사나 한국가스공사 등과 통폐합하는 방법도 거론된다. 통일 시대를 대비해 석탄 채굴 경험을 유지하고 서민가구 안정을 위해 석탄사업을 계속하되, 박 대통령이 언급한 것처럼 중복된 자원 기능을 한 군데로 합치는 방안이다.[73]

2017년 10월 19일 열린 국회 산업통상자원중소벤처기업위의 국정감사에서 유동수 의원(더불어민주당, 인천 계양갑)은 광해공단과 광물공사 및 석탄공사 3사의 통합을 제안했다. 유동수 의원은 "광물 관련 자원 공기업 3사를 통합·운영할 경우, 구조조정을 통해 자원산업 경쟁력 제고와 정부 자원정책의 통합수행으로 효율성을 도모할 수 있다"며 "광해공단의 견실한 재무구조를 활용해 국가 재정 부담을 완화시킬 수 있을 것"이라고 말했다.[74]

73　「11년째 자본잠식에도 버티는 '석탄공사 미스터리'」, 『한국경제』, 2015년 8월 10일자.
74　「광해공단·광물·석탄공사 '통합 가시화?'」, 『프레시안』, 2018년 2월 6일자.

석탄공사 산하 광업소가 정상적으로 가동되던 예전에도 이미 통합 논의는 있었다. 2015년에는 석탄공사를 석유공사나 가스공사와 통폐합하는 방안이 거론되었으며, 2018년에는 광해공단·광물공사·석탄공사의 통합이 거론되었다. 장성광업소 폐광 이후부터 석탄공사 통합 논의는 급물살을 탈 것이다.

> 광물자원공사의 2020년 말 자산 규모는 3조 207억 원이다. 부채는 6조 7,535억 원, 자본은 -3조 7,328억 원으로 완전자본잠식 상태다. 당기순손실은 2019년 5,637억 원, 2020년 1조 3,543억 원으로 급격히 늘어났다.[75]

광물자원공사의 부채 상황은 광물자원공사와 광해관리공단 통합과정에서 논란이 일기도 했다. 부실공기업의 대표주자로 논란이 되었던 한국광물자원공사는 강원랜드의 최대 주주인 한국광해관리공단과 통합하면서 부채 문제에서 자유로워졌다. 2021년 광해광업공단으로 출범하면서 '광물 자원 탐사, 개발 기획 설계, 생산, 광해방지, 광산지역 발전 사업' 등을 하나의 선상에서 추진하는 동력을 얻었다. 짚어야 할 것은 통합 이전의 기관인 '한국광해관리공단(韓國鑛害管理公團)'의 핵심이 '광해(鑛害)', 즉 광업 활동으로 인해 생기는 피해 관리에 있다는 점이다. 새로 출범하는 기관의 명칭인 광해광업공단에도 '광해'를 이어받고 있다. 그동안 광해는 폐수·지반침하·산림복구 중심으로 진행되어왔을 뿐 그곳에 종사하던 광부와 주민들의 피해는 고려하지 않았다. 사람을 위해 석탄 광물을 개발하고,

---

75　『이데일리』, 2021년 9월 24일자.

그 과정에 피해를 본 사람에 대한 고려가 없었다.

기획재정부는 「공공기관의 운영에 관한 법률」에 따라 자산 2조 원 이상 또는 정부 손실보전 조항이 있거나 자본잠식인 공기업·준정부기관 40곳에 대한 재무전망을 작성했다. 자산 2조 원 이상 기관은 한국토지주택공사(LH)·한국전력공사·한국수력원자력 등 공기업 22곳, 건강보험공단·예금보험공사·신용보증기금 등 준정부기관 16곳이다. 정부 손실보전규정이 있는 기관은 석탄공사와 코트라 등 2곳이다. 40개 기관 중 한국석유공사, 한국광물자원공사, 대한석탄공사 등 3곳은 자본잠식 상태다. 40개 기관 부채는 2021년 549조 6천억 원으로 추산된다. LH가 141조 2천억 원으로 가장 많고 한전(66조 7천억 원), 한수원(37조 원), 한국도로공사(33조 7천억 원) 등도 규모가 크다.[76]

여러 공사들이 겪는 문제이긴 하지만, 석탄공사의 부채에 대해서도 논란이 많다. 하지만 석탄생산원가보다 연탄값이 싸게 책정되는 등 석탄공사의 존재 이유는 1980년대 말까지는 한국산업에너지원을 생산하기 위해서였고, 지금까지는 서민들의 난방을 위한 국가 지원책이었다는 점이다. 자본잠식이나 부채 문제는 다른 공사의 여건도 크게 다를 바 없지만, 석탄공사의 여건과 단순 수치상으로 비교할 수는 없다. 위의 인용문에도 나왔지만, 석탄공사는 '정부 손실보전 규정이 있는 기관'으로 규정하고 있다.

---

76 『파이낸셜뉴스』, 2021년 8월 31일자.

대한석탄공사·한국석유공사 5년간 부채 전망[77]　　　　　　　　　(단위: 억 원)

연도	대한석탄공사	한국석유공사
2020	2조 1,258	18조 6,449
2021	2조 2,115	19조 5,446
2022	2조 3,138	19조 7,056
2023	2조 4,126	19조 8,967
2024	2조 5,091	19조 941
2025	2조 6,025	19조 1,069

　　이제 가장 신중하게 논의해야 할 점은 석탄공사의 존립에 관계된 것이다. 장성광업소·도계광업소·화순광업소 등 3개만으로 대한석탄공사가 기관을 유지하고 있는 터에 가장 규모가 큰 장성광업소 폐광이 초읽기에 들어갔다. 유한자원의 채굴 특성이나 세계적인 친환경에너지 추세로 볼 때 나머지 도계광업소와 화순광업소의 운명도 그리 오래 남지 않았다. 석탄공사의 존립 이유가 없어지는 것이다. 이제는 광해공단으로 편입해도 의미가 없다.

　　석탄공사를 광해광업공단에 편입하여 해체하는 수순으로 갈 것이 아니라 탄광촌의 특수성을 고려한 새로운 방식의 대안이 필요하다. 그동안 광해공단은 카지노 수익금을 통해 폐광지역 7개 시·군에 '적선하듯 퍼주는' 지원 형태에 불과했다. 폐광촌의 대체산업이라고는 카지노 외에는 변변하게 성공한 것도 없고, 실직광부와 폐광촌 주민들의 삶은 나아진 것이 없었다. 따라서 석탄공사의 진로에 대해서는 지금까지 행정기관이 통합하는 방식과는 완전히 다른 방식으로 접근해야 할 것이다.

77　『매일경제』, 2021년 9월 6일자.

　　예컨대, '탄광문화유산공사' 같은 체제로 독립하여 석탄공사가 남긴 시설을 산업유산의 세계자원화로 추진하는 방안이 있다. 문화체육관광부 산하의 한국관광공사 외에도 경상북도문화관광공사, 경기관광공사, 제주관광공사 등에서는 관광 중심으로 지역문화와 결합하는 사업을 추진하고 있다. 이러한 변화는 관광, 즉 문화를 산업화하는 21세기의 시대상을 반영한다. 따라서 대한석탄공사가 '탄광문화유산공사' 형태로 전환하여 새로운 산업시대를 열어가면서 유네스코 세계유산 등재도 함께 추진하는 주체세력이 될 것을 제안한다. 다만, 현재의 석탄공사 인력으로는 문화적 마인드가 부족할 것이다. 따라서 시설관리는 현재의 인원이 진행하고, 문화유산공사로 전환하는 사업 방향은 새로운 인력이 투입되어야 할 것이다. 새로운 비전 설정에는 '민·관·산이 협력하는 형태의 실행기구'가 필요하다. 민간기구로는 7개 탄광지역의 탄광문화단체 및 사회단체를 꼽을 수 있겠고, 관은 7개 탄광 시·군과 강원도를, 산으로는 현재의 대한석탄공사 및 새 기구로 전환할 탄광문화유산공사로 지칭할 수 있다.

　　인도네시아는 '사왈룬토의 옴빌린 탄광유산'의 유네스코 세계유산 등재 이후 이 지역을 국가전략지역(Kawasan Strategis Nacional)으로 설정했다. 탄광유산을 국가가 주도하여 보호하고 지속가능한 발전을 이끌어가는 것이다. 국가가 산업전사로 불러들인 광부와 그들의 희생이 있던 지역이라는 의미를 지키는 상징성도 있다. 국가가 지원하는 관점에서 대한석탄공사를 '탄광문화유산공사'로 전환하자는 것이다. 이것은 장성광업소·도계광업소·화순광업소 자산을 활용하여 석탄산업유산을 보전하면서도 현대인의 삶과 호흡하는 방향으로 전환하는 기획이기도 하다. 이러한 방향으로 전환할 때, 석탄공사는 1950년부터 지금까지 72년간 한국산업 발전에 앞장선 공적을 지킬 것이며, 탄광촌에서 희생된 '물·흙·산'뿐만 아니라 '사람'에 대한 광해복구까지 진정성 있게 이뤄질 것이다. 산업이 일군 농촌과 어촌의 마을화 자체가 우리의 문화에 끼치는 영향이 크고 이를 잘 보전해야 하는 것처럼 탄광촌 역시 산업이 일군 마을이다. 다른 산업에서는 볼 수 없는 특징인바, 탄광촌은 특별하게 보존하고 지키면서 산업 교육의 현장으로 승화시켜야 한다. 석탄공사가 광해공단 산하의 부서로 들어가서는 기존의 폐광지원책을 넘어서지 못할 것이며, 태백시와 삼척시가 석공의 탄광유산을 온전히 다 받아내기도 쉽지 않을 것이다. 독립된 기관인 '탄광문화유산공사'로 전환할 때 석탄산업유산의 가치는 제 빛을 발휘할 것이다.

특히 장성광업소와 도계광업소의 전체 시설을 활용하여 국립탄광박물관으로 조성해야 한다. 지금부터라도 광업소와 노동자 개인이 폐기하는 탄광 관련 자료를 100% 보존할 수 있는 준비에 나서야 한다. 태백시와 삼척시는 자료 보관 공간을 확보하고, 장성광업소와 도계광업소 종사자들을 대상으로 능동적인 수집 활동에 나서야 한다. 이는 탄광촌의 정체성을 지키면서 미래를 향하는 길이며, 석탄산업유산을 활용한 유네스코 세계유산의 활용 가능성을 높이는 일이기도 하다. 장성광업소와 도계광업소를 국립탄광박물관으로, 대한석탄공사는 탄광문화유산공사로 전환하는 것은 화석의 시대가 저물고 문화의 시대, 생태의 시대로 향하는 현실성 있는 대안이 될 것이다. 그리고 이러한 활동은 탄광촌의 정체성을 지키면서 미래를 향하는 길이며, 석탄산업유산을 활용한 유네스코 세계유산의 지정 가능성을 높이는 일이기도 하다. 석탄산업유산을 유네스코 세계유산으로 등재하는 일은 산업전사였던 광부의 업적을 영원히 계승하는 일이기도 하다.